浙学研究院 浙江诗路文化研究院 江南文化研究中心成果

浙学读本

黄灵庚 主编

黄灵庚 李圣华 慈波 陈开勇 选注

人民文学出版社

图书在版编目（CIP）数据

浙学读本/黄灵庚主编；黄灵庚等选注. —北京：人民文学出版社，2019
ISBN 978-7-02-015035-9

Ⅰ.①浙… Ⅱ.①黄… Ⅲ.①文化史—浙江—中小学—乡土教材 Ⅳ.①G634.591

中国版本图书馆 CIP 数据核字（2019）第 028865 号

责任编辑	葛云波
装帧设计	崔欣晔
责任印制	王重艺

出版发行	人民文学出版社
社　　址	北京市朝内大街 166 号
邮政编码	100705
网　　址	http://www.rw-cn.com
印　　刷	三河市宏盛印务有限公司
经　　销	全国新华书店等
字　　数	170 千字
开　　本	880 毫米×1230 毫米　1/32
印　　张	8.125　插页 3
印　　数	1—6000
版　　次	2019 年 4 月北京第 1 版
印　　次	2019 年 4 月第 1 次印刷
书　　号	978-7-02-015035-9
定　　价	40.00 元

如有印装质量问题,请与本社图书销售中心调换。电话:010-65233595

目 录

序 ································ 黄灵庚 1

务实第一
太学策问 ························ 吕祖谦 3
英豪录序 ························ 陈 亮 7
上宁宗皇帝札子 ···················· 叶 适 11
送倪君泽序 ······················ 王 柏 15
抚州新建增差教授厅记 ················ 黄 震 19
丹溪翁传节录 ····················· 戴 良 23
论学 ··························· 宋 濂 31
恤民亭记 ······················· 杨守陈 37
与赵大洲书 ······················ 王宗沐 40
与张太符太守书 ···················· 刘宗周 45

立德第二
慎独斋记 ······················· 范 浚 54
官箴 ·························· 吕祖谦 59
菜窝说 ························· 刘 基 64
七儒解 ························· 宋 濂 70
养素斋说 ······················· 苏伯衡 74

从吾道人记	王守仁 77
复郑御史克修	章懋 82
答吴正传书	许谦 89
答李克斋	王畿 94
时习堂记	许孚远 97

担当第三

中兴论	陈亮 103
铨选	叶适 110
叶伯巨郑士利传	方孝孺 113
奏闻宸濠伪作檄榜疏	王守仁 118
劾奏逆阉魏忠贤疏	黄尊素 123
与世培	刘宗周 128
方正学先生文集序	倪元璐 131
原臣	黄宗羲 134
祝子开美传	陈确 138
华氏忠烈合状	全祖望 146

博通第四

与朱侍讲书	吕祖谦 160
说斋先生文粹序 节录	苏伯衡 166
叶秀发传	宋濂 170
四明文献集后序	童槐 175
书徐汝佩卷	王守仁 181
大学私抄序	杨守陈 185
二酉山房记	胡应麟 187
梨洲先生神道碑文 节录	全祖望 192
答龚菊田刺史书	朱一新 200

自述 …………………………………………… 章炳麟 203

绩学第五

答石应之书 ……………………………………… 薛季宣 211
与门人论学 ……………………………………… 吕祖谦 214
湖南提举荐士状 ………………………………… 陈傅良 218
赠武川陈童子序 ………………………………… 陈　亮 222
困学斋记 ………………………………………… 戴表元 225
学斋记 …………………………………………… 黄　溍 229
王冕传 …………………………………………… 宋　濂 232
读书说 …………………………………………… 刘宗周 235
恽仲昇文集序 …………………………………… 黄宗羲 240
与某书 …………………………………………… 李慈铭 244

序

黄灵庚

今天讲浙学，必须思考以下问题：浙学是一门怎样性质的学问？浙学来自何方？有哪些特征？浙学在当下，哪些值得我们继续发扬、且赋予新的意义？

一

从现存古籍材料看，浙学是属于阐释、发挥儒学要义的主流传统学问。综观各个历史时期有代表性的浙学名家，无论是南宋的吕祖谦、陈傅良、陈亮、叶适、黄震，还是元明以后的金履祥、许谦、柳贯、宋濂、王阳明、刘宗周、黄宗羲、全祖望、邵晋涵、万斯同、万斯大、章学诚等等，莫不尊奉孔、孟儒学为不祧之宗，以"儒者"自居。各家学说不尽相合，前后传承也有变化，但是都以"六经"之旨为依归，以弘扬圣学为己任。他们在传统儒学的基本框架下，各自阐发、演绎，或者主修性理，或者主攻心学，或者承传中原文献之统，或者鬯扬事功，或者弥纶朝廷经制，或者修史以鉴今，或者攻文以传道，最后终归于孔、孟圣学的道统。

清中叶全祖望在梳理浙学脉络及渊源时，说南宋孝宗

"乾(道)、淳(熙)之际,婺学最盛,东莱兄弟(吕祖谦、吕祖俭)以性命之学起,同甫(陈亮)以事功之学起,而说斋(唐仲友)则为经制之学。考当时之为经制者,无若永嘉诸子,其于东莱、同甫皆互相讨论,臭味契合。东莱尤能并包一切,而说斋独不与诸子接,孤行其教"(见《宋元学案·说斋学案》)。全祖望所称"婺学",指金华学派。婺州是"浙学"的原创地,而吕祖谦是浙学的开山。黄百家说:"永嘉之学,薛(季宣)、郑(伯熊)俱出自程子(程颢、程颐),是时陈同甫亮又崛兴于永康,无所承接。然其为学,俱以读书经济为事,嗤黜空疏、随人牙后谈性命者,以为灰埃。亦遂为世所忌,以为此近于功利,俱目之为浙学。"(《龙川学案》)可见"永嘉之学"也系"浙学"之源。全祖望又说,"勉斋之传,得金华而益昌。说者谓北山(何基)绝似和靖(尹焞),鲁斋(王柏)绝似上蔡(谢良佐),而金文安公(履祥)尤为明体达用之儒,浙学之中兴也"(《北山四先生学案》)。勉斋,即黄榦,是朱熹女婿,朱学的嫡传。这即是说,"浙学"至南宋后期,涵盖朱子的"闽学"。更确切地说,朱学经"北山四先生"传承、改造,注入浙学。又说,"四明之学多陆氏(陆九渊、陆九龄)。深宁(王应麟)之父亦师史独善(名弥巩)以接陆学,而深宁绍其家训,又从王子文(名埜)以接朱氏,从楼迂斋(钥)以接吕氏,又尝与汤东涧游,东涧亦治朱、吕、陆者也。和齐斟酌,不名一师"(《深宁学案》)。"四明之专宗朱氏者,东发(黄震)为最","晦翁生平不喜浙学,而端平以后,闽中、江右诸弟子支离、舛戾、固陋,无不有之。其中能振之者,北山师弟为一支,东发为一支,皆浙产也。其亦足以报先正惓惓浙学之意也夫"(《东发学案》)。甫上此时的"浙学",又融会了南宋的朱学和陆氏兄弟的心学,都打上了朱学、陆学的标签。

由此可知，黄百家、全祖望所称"浙学"，是指南宋之际，上承北宋濂、洛之学，而兴盛在浙东地区的一个学术流派，是两宋时期的新儒学。浙学各家思想虽然不完全一致，主张也各不相同，甚者如唐仲友，孤行其是，不甚和他人往来，但是莫不正心修己，崇儒教，黜释道，遁规蹈矩，言必举尧舜，行必称三王，都是很正统的儒者。明清以后的姚江、四明诸贤，无一例外。所以，浙学学术文化的归属，是传统儒学，是大中华文化的主流学术，绝非局限于两浙地区的边缘学术、边缘文化。

二

浙学既然是传正统儒学之脉，那么在探讨其源流时也不应走火入魔、一味本土化。一味本土化，其实是边缘化，使之游离于主流道统以外，无所归属。

浙学兴起于南宋孝宗以后，是无可争议的。明末刘鳞长有《浙学宗传》一书，其选文及所列名家，早就表达了这样的看法，可惜没有引起时下学者充分的重视。南宋以前，虽然不能说两浙地区没有儒学，但是至少可以断定，还没有形成一个能够和中原或者其他地区相抗衡的学派。在那时浙学还没有形成气候，更谈不上在全国的影响力，所以追溯此前，称之为学统，实在不够资格。及至南宋国家政权南移，政治、经济、文化中心也随之南迁。北宋时期的关、洛之学，在中原地区已走向衰落，而在南方，特别在浙水之东得到广泛的承传，浙学也就应运而生，浙东成为全国学术文化的中心，其影响力早已越出了小小的浙江。

全祖望说过一段著名的话，经常被当下学人称引。他说"宋乾、淳以后，学派分而为三：朱（熹）学也，吕（祖谦）学也，陆(九渊)学也。三家同时，皆不甚合。朱学以格物致知，陆学以明心，吕学则兼取其长，而复以中原文献之统润色之。门庭路径虽别，要其归宿于圣人则一也"。三家之一的吕祖谦，是浙学的开山之祖，永康的陈亮、永嘉的薛季宣、陈傅良、叶适重事功之学，甬上王应麟主史学、黄震讲朱学，都是吕祖谦的讲友、门人或者私淑。浙学在南宋孝宗、光宗时期，独树一帜，彼此呼应，相互消长，形成了相当规模，足以与朱熹闽学、张栻湖湘之学、江西陆九渊心学等三家学派颉颃上下。朱、吕、陆、张四家之学形成了南宋以来近千年来中国学术的格局，犹如四艘在中国思想史长河上齐驾竞渡、目标同一的"龙舟"，而后引发了学术上百舸争流、万帆竞驶的繁荣景象。其实，浙学的性质、源流，《宋元学案》《明儒学案》都已经说得很清楚了，实在没有节外生枝、创为新说的必要。

但是，现在有人偏偏喜欢"找故事"，要推翻前哲的结论，从而把浙学的历史拉长，以为越长越显示出浙学的优势，所以将源头追溯到东汉时期的上虞人王充，甚至追溯到春秋时期的越文化，进而又追溯到七千年以前的余姚河姆渡文化，真有点不着边际了。还说这是"大浙学"，而南宋以后的浙学是"小浙学"。这并不符合浙学形成的历史，因为"大浙学"和"小浙学"之间没有任何学理关联，是"风马牛不相及"的两码事。再说王充是充当了反儒的角色，南宋的理学家将他当作"异端"看，怎么可能和他有传承关系？当然，越文化、河姆渡文化、王充及其著作《论衡》是留存浙江地区的历史文化，也确实值得研究。但是，这是两码事，凑合不到一块。"大浙学"的提法，将原本的主流学术文化"浙学"边缘化、本土化了，当作土生土长、类似"巴蜀文化"的地域性学问，这实在不是抬举浙学，反倒是画虎不类了。

在当今学术话语中，与南宋浙学同时并起的朱熹理学、张栻湖湘之学、陆九渊心学，都没有被边缘化为本土的"闽学"、"湘学"、"赣学"，为什么非要将浙学无限扩大为本土化的"大浙学"呢？再说，"浙学"的学术活动并不局限于浙江。如作为浙学主体的"吕学"和"王学"，并不能框定在本土"浙江"之内。

三

清人章学诚《文史通义》始列"浙东学术"一目，称浙东，原因是浙学学者多是活动于浙东地区的人。浙东是一个地域概念，唐、宋以来，以钱塘江为界，区分两浙，浙东是宁、绍、金、处、温、衢，浙西是杭、嘉、湖、睦（严）。浙学兴于浙东，故又称"浙东学派"。但是，明末清初以后，浙西地区渐渐涌现出了如吕留良、张履祥、俞樾、章炳麟那样的儒学宗师，浙学自也包括浙西地区。

章学诚说浙东之学出于婺源，认定朱子之学为老祖宗，则是指宋孝宗乾、淳以后的情况。吕、陈、范、唐诸贤谢世之后，浙学学人多转入朱熹门下而传承朱学，如金华"北山四先生"何基、王柏、金履祥、许谦承传朱子嫡传黄榦之脉。这说明随着历史的演进，浙学自身结构在不断演变之中。浙学接纳陆学也是如此。章氏又说，南宋末至元初，甬上自袁燮、袁肃、袁甫之后，"多宗江西陆氏，而通经服古，绝不空言德性，故不悖于朱子之教。至阳明王子揭孟子之良知，复与朱子牴牾。蕺山刘氏，本良知而发明慎独，与朱子不合，亦不相诋也。梨洲黄氏出蕺山刘氏之门，而开万氏弟兄经史之学，以至全氏祖望辈尚存其意，宗陆而不悖于朱者也"。

章氏梳理元、明以后浙东学术流变之迹,前后相承关系,大致得其情实。浙学是开放的,多元的,博览广收,不主一家,不名一师,是浙学的重要特色之一。所以浙学学人虽然承传朱、陆之学,并没有完全割舍东莱中原文献之统、永康王霸之学及永嘉事功之学。经世致用的学理,实事求是的态度,开拓进取的精神,海纳百川而不守门户的气概,在元、明以后的浙学学人身上表现得淋漓尽致,和朱、陆二家之学原旨很有些不同。朱熹批评吕祖谦"喜合恶离",其实正是浙学博览广收的长处。浙东学人崇尚史学,以史鉴今。朱熹当年批评说"伯恭于史分外子细,于经却不甚理会",反倒是彰显了"浙学"经、史并重、讲究实际的学术风貌。浙学区别于朱、陆之学,在于主张经、史不分家,将"六经"当作史看。吕祖谦经常教诲门人弟子说"载在经史","专意经史","当于经史间作长久课程"。这个学术传统,后来得到很好继承和发扬,往下延伸、拓展,即宋末王应麟的"深宁史学"以及明、清宁、绍间黄宗羲、万斯同等人的"浙东史学"。清代浙东史学以及经史考据之学,虽然比较集中于甬上一隅,其与吕祖谦的"经史"源头遥相呼应。章氏梳理浙学源流而不讲吕学、尤其回避永嘉、永康之学,恐怕有失偏颇。

四

浙学名家现存文献,除经、史著作外,还有数量颇为可观的诗文集,属浙学学人的文学创作。在历史上具有较大影响的名家,有陈亮、叶适、黄溍、吴师道、柳贯、吴莱、杨维祯、宋濂、王袆、苏伯衡、张孟兼、方孝孺、谢铎、胡应麟、徐渭、黄宗羲等。宋濂说:"吾婺素号文献之邦,振黄钟之铿鎗,剪毛羽之

纷葳者,比比有之。"他说的"素号",大概也只能追溯到宋鼎南移初期,前此不足观。综观浙学学者的诗文集,大略有如下特点:

专志弘道,并不刻意为诗文。明初以前多视艺文为雕虫小技,不过是"载道"之器而已。是故生前多不自纂集以传后;今传其集,多为后世门生所辑,失佚甚多。素以文家称的宋濂也是如此,其诗文之中,道学之气甚为浓烈。"六经"而外,所推崇者唯孟子、周敦颐、二程、朱熹数子,谓"完经翼传","能辟邪说,正人心,而文始明"。至于像司马迁、韩愈、柳宗元、欧阳修、苏轼等大家,"恨其不能皆纯"。其他作者,更不在话下。所以,把宋濂专看作文章家,恐怕他不会认可。

普遍是文多而诗少。如吕祖谦《东莱集》四十卷,文凡三十六卷,诗仅一卷。陈亮《龙川集》三十卷,文二十九卷,诗、词、表、启合为一卷。叶适《水心集》二十九卷,诗仅三卷。陈傅良《止斋集》五十一卷,诗存九卷。《宋濂全集》一百八卷,诗仅八卷。王祎《王忠文集》二十四卷,诗仅三卷。王守仁《王文成全书》三十八卷,不录诗。刘宗周《蕺山集》十七卷,赋诗也仅一卷。浙学学人擅长于理性之学的阐述而不专意于涵咏性情的诗词之作。

浙学学人多为朱、吕、陆、王的门徒,注重个人道德修养,注重节操,洁身自好,追求道德完美的"君子儒"。所以在他们的诗文集中,充溢着"忠事君上"、"民胞物与"、关注民瘼、忧国忧世的政治热情,议论古今治乱得失以讽谕、箴砭时世,或者讴歌慷慨殉国的烈士、义夫及守节殉道的贞女,思想内容比较纯正。对于沉湎于声色狗马之徒,多置之于不齿,且坚词厉色,鄙弃流俗。王柏著《诗疑》,甚而把孔子手定的《诗经》中三十二首表现男女爱情的诗篇,斥之为"淫诗"而删夷不存,以"男女大防"之由,连圣人之"经"也表示怀疑。所以,无怪乎浙学学人的诗文少见攀柳折杨、依红偎翠之类的内容了。

明以后的浙学学人仍然传承儒学性理之脉,保持原有的学术风格,没有纯粹流为文人,将宋濂、王祎等单作文人看,也是偏颇之说,不足取法。

五

浙学的当下价值有哪些?其意义何在?我们归纳为五个方面:一是务实,二是立德,三是担当,四是博通,五是绩学。这本小册子分为五个专题,各个专题分别精选十篇浙学学者的文章,就是按照浙学这五个方面的价值意义来编排的。每个专题之前都有"导语",对其价值意义作了简要概述,这里就不再作重复介绍了。我们相信,读者阅读此书以后,自然会心有得。

改革开放已四十年,浙江经济建设取得了巨大成就,许多方面已走在全国前列。但是,浙江人民的智慧、气度以及奋斗精神,有本有源,不是凭空产生的,既缘于千载难逢的时代机遇,又有复杂的历史渊源。习总书记在浙江工作时,曾发表过《与时俱进的浙江精神》,对浙学的文化意义及浙江精神作过透彻分析和高度概括,并指出:"南宋定都杭州以后,风云际会,政治调整、经济更新、文化重建等各种要素的整合,将两浙地区的社会整体发展提升到了全国的最高水平,并在这个基础上造就了各领域的人才精英群体。到了明、清两朝,以及民国时期,浙江已经成了全国无可争议的财赋命脉和文化重镇。"研究浙江精神,总结浙江经验,自然而然会联系到历史上的浙学名家、浙学名著,从中汲取精华,发掘当下的价值意义。这也是文史工作者责无旁贷的义务。

我们编写《浙学读本》的初衷,是满足普通群体了解浙学、传承浙学的需要,特别是中小学师生、行政机关公务员,热切盼望有适合于他们学习或教学的浙学类通俗读本,准确介绍、普及浙学的基本常识、原理。《浙学读本》编写,也正是往这方面去努力。每个专题之下,各遴选了十篇选文,内容紧扣专题,而文体不拘一格。每篇选文都有"解题",重点介绍作者的学术贡献、简略分析选文的内容及要旨,还有比较详尽的注释,可以帮助读者扫除阅读中的文字语言障碍。总之,希望这本小册子为浙学普及起到"导夫先路"的作用。

这本小书是一个集体项目,具体分工如下:黄灵庚承担《务实》《立德》,李圣华承担《担当》,陈开勇承担《博通》,慈波承担《绩学》,最后由黄灵庚、慈波统稿。由于经验不足,水平有限,读本难免出现这样或那样的疏误,希望读者不吝指出,便于再版修订。

2018年8月

务实第一

【导语】浙学是实学,讲求贴近实际,据实理,依实情,办实事,重实效,反对故弄玄虚,漠视现实。浙学学人和那些脱离实际、专讲心性的道学家有所区别。浙学先哲认为,学问有无价值,全体现在是否"实用"上。所谓"实用",是将自己的学说落实到具体政治环境中,和当世的历史状况、社会生活紧密相联系,为国家解决实际问题,给百姓带来福祉。遇到具体的问题,身体力行、言行相副,使自己的学问和实际紧密结合,真正起到解纷排难、指明路径的作用。否则,空洞无物,不关痛痒,不着边际,甚者说一套,做一套,言必称尧舜,行则如狗彘,小则是害己害人,大则是祸国殃民。浙学的务实精神,就是要关心现实,注重实际,体恤万民。务实是传统浙学的精髓。浙学先哲如陈亮、方孝孺等务实较真,百折不挠,认定了真理,乃至死不退却,献出生命,也在所不惜,为后人作出了榜样。当下倡导"干在实处，永无止境"，实现伟大的强国梦，迫切需要这种脚踏实地、务真求实的态度。我们应该珍视并弘扬这份浙学先贤留下的精神遗产。

太学策问

吕祖谦

【解题】选自《吕祖谦全集》第一册《东莱集》(浙江古籍出版社2008年版)。吕祖谦，字伯恭，号东莱，金华人。宋孝宗乾道、淳熙间，历仕严州州学教授、太学博士、秘书省正字、秘书省秘书郎、兼国史院编修官、实录院检讨官，且任省试及殿试考官。编撰有《东莱集》《古周易》《吕氏家塾读诗记》《东莱书说》《左氏传说》《东莱博议》《大事记》《皇朝文鉴》等。吕祖谦是南宋浙学的创建者，东莱之学与朱熹的闽学、张栻的湖湘之学及陆九渊兄弟的心学齐驾并驱，奠立了南宋以来中国传统学术的基本格局。吕祖谦的学说较之张、朱、陆，尤关心当时局势，极尽其力，希望为朝廷效力。太学，是南宋朝廷设在京都(杭州)的最高学府。策，谓简策。策问是宋代科举考试所用的一种文体，考官对举子提出关于儒家经义或者国家政事方面的问题，考生的回答则被称为对策或答策。这篇《太学策问》，是吕祖谦在宋孝宗乾道六年(1170)任太学博士时，为试太学生所拟策题。对朝廷的培养目标提出建议，指出太学是朝廷最高学府，既不是粉饰太平的工具，也不能成为奸人借以猎取官位的地方，指出太学的办学宗旨："讲实理，育实材，而求实用。"这也是吕祖谦及其门生终身践履的人生方向。

问:宪虞、夏、商、周之典而建学[1],合朔[2]、越、楚、蜀之士而居,上非特为饰治之具[3],下非借为干泽之地也[4]。所以讲实理,育实材,而求实用也。盖尝论立心不实,为学者百病之源。操管而试,负墙而问,布席而议,学则宗孔、孟,治则主尧、舜,论人德则曰致知格物[5],论保民则曰发政施仁,论律身则曰孝弟忠信,论范防则曰礼义廉耻。笔于纸,发于口,非不郁郁乎可观矣[6]!迫而索之,则或冥然而昧也;叩而穷之,则或枵然而虚也[7]。意者骛于言而未尝从事所以言者耶[8]?洙泗诸子亲见圣人[9],出语岂不知所择?然问答之间,受责、受哂者相望[10],反自不若后世学者之无疵。古之人其为己、不为人如此[11]。今日所与诸君共订者,将各发身之所实然者,以求实理之所在,夫岂角词章,博诵说[12],事无用之文哉!孰不言圣学之当明也?其各指实见,志何所期,力何所用,毋徒袭先儒之遗言。孰不言王道之当也?其各条实事,何者为纲,何者为目,毋徒作书生之陈语[13]。佛、老乱真者也,勿徒曰清虚寂灭,盍的言其乱真者[14],畴深畴浅[15]。申、韩害正者也[16],勿徒曰刑名术数[17],盍确论其害正者,畴亡畴存。辟、喭、愚、鲁[18],人人异质,不可胜举。刚、柔、缓、急,色色异宜[19],不可胜陈。至于为学者之通病,论治者之通弊,安得不同去而共察之耶?孟子、告子之不动心[20],自今观之固异也,使未闻所以异之答,能辨其异乎!禹、稷、颜子之事业,自今观之固同也,使未闻易地皆然之语,能识其同乎[21]!荀况、扬雄、王通、韩愈皆尝言学矣,试实剖其是非[22];贾谊、董仲舒、崔寔、仲长统皆尝言治矣,试实评其中否[23]。凡此数端,具以质言,实相讲磨,以仰称明天子教养之实德。乃若意尚奇而不求其安,辨尚胜而不求其是,论尚新而不求其常,辞尚异而不求其达,则非有司之所敢闻。

【注释】

〔1〕宪:仿效,取法。

〔2〕朔:北方,此指南宋版图外的中原北方地区。

〔3〕特:只,仅仅。

〔4〕干泽:干禄,求官位。

〔5〕致知格物:致、格,推求。推求万物的事理。

〔6〕郁郁乎:文采飞扬的样子。

〔7〕枵(xiāo)然而虚:大而空的样子,没有实物。

〔8〕"意者"句:我猜想他们只是追求言语的漂亮,但是从没实行过所说的那些话。

〔9〕洙泗:水名,洙水在北,泗水在南,洙、泗合流,经山东曲阜城东北,复分流。后世将孔子学说称作洙泗之学。洙泗诸子,谓孔门弟子。

〔10〕责:批评。孔子常有批评学生的事情,严格要求。如批评宰予昼寝:"朽木不可雕也,粪土之墙不可杇也。"哂(shěn):讥笑。学生言行不规矩,孔子有讥笑的事情。如讥笑子路轻率回答治国方略。

〔11〕"古之人"句:孔子说:"古之学者为己,今之学者为人。"

〔12〕角、博:争胜。

〔13〕陈语:没有新意的套话。

〔14〕盍:何不,反问语气词。的:确实。

〔15〕畴:犹谁,哪个。

〔16〕申:申不害。韩:韩非。二人都是战国时期的法家代表,主张用法、术治国。

〔17〕刑名:法家主张循名责实,慎赏明罚。后世称之"刑名之学"。术数:权术。法家讲求术治,重于任免、考核、赏罚。

〔18〕辟:邪辟。嗲(yàn):粗俗。愚:愚蠢。鲁:笨拙。

〔19〕色色:种种,各种各样。

〔20〕"孟子"句:孟子、告子在官位、财富、利益等引诱面前从不弃仁义而动其心。

〔21〕"禹、稷"四句:禹,夏禹,治理洪水,使生民免除水患。稷,后稷,教民稼穑,使百姓得以养育。颜子,颜回,道德高尚,达到了圣人的境界,是孔子最

5

得意的学生。意思是说,禹、稷、颜回的成就,从现在来看,都是相同的。如果我们未曾听闻孟子所说的"禹、稷、颜子,易地则皆然"(只要信仰一样,在不同的环境中表现也会相同)的评价,能够分辨出相同的道理吗?

〔22〕"荀况"二句:荀况,战国时期赵国人,虽是和孟子同时期儒家的代表,但是荀子又成了法家代表韩非、李斯的业师。扬雄,字子云,西汉末期的思想家。王通,字仲淹,号文中子,河东郡龙门县(在今山西省万荣县)人,隋代儒学家。韩愈,字退之,号昌黎,河南河阳县(在今河南省孟州市)人,学宗孟子,倡导古文运动,唐宋八大家之首。剖,剖析。

〔23〕"贾谊"二句:贾谊,洛阳人,学宗孔、孟,西汉文帝时期政论家。崔寔,字子真,冀州安平县(在今河北省衡水市安平县)人,东汉桓帝时期农学家、思想家,著有《政论》《四民月令》。仲长统,字公理,山阳郡高平(在今山东省邹城市)人,擅长政论,著有《昌言》。

英豪录序

陈 亮

【解题】选自《陈亮集》(河北教育出版社 2003 年版)。陈亮,字同甫,永康人。为人才气超迈,喜谈兵,论议风生,下笔数千言立就。在宋孝宗之时,以布衣身份五次上书直陈政事,"请迁都金陵,以系中原之望。凡钱塘一切浮靡之习,尽洗清之。君臣上下作朴实工夫,以恢复为重。若安于海隅,使士大夫溺湖山歌舞之娱,非一祖八宗所望于今日"(《元一统志·陈亮传》)。他还严厉批判其时脱离现实政治的理学家空谈误国,说"始悟今世之儒士,自以为得正心诚意之学者,皆风痹不知痛痒之人也。举一世安于君父之雠,而方低头拱手以谈性命,不知何者谓之性命乎"(《上孝宗皇帝第一书》)。言辞犀利,毫无忌讳,切中当时朝政弊病。这自然要遭到和议大臣们排斥,成为陈亮一生坎坷、灾难不断的根本原因。陈亮是南宋浙学中专力倡导事功的杰出代表,主张开物成务,酌古准今,无不闪耀着其经国论世、诚心务实的思想光芒。其所谓事功,是为国家兴利建功,而不是图一己私利。陈亮以为,国家兴盛,在于广揽英豪,举贤授能。何谓英豪?于是斟酌古今,编纂了一册《英豪录》,供朝廷参考。在陈亮看来,英豪不是徒有虚名,"以实心实意行实事",是有真本领、真学问的人,是有胆魄、勇于承担大任的人,是对国家、民族大有用的人。这篇序文指出英豪们"信口而言,惟意之为,礼法之不可羁也,死生祸福之不能惧也。一有事焉,君子小人一见而得其情,是非利害之间一言而决。理繁剧则庖丁之解牛也,处危疑则匠石之斫鼻也。盖其才智过人者远矣"。看似有些狂态,实在是其真心实意、发挥才能的表现,而不能用俗情俗理去衡量。

今天子即位之初,虏再侵边,君忧臣劳,兵民死之,而财用匮焉[1]。距靖康之祸于是四十载矣,虽其中间尝息于和,而养安之患滋大,踵而为之,患犹昔也[2]。起而决之,则又惮乎力之不足[3]。嗟乎！事势之极[4],其难处非一日也。蔡谟有言："创业之事,苟非上圣,必由英豪。"[5]今上既圣矣,而英豪之士阙乎未有闻也。余甚惑焉。

夫天下有大变,功名之机也[6]。抚其机而不有人以制之,岂大变终已不得平乎？此非天意也,顾天实生之,而人不知所用耳。彼英豪者,非即人以求用者也,宁不用死耳,而少贬焉不可也[7]。故饥寒迫于身,视天下犹吾事也。见易于庸人,谓强敌吾剿也[8]。信口而言,惟意之为,礼法之不可羁也[9],死生祸福之不能惧也。一有事焉,君子小人一见而得其情,是非利害之间一言而决[10]。理繁剧则庖丁之解牛也,处危疑则匠石之斫鼻也[11]。盖其才智过人者远矣。然而旅出旅处,而混于不可知之间,媚之者谓狂,而实狂者又偶似之,将特自标树,则夫虚张以求贾者又得而误之矣[12]。此英豪之所以困而不达,而谓无人焉者,非也[13]。嗟夫！承平之时,展才无所。不用,职也[14]。而困于艰难之际者,独何欤？且上之人亦过矣,独不可策之以言而试之以事乎[15]！虽商、周之于伊、吕[16],不废也；废之而不务,而忧无人焉者,亦非也。

抑余闻之：昔人有以千金求千里马者，不得，则以五百金买其骨焉，不逾期而千里至者三[17]。何则？趋其所好，人之情也，不得于生者，见其骨犹贵之，可谓诚于好矣，生者之思奋，固也[18]。故余备录古之英豪之行事，以当千里马之骨，诚想其遗风以求之，今未必不有得也，顾其诚好否耳[19]。盖晋武帝称"安得诸葛亮者而与之共治"，正使九原可作[20]，盍亦思所以用之。凡所以区区于此录者，夫岂徒哉？

【注释】

[1]"今天子"五句：今天子，指宋孝宗赵昚(shèn)。虏，指北方金国。虏再侵边，指孝宗隆兴元年(1163)三月，"金帅纥石烈志宁以书来求海、泗、唐、邓、商州之地及岁币。先是，金人十万众屯河南，声言规取两淮，朝廷震恐"。

[2]"距靖康"五句：靖康之祸，指北宋钦宗二年(1126)春，京都开封沦陷，徽宗、钦宗被金国俘虏，北宋灭亡，至孝宗乾道二年(1166)，正好是四十年。意思是说，只图苟安偷息，不思图恢复中原，其祸患越来越大，后患继前患，和过去一样没有改变。

[3]"起而"二句：奋起和金国决一战，又怕兵力不够。

[4]极：极点。处：处置，解决。

[5]"蔡谟"四句：创业的大事，若非出于上等圣主，那一定成于英雄豪杰。蔡谟，字明道，东晋陈留考城(今河南省兰考县)人。官至扬州刺史。

[6]机：机遇。

[7]"彼英豪者"四句：那些英雄豪杰，不会屈身投靠他人而求得使用，宁可不用于时而死，使他们稍受委屈，是不会答应的。

[8]"故饥寒"四句：所以他们处于饥寒交迫的困境，把天下国家兴亡，当作自己的事情，被庸人小看，依然说强敌靠我去剿灭。

[9]羁：约束。

[10]"一有"三句：一旦临事处置，谁是君子谁是小人，一见便得其实情，是是非非、利害关系，一句话可以决断。

[11]"理繁"二句：庖丁解牛，不用刀砍，顺从牛的关节轻易分解全牛。见

《庄子·养生主》。匠石斫鼻,说郢人鼻头有如苍蝇翅翼的污点,匠石挥起斧子砍去污点,而郢人的鼻子一点也没有受伤。见《庄子·徐无鬼》。这两个典故,意思是比喻英豪行事善于抓住事物规律行事。

〔12〕"然而"六句:英俊豪雄混迹于无人识知之间,嫉妒其才的人诬为轻狂,而轻狂无才的人和他们偶有相同之处,于是虚张声势,求得名位,进而使人难辨真正的英豪。旅,相同。旅出旅处,一同出仕一同退隐。媢(mào),嫉妒。贾,出售。

〔13〕达:指仕途通达,为世所用。

〔14〕"承平"四句:太平之世,英豪有才无所用,是很普遍的事情。职,常也。

〔15〕"而困"四句:英豪处于艰难的时世,仍然有才无所用,恐怕在上位的人也有责任,难道不能考察他们言论而在具体事务中试试吗?

〔16〕伊:伊尹,商汤贤相,佐助商汤推翻夏桀,建立商朝。吕:吕尚,称姜太公,佐助周武王讨伐商纣,建立周朝。

〔17〕"昔人"四句:期,一整年。不逾期,不到一年。典故见《战国策·燕策》。

〔18〕趋:投奔,投靠。诚于好:真心喜欢。

〔19〕"顾其"句:看他的求贤是不是出于真心。

〔20〕"盖晋武帝"二句:晋武帝司马炎盼望得到诸葛亮这样的贤才一起治理朝政,英豪如可以复生,正当思何以用之。九原,指地下黄泉。

上宁宗皇帝札子

叶 适

【解题】选自叶适《水心集》(中华书局1961年版)。札子,是宋代官府一种用来上奏的应用文体,相当于现在往上级报送的公文报告。叶适,字正则,号水心居士,温州永嘉(在今浙江温州市)人,生于瑞安,后移居永嘉水心村。早年师事吕祖谦。淳熙五年(1178),登榜眼。仕孝宗、光宗、宁宗三朝,历任平江府观察推官、太学博士、尚书左选郎、国子司业、知泉州、兵部侍郎等。叶适于内谋图富国强兵,为民兴利;于外力主抗金,反对和议。其学以倡导事功为宗旨,和永康陈亮声气相求,视空谈性命为误国,所以崇真务实,并对朱熹学说有所非议,成为永嘉之学集大成者。著《水心集》《水心别集》《习学记言》等。这篇上奏宁宗的札子,提出惠民以"实德"而不是徒有"宽民"虚名。他在总结两宋赋税利弊之后,呼吁"修实政于上,而又行实德于下",无不体现其贴近现实、体恤民生的事功精神。

臣所谓行实德者[1]:臣窃观仁宗、英宗号极盛之世,而不能得志于西北二虏[2],盖以增兵既多,经费困乏,宁自屈己,不敢病民也。王安石大挈利柄[3],封桩之钱所在充满[4],绍圣、元符间[5],拓地进筑而敛不及民,熙、丰旧人矜伐其美[6]。然陈瓘讥切曾布[7],以为转天下之积,耗之西边,邦本自此拨

11

矣[8]。于是蔡京变茶盐法[9],括地宝,走商贾,所得五千万,内穷奢侈,外炽兵革。宣和之后,方腊甫平,理伤残之地,则七色始立,燕云乍复[10],急新边之用,而免夫又兴。自是以来,羽檄交警,增取之目,大者十数,而东南之赋,遂以八千万缗为额焉[11]。多财本以富国,财既多而国愈贫;加赋本以就事,赋既加而事愈散。然则英主身济非常之业,岂以货财多少为拘?

近者国用置司,偶当警饬武备之际,外人但见立式太细,钩校甚详,不能无疑,谓将复取。臣独以为不然。何者?"名实不欺,用度有纪,式宽民力,永底阜康",此诏书也[12]。两浙盐丁既尽免矣,方以宽民,而何至于复取乎?参考内外财赋所入,经费所出,一切会计而总覈之,其理固当。然臣谓国家之体,当先论其所入,所入或悖[13],足以殃民,则所出非经,其为蠹国审矣[14]。今经总制、月输、青草、折估等钱[15],虽稍已减损,犹患太重,趁办甚难,而和买、折帛之类[16],民间至有用田租一半以上输纳者。贪官暴吏,展转科折[17],民既穷极,而州县亦不可为矣。以此自保,惧无善后之计,况欲规恢,宜有大赉之泽[18]!

伏乞陛下特诏大臣,使国用司详议审度,何名之赋害民最甚,何等横费裁节宜先。减所入之额,定所出之费,不须对补,便可蠲除[19],小民蒙自活之利,疲俗有宽息之实。陛下修实政于上,而又行实德于下,和气融浃,善颂流闻,此其所以能屡战而不屈,必胜而无败者也。改弱以就强,孰大于此?凡此皆其大要而已。陛下不以臣为愚且迂,敢不自竭而详陈焉!取进止。

【注释】

〔1〕实德:说朝廷施惠让利于百姓,使百姓真正得到好处。

〔2〕仁宗、英宗:仁宗、英宗朝,君臣相合,国力渐盛,称为北宋盛世。西北二虏:指西夏国、辽国。

〔3〕挈(qiè):执掌,控制。利柄:财政大权。

〔4〕封桩之钱:宋代一种财政制度,起于建隆三年(962),宋太祖既平诸割据势力,收其金帛,置库储于京师,号"封桩"。凡岁终用度之余皆入之,以为军旅饥馑之备。始行于中央朝廷,后来地方行政都有封桩,乃至按月而桩,称"月桩钱"。

〔5〕绍圣、元符:皆宋哲宗赵煦年号。

〔6〕熙:熙宁。丰:元丰。皆宋神宗年号。矜伐:夸耀。

〔7〕陈瓘:字莹中,号了斋,沙县(今福建省沙县)人。宋元丰二年(1079)探花,授湖州掌书记。累迁左司谏。《宋史》称其谏疏似陆贽,刚方似狄仁杰,明道似韩愈。与陈师锡并称"二陈",斥蔡京、蔡卞、章惇、安惇等奸臣。曾布:字子宣,江西南丰人。神宗时,鼎力扶助王安石变法,任集贤校理、检正中书五房、知制诰、三司使等职。哲宗时,官枢密使。徽宗时,任右仆射。卒追赠观文殿大学士,谥文肃。《宋史》列入《奸臣传》。

〔8〕邦本:国家的根本。拨:断绝。

〔9〕"蔡京"句:蔡京,字元长,兴化军仙游县(今福建省仙游县)人。熙宁三年进士。崇宁元年,任右仆射兼门下侍郎,后拜太师。推行方田法,并对江、淮七路茶实行专卖。改革盐钞法,旧盐钞都废弃不用,乃至富商大贾,数十万缗之资一旦化为乌有,更有甚者竟赴水或吊死,民怨鼎沸。

〔10〕"宣和之后"四句:宣和,宋徽宗年号。方腊,睦州青溪(今浙江省淳安县西)人。宣和二年(1120)秋率民起事,三年夏,受伤被俘,秋被杀。七色,按《宋史·职官志》:宣和三年,方腊初平,江浙诸郡皆未有常赋,乃诏以陈亨伯经制七路财赋。亨伯收民间印契之类为钱,凡七色。此后州县有所谓经制钱。燕云乍复,宣和四年,宋和新掘起的金国订立"海上之盟",约定灭辽后,金归还宋燕云十六州,预置燕山、云中两路。灭辽后,金太祖把太行山以南的燕京、涿州、易州、檀州、顺州、景州、蓟州归宋。但是金国以张觉事变为由伐宋,战事频发,宣和七年十二月金国占领燕京,明年,大举南下,俘虏了徽、钦二帝,史称"靖康之变",北宋灭亡。

〔11〕"东南"二句:《续宋编年资治通鉴·宋孝宗》,乾道二年(1166),"是岁,费钱八千万缗",都出于江南。

〔12〕"名实不欺"五句:这里是引用宋宁宗赵扩嘉泰四年(1204)十二月下诏书语。《宋史全文》卷二十九下《宋宁宗》:"仍于侍从卿监中择才识通练、奉公爱民者二人为之属,俾颛其职,参考内外,财赋所入,经费所出,会计而总覈之。庶几名实不欺,用度有纪焉。"于是朝廷就以陈自强兼国用使,费士寅、张岩同知国用事。

〔13〕悖(bèi):惑乱。

〔14〕蠹国:危害国家。审:明白,清楚。

〔15〕经总制:即经总制钱,宋代杂税经制钱和总制钱的合称。月输:即月桩钱,与青草、折估都是南宋税目名称。

〔16〕和买:宋代官府春季贷款给农人,夏秋时农人以绢帛偿还,称为"和买"。北宋末至南宋初,和买成为重赋。折帛:南宋初,以上供、和买、夏税绢帛改为折价输钱,称为"折帛"。

〔17〕科折:宋时征敛赋税,许以物折物、以物折钱或者以钱折物,称为"科折"。

〔18〕赉(lài):赏赐。

〔19〕蠲(juān):减免。

送倪君泽序

王 柏

【解题】选自王柏《王鲁斋集》(上海古籍出版社2014版《重修金华丛书》第7册)。王柏,字会之,浙江金华人。少慕诸葛孔明为人,自号"长啸"。一日读《论语》"居处恭,执事敬"一章,惕然改容说:"长啸非持敬之道。"改号"鲁斋"。师事金华北山何基,传黄榦之学,得朱学正传。王柏又传兰溪仁山金履祥,金履祥传东阳许谦,是为"北山四先生"。"四先生"之学虽传承朱熹理学道统,但是深受吕祖谦、唐仲友、陈亮、叶适等浙学名家影响,专心于名物考证,趋向于求真崇实,和朱学侈谈性理有些区别。所以到宋末理宗以后,浙学已经渐渐和朱熹理学、陆九渊心学相互融合,即将朱、陆之学切入时世现实之中,转化为"践行"、"着实"功夫。王柏这篇送序在阐述名实关系中,体现了浙学一以贯之的务实戒虚、修己及人、言行相副的学术风格,以为"致君泽民,固儒者之事业",其精神气质也和浙学事功之学几无区别,值得推崇。

士有求名而勉为自修者,此世俗为人之学也。士有好修而指曰求名者,此世俗忌人之论也。求名得名而实有未至,不特人败之,天亦有以败之。非天故欲败之也,此理之所必败也。有其实而名自至,岂人不得而掩之[1],天亦不得而掩之。非天不欲掩之也,此理之所必不能掩也。自其变者言之,有其实而名不称者有之,未有无其实而能久盗其名者也。夫以求名为心,名苟得矣,则所以自修者必懈。诚以自修为心,名虽得而自修者益笃[2]。何者?惧其实之不称是名也。为人为己[3],于是可以判矣。

若倪君君泽,所谓有其实而名自至者也。予知君泽为最密,其为人也,外木讷而内精敏[4],所积者深,所存者远,真自修之士也。未尝求人之知,虽终岁同窗共案[5],而莫测其学之浅深也。一旦对策大廷[6],结知圣主,置之鼎甲[7],人方惊叹骇愕,恨知之晚。今将趋南康幕[8],戒行有日。予固知其必笃于实,而不有是名也审矣。然仕宦之实无它,政事而已[9]。欧阳公一代文宗,而对人多谈政事。或有疑而问者,乃曰:"文章止能润身,政事可以及物[10]。"斯言真可以针砭后世文士之膏肓[11]。夫流连词藻,不能政事者,其病小;玩愒岁月[12],而不屑于政事者,其病大。乃欲以不事事谓之养望者[13],益误矣。昔君泽不惮千里之远役,甘迟四年之久次,杜门山林,不入城府,与人谦恭,不异平日。此则所谓养望也。今发轫宦辙[14],已脱冗职之污贱[15]。南康无贰车,太守之下[16],即幕僚也。千里之休戚所系也,百姓之枉直取正也,有贡赋之征焉,有军旅之事焉,有官吏之宿弊焉,有田里之隐忧焉,又有书院前贤之遗范焉,人未及太守而先议幕府矣。四面之责方至,非可以清谈闲雅之为可尚也[17],非可以体貌沓施之为可习也[18],苟以台阁自命、富贵自期,厌尘劳而忽小物,吾见其名丧而重骤矣[19],何有于养哉?昔魏国韩忠献尝以大名为开封推官[20],暑月汗流浃背,理事不懈,府尹曰:"此人要路在前,而治民如此,真宰相器也。"此岂非后学之所当法欤?

君旧字希程,今改字君泽。夫致君泽民,固儒者之事业,亦朋友以是期君也。自上而下言之,能致君则泽民在其中矣。自下而上言之,能泽民乃致君也。后世无莘野之聘[21],无版筑之求[22],致君未有不自泽民始。苟以此自诡,不亲细务,而曰"此养望也",即异时持禄固位之根基[23],可不惧乎?君不惮其戆,索予言以相其行,辄发是语,庶朋友切切偲偲之义云[24]。

【注释】

〔1〕掩:庶蔽,掩盖。
〔2〕自修:自觉修养身心,达到圣贤的标准,也称"内圣"。笃:坚决、诚恳。
〔3〕为人为己:已见吕祖谦《太学策问》〔11〕注。
〔4〕"外木讷"句:《论语·里仁》:"子曰:君子欲讷于言而敏于行。"讷,迟钝。敏,敏疾。
〔5〕案:书案,类现在的茶几。
〔6〕大廷:朝廷。
〔7〕鼎甲:科举考试名列甲科前三。以鼎有三足,一甲三名,故称。
〔8〕南康幕:宋太宗太平兴国七年(982),置南康军,江州都昌县、洪州建昌县、江州星子县,统一管辖,以星子县(今江西省星子县)为军治,隶江南路。真宗天禧四年(1020),江南路又分东西两路,南康军属江南东路。幕,幕府。
〔9〕"仕宦"二句:说任职为官的实事,就是政府中大小事务。
〔10〕"文章"二句:写文章只能丰润自己生活,从事政务可以给别人带来好处。及物,普施恩泽。
〔11〕针砭(biān):古医治病石针,喻指出错误,劝人改正。膏肓:古医以心尖的脂肪为膏,心脏和隔膜之间为肓(huāng)。借以比喻事物的要害或关键。
〔12〕玩愒(kài):指贪恋安逸,虚度岁月。
〔13〕"乃欲"句:不事事,无所事事,不想作为。
〔14〕轫:止车轮的木条。车启行,则去此轫木。发轫:启程,开路。宦辙:走上官场的道路。
〔15〕"已脱"句:幕府官非低贱闲散官职。冗,多余。

〔16〕"南康"句:南康军没有副职,属官都隶于太守之下。贰车,副职。

〔17〕清谈闲雅:指空谈闲适,无所事事。

〔18〕拕:通"拖"。沓拕,拖拉,不利落。

〔19〕隳(huī):毁坏。

〔20〕韩忠献:即韩琦,字稚圭,自号赣叟,相州安阳(今河南省安阳市)人。宋仁宗天圣五年(1027)进士,历任将作监丞、开封府推官、右司谏等职,与范仲淹齐名,人称"韩范"。韩琦为相十载、辅佐三朝,卒谥忠献,配享宋英宗庙庭。徽宗时追封魏郡王。

〔21〕莘野之聘:指商汤聘伊尹事。伊尹为有莘氏女的媵臣,商汤娶有莘氏女而得伊尹,举伊尹为相,终于打败了夏桀。

〔22〕"无版筑"句:用商王武丁举任傅说事。傅说是大贤,而当时在傅岩服苦役,武丁举任为相,商朝以此中兴。

〔23〕"异时"句:成为将来守禄固位的基础、资本。

〔24〕切切偲(sī)偲:也作"切切节节",相互敬重、相互勉励的意思。《论语·子路》:"子曰:切切偲偲,怡怡如也,可谓士矣。朋友切切偲偲,兄弟怡怡。"马融注:"切切偲偲,相切责之貌也。怡怡,和顺之貌也。"

抚州新建增差教授厅记

黄 震

【解题】选自黄震《黄氏日钞》(元刻本)。国家兴盛与否,在乎教育,而教育之兴,在乎尊师重教。浙学素有尊师重教的传统,自吕祖谦创丽泽堂,首倡"明理躬行"的办学宗旨,引导门生将所学经义,转化为践行,将儒学的孝悌仁义忠信礼智等教义,付之于日常生活的课目中。而黄震踵武于后,在这篇记中也提出"所贵乎明理,以其正躬行也",继承了浙学的这个传统。黄震,字东发,浙江慈溪人,学者称"于越先生"。宋理宗宝祐四年(1240)进士。度宗时,官史馆检阅,参与修撰宁宗、理宗两朝《国史》《实录》。后来又官浙东提举常平,兼绍兴府长史。宋亡,饿死在宝幢山下,门人谥曰文洁先生。著有《黄氏日钞》一百卷。黄震之学承传朱熹道统,但是折衷诸家之说,于朱学也不肯苟同,更多地吸取了浙学精华,与朱学相为融合,求其心之所安乃止。其学最大的特色是"践实",力戒"空谈性理",且再三强调《论语·学而篇》"教人为学,以躬行为本,躬行以孝弟为先,文则行有余力而后学之",都为后来王阳明的"知行合一"思想提供了理论素养。

仁义礼智之性,具在人心,所以开而明之者,则存乎教。诗书礼乐之教,具在方册,所以讲而行之者,则系乎师。故师必明圣经,而后可以淑人心[1],必淑人心,而后可以转移风俗,上为圣天子跻世太平之助[2]。自词章之学兴,而士未必知经。我神宗是以创经学,士犹多以词章发身,而职教者又未必皆经我理考[3],是以创增教。增教云者,必使一州各备一经师,于以上续三代圣王化民成俗之初意,其责岂不甚重乎哉!方是时,抚之郡博士业词章,于是增教用经为师,必舍选名流则居之[4],其事又岂不甚盛乎哉!然事以创见为骇,官以后至为客。今且十祀无所乎寓,僦屋而居[5],联薨编伍[6],师道之尊何有,而可以耸观听、新士习耶[7]?

上饶程君绍开来[8],谓道必依形而立,理必与势而行[9],始慨然以创厅事为己任。前太守缪侯嘉其志[10],首助之。余继至,闻其事,又助之。然坐郡凋愧[11],未能尽任其责。君乃捐俸倾橐[12],日积月累,迨垂满秩[13],事始获就。高其门闾,揭之题扁[14],宏敞明洁,过者神竦[15],犹无不知增教之所由始,而况士乎!其必肃然仰,洒然异矣[16]。然则乘此作新之机,可不益求经学之实者乎!夫所贵乎经学,以其明义理也,今之业经,程文而已耳[17]。所贵乎明理,以其正躬行也,今之言理,尚口而已耳[18]。或谓科举累人[19],弊遂至此。余窃以为不然。自昔人主不能自治其民,必求天下之秀异以与共治,自昔人士亦无以自达于上,必吐胸中之抱负,始克上达。故今之试士以文,即古之敷纳以言[20],科举岂累人之具哉?天下之事理,无不在圣人之教,事必践实,士能行矣而著,习矣而察,虽起居服食之细,皆足以验天理人事之则,而况大之为科举?其或行矣而不著,习矣而不察,则虽仰天俯地,尚不思覆载之恩[21],瞻日顾月,犹不知照临之赐[22],又何有于科举?粤自世教不明,经术道微,上之试于我者,本以性命道德,本以古今治乱,而我之应于上者,自以其穿凿[23],自以其浮靡[24]。今日之试于上者,尚能言及天理,尚能言及仁政,他日之施于民者,自或流于人欲[25],自或流于贪刻[26],言行相违,穷达异趋,国负士乎?士负国乎?法弊人乎?人弊法乎?

程君之教人以经也,固不离乎文也,而文即理之寓,言即行之副,穷即达之占也。君之教人,岂必他求?亦惟因其文,使各践其实而已。君始荐于乡,即上先皇帝书万言[27],先皇帝为之嗟赏不已。其在太学以行谊称,权奸误国,退不就试。今衡经于抚[28],适岁饥厄,无预于政,而散财赈民,君固身践其实矣。身教者从,吾道何幸!余故悦而为之记。咸淳七年辛未岁七月廿六日,承议郎权发遣抚州军州兼管内劝农屯田事节制军马黄震记。

【注释】

〔1〕淑人心:淑,修善。淑人心,使人心变好。

〔2〕跻(jī):登,升。

〔3〕理考:即考核。

〔4〕舍选:太学三舍学生经考试选拔而直接任用的制度。名流:杰出人士。

〔5〕僦(jiù):租赁。

〔6〕联甍编伍:甍(méng),本是屋脊,栋梁,这里是指房屋。古代居户以五家为一编。联甍编伍,是说杂居于民间。

〔7〕耸:劝勉,鼓励。观听:指看到的和听到的。习:风气。

〔8〕上饶:地名,在今江西省上饶市。程绍开:号月岩,广信(今广西省梧州市)人。宋度宗时,添差抚州教授。其学与汤千同调,曾经修筑道一书院,取《孟子》"道一而已"之义,和合朱熹、陆九渊二家之说。

〔9〕"谓道"二句:道、理都是形而上的,必须借助形而下的东西来表达。

〔10〕缪侯:名元德,度宗咸淳五年(1269),以朝请大夫知抚州。

〔11〕坐:因为,由于。愧:通"匮"。凋匮,困乏。

〔12〕俸:俸禄,月薪。橐(tuó):钱袋子。

21

〔13〕满秩:职位任期已到。

〔14〕题扁:题牌,门牌。

〔15〕神竦:精神恭肃起敬。

〔16〕肃然仰、洒然异:肃然而敬,洒然易色。洒然,肃敬貌。

〔17〕程文:科举考试的应试文章。

〔18〕尚口:崇尚言说、口辨。

〔19〕累:拖累,危害。

〔20〕敷纳:指臣下陈奏善策,天子择善采纳。

〔21〕覆载:本指天地,比喻皇上恩德广大无边。

〔22〕照临:从上照射,比喻皇上体察明辨。

〔23〕穿凿:牵强附会。

〔24〕浮靡:虚华不实。

〔25〕人欲:和"天理"相对立,是指违背儒家伦理而不受制约、控制个人欲望。

〔26〕贪刻:贪婪暴虐。

〔27〕先皇帝:指宋理宗赵昀。

〔28〕横经:陈列经书,此处指程绍开任添差教授一事。抚:抚州,在今江西省抚州市。

丹溪翁传 节录

戴 良

【解题】选自《九灵山房集》(上海古籍出版社2014版《重修金华丛书》第135册)。朱丹溪是元代名医,救死扶伤,不问贫富,道德医术,声闻朝野。丹溪问道于"四先生"中的许谦。许谦的学问,在朱学传承谱系中以考据见长,不因袭既成之说,不默守成规,对于朱学有所修订。其每立一说,广征博引,寻究依据,用实证方法来检讨学说可靠与否,所以是很务实的浙学传统。丹溪的医理、医术也是如此。"以阴阳造化之精微,与医道相出入者论之",以儒入医,以天人相应的理论,打通了天地阴阳五行和人体脏腑间的辩证关系,倡导"阳常有余,阴常不足"之学理,创建阴虚相火病机学说,指出人体阴气、元精的重要,主张以补阴、固精为主,被后世推崇为"滋阴派"的创始者。他以儒学的道德理念融合于医道、医术,丹溪医论可以说也是浙学的务实精神在医学上的体现。戴良这篇《丹溪翁传》,比较全面记载了丹溪医道渊源关系以及学医、行医经历,指出丹溪翁是儒医,"在婺得道学之源委,而混迹于医",颇为传神。戴良,字叔能,号九灵,浦江县建溪(在今浙江省诸暨市马剑镇)人。至正末,曾任淮南江北等处行中书省儒学提举。后至吴中,依张士诚。复泛海至登莱,拟归元军。元亡,隐居四明山。洪武十五年(1382),明太祖召至京师,欲与之官,托病固辞。致忤太祖意,入狱。待罪之日,作书告别亲旧,仍以忠孝大节为语。次年,卒于狱中。著有《春秋经传考》《九灵山房集》等。师从柳贯、黄溍,而柳贯师"四先生"金履祥。推其学统,戴良也是与浙学一脉相承的学者。

丹溪翁者,婺之义乌人也。姓朱氏,讳震亨,字彦修。学者尊之曰"丹溪翁"。翁自幼好学,日记千言。稍长,从乡先生治经,为举子业。后闻许文懿公得朱子四传之学,讲道八华山[1],复往拜焉,益闻道德性命之说,宏深粹密,遂为专门。一日,文懿谓曰:"吾卧病久,非精于医者不能以起之,子聪明异常人,其肯游艺于医乎?"翁以母病脾,于医亦粗习,及闻文懿之言,即慨然曰:"士苟精一艺,以推及物之仁,虽不仕于时,犹仕也。"乃悉焚弃向所习举子业,一于医致力焉。

时方盛行陈师文、裴宗元所定《大观二百九十七方》[2],翁穷昼夜是习,既而悟曰:"操古方以治今病,其势不能以尽合,苟将起度量,立规矩,称权衡,必也《素》《难》诸经乎[3]?然吾乡诸医鲜克知之者。"遂治装出游,求他师而叩之。乃渡浙河,走吴中,出宛陵[4],抵南徐[5],达建业[6],皆无所遇。及还武林,忽有以其郡罗氏告者。罗名知悌,字子敬,世称"太无先生",宋理宗朝寺人[7]。学精于医,得金刘完素之再传[8],而旁通张从正、李杲二家之说[9]。然性褊甚,恃能厌事,难得意[10]。翁往谒焉,凡数往返,不与接,已而求见愈笃,罗乃进之,曰:"子非朱彦修乎?"时翁已有医名,罗故知之。翁既得见,遂北面再拜以谒,受其所教。罗遇翁亦甚欢,即授以刘、张、李诸书,为之敷扬三家之旨,而一断于经[11],且曰:"尽去而旧学,非是也。"翁闻其言,涣焉无少凝滞于胸臆[12]。居无何,尽得其学以归。乡之诸医泥陈、裴之学者[13]，闻翁言，即大惊而笑且排，独文懿喜曰："吾疾其遂瘳矣乎！"文懿得末疾[14]，医不能疗者十余年，翁以其法治之良验，于是诸医之笑且排者，始皆心服口誉。数年之间，声闻顿著……

于是翁之医益闻，四方以病来迎者遂辐凑于道[15]。翁咸往赴之，其所治病凡几，病之状何如，施何良方，饮何药而愈，自前至今，验者何人何县里，主名得诸见闻，班班可纪。浦江郑义士病滞下[16]，一夕忽昏仆，目上视，溲注而汗泻[17]。翁诊之脉大无伦，即告曰："此阴虚阳暴绝也，盖得之病后酒且内[18]，然吾能愈之。"急命治人参膏，而且促灸其气海[19]。顷之，手动，又顷而唇动。及参膏成，三饮之，甦矣。其后服参膏，尽数斤，病已。天台周进士病恶寒，虽暑亦必以绵蒙其首，服附子数百增剧[20]。翁诊之脉滑而数[21]，即告曰："此热甚而反寒也。"乃以辛凉之剂，吐痰一升许，而蒙首之绵减半。仍用防风通圣饮之[22]，愈。周固喜甚，翁曰："病愈后，须淡食以养胃，内观以养神，则水可生，火可降，否则附毒必发，殆不可救。"彼不能然，后告疽发背死[23]。浙省平章南征闽粤还[24]，病反胃，医以为可治。翁诊其脉，告曰："公之病不可言也。"即出，独告其左右曰："此病得之惊后，而使内火、木之邪相挟，气伤液亡，肠胃枯损，食虽入而不化。食既不化，五脏皆无所禀，去此十日死。"果如言。郑义士家一少年秋初病热，口渴而妄语，两颧火赤，医作大热治。翁诊之脉弱而迟[25]，告曰："此作劳后病温，惟当服补剂自已。今六脉皆抟手[26]，必凉药所致。"竟以附子汤啜之[27]，应手而瘥[28]。浙东宪幕傅氏子病妄语，时若有所见，其家妖之。翁切其脉，告曰："此病痰也。然脉虚弦而沉数[29]，盖得之当暑饮酸，又大惊。"傅曰："然。尝夏因劳而甚渴，恣饮梅水一二升，又连得惊数次，遂病。"翁以治痰补虚之剂处之，旬浃愈。里人陈时叔病，胀腹如斗，医用利药[30]，转加。翁诊之脉数而涩[31]，告曰："此得之嗜酒。嗜酒则血伤，血伤则脾土之阴亦伤。胃虽受谷，不能以转输，故阳升阴降而否矣。"陈曰："某以嗜酒，前后溲见血者有年。"翁用补血之剂投之，验。权贵人以微疾来召，见翁至，坐堂中自如。翁诊其脉，不与言而出，使诘之，则曰："公病在死法中，不出三月，且入鬼录[32]，顾犹有骄气耶？"后果如期死。一老人病目无见，使来求治。翁诊其脉微甚[33]，为制人参膏饮之，目明如常时。后数日，翁复至，忽见一医在庭炼礞石[34]。问之，则已服之矣。翁愕曰："此病得之气大虚，今不救其虚，而反用礞石，不出此夜必死。"至夜参半，气奄奄不相属而死。一男子病小便不通，医治以利药，益甚。翁诊之右寸颇弦滑，曰："此积痰病也。积痰在肺，肺为上焦，而膀胱为下焦，上焦闭则下焦塞。譬如滴水之器，必上窍通而后下窍之水出焉。"乃以法大吐之，吐已，病如失。一妇人病不知人，稍苏，即号叫数四而复昏。翁诊之肝脉弦数而且滑，曰："此怒心所为，盖得之怒而强酒也。"诘之，则不得于夫，每遇夜，引满自酌解其怀。翁治以流痰降火之剂，而加香附以散肝分之郁，立愈。一女子病不食，面北卧者且半载，医告术穷。翁诊之肝脉弦出左口[35]，曰："此思男子不得，气结于脾故耳。"叩之，则许嫁夫入广且五年。翁谓其父曰："是病惟怒可解。盖怒之气击而属木，故能冲其土之结，今第触之使怒耳。"父以为不然。翁入而掌其面者三，责以不当有外思。女子号泣大怒，怒已，进食。翁复潜谓其父曰："思气虽解，然必得喜，则庶不再结。"乃诈以夫有书，旦夕且归。后三月，夫果归，而病不作。一妇人产后有物不上如衣裾[36]，医不能喻[37]。翁曰："此子宫也。气血虚，故随子而下。"即与黄芪、当归之剂,而加升麻举之[38],仍用皮工之法,以五倍子作汤洗濯,皱其皮。少选,子宫上。翁慰之曰:"三年后可再生儿,无忧也。"如之。一贫妇寡居,病癞[39]。翁见之恻然,乃曰:"是疾世号难治者,不守禁忌耳。是妇贫而无厚味,寡而无欲,庶几可疗也。"即自具药疗之,病愈后,复投四物汤数百,遂不发动[40]。翁之为医,皆此类也。

盖其遇病,施治不胶于古方,而所疗皆中,然于诸家方论,则靡所不通。他人靳靳守古,翁则操纵取舍,而卒与古合。一时学者咸声随影附,翁教之亹亹忘疲[41]。一日,门人赵良仁问太极之旨,翁以阴阳造化之精微,与医道相出入者论之,且曰:"吾于诸生中,未尝论至于此,今以吾子所问,故偶及之。"是盖以道相告,非徒以医言也。赵出,语人曰:"翁之医,其殆橐籥于此乎[42]?"罗成之自金陵来见,自以为精仲景学[43],翁曰:"仲景之书收拾于残篇断简之余,然其间或文有不备,或意有未尽,或编次之脱落,或义例之乖舛,吾每观之,不能以无疑。"因略摘疑义数条以示,罗尚未悟。及遇治一疾,翁以阴虚发热而用益阴补血之剂疗之,不三日而愈。罗乃叹曰:"以某之所见,未免作伤寒治。今翁治此,犹以芎归之性辛温[44],而非阴虚者所宜服,又况汗下之误乎?"

翁春秋既高,乃徇张翼等所请[45],而著《格致余论》《局方发挥》《伤寒辨疑》《本草衍义补遗》《外科精要新论》诸书,学者多诵习而取则焉。翁简悫贞良,刚严介特,执心以正,立身以诚。而孝友之行,实本乎天质。奉时祀也,订其礼文而敬莅之;事母夫人也,时其节宣以忠养之;宁歉于己而必致丰于兄弟,宁薄于己子而必施厚于兄弟之子;非其友不友,非其道不道,好论古今得失,慨然有天下之忧。世之名公卿多折节下之,翁为直陈治道,无所顾忌,然但语及荣利事,则拂衣而起。

与人交,一以三纲五纪为去就。尝曰:"天下有道则行有枝叶,天下无道则辞有枝叶。夫行,本也。辞,从而生者也。"苟见枝叶之辞,去本而末是务。辄怒溢颜面,若将浼焉。翁之卓卓如是,则医又特一事而已。然翁讲学行事之大方,已具吾友宋太史濂所为翁墓志[46],兹故不录,而窃录其医之可传者为翁传,庶使后之君子得以互考焉。

论曰:昔汉严君平博学无不通[47],卖卜成都,人有邪恶非正之问,则依蓍耆为陈其利害,与人子言依于孝,与人弟言依于顺,与人臣言依于忠,史称其风声气节,足以激贪而厉俗。翁在婺得道学之源委,而混迹于医。或以医来见者,未尝不以葆精毓神开其心。至于一语一默,一出一处,凡有关于伦理者,尤谆谆训诲,使人奋迅感慨激厉之不暇。左丘明有云:"仁人之言,其利博哉!"信矣,若翁者,殆古所谓直谅多闻之益友,又可以医师少之哉!

【注释】

〔1〕许谦:字益之,号白云,浙江省东阳人。师从金履祥,刻苦勤奋,不数年尽得其传。学识渊博,举凡天文、地理、典章、制度、食货、刑法、文学、音韵、医经、术数以及释、老,无不通晓。人称"白云先生",谥曰文懿。八华山在今东阳市画水镇西北,书院在山道上,坐北朝南,久已废圮,今重建。

〔2〕"陈师文"句:陈师文、裴宗元,皆宋代医官。陈师文,临安(今浙江省杭州)人。累任尚书库部郎中、提辖措置药局等职。裴宗元,累任太医令、医学博士等职。徽宗大观年间,陈师文与裴宗元等奉敕修订方书,终成《和剂局方》(全称《太平惠民和剂局方》),也即《大观二百九十七方》。

〔3〕《素》《难》:都是先秦时期的医书。《素》,《素问》,属于《黄帝内经》;《难》,《黄帝八十一难经》。

〔4〕宛陵:宣城古名,在今安徽省宣城市。

〔5〕南徐:南徐州,南朝时置,在今江苏省镇江市。

〔6〕建业:三国东吴时称南京为建业。

〔7〕寺人:宫内供使令的小臣,即宦官。

〔8〕刘完素:字守真,河间(今河北省河间县)人,是金元时期的名医,名入"金元四大家"。

〔9〕张从正:字子和,号戴人,金朝睢州考城县(今河南省民权县)人。名入"金元四大家",著有《儒门事亲》。李杲:字明之,金国真定(在今河北省正定县)人,自号东垣老人,是"脾胃学说"的创始人,名入"金元四大家"。

〔10〕厌事:厌倦于事务。得意:称意、称心。

〔11〕断:决断。是说皆由医经来断论。

〔12〕"涣焉"句:涣焉,犹涣然,形容疑虑等消释。凝滞,疑难。意思是说,心里头没有一点疑难,都给解决了。

〔13〕泥:拘泥。

〔14〕末疾:四肢活动不便的疾病。

〔15〕辐凑:聚集。

〔16〕滞下:痢疾,拉肚子。

〔17〕溲注:排尿失控。汗泻:大汗淋漓。

〔18〕"得之"句:内,是夫妻生活。是说得病以后,又喝酒又过夫妻生活。

〔19〕促:急促,立即。灸:中医疗法,用燃烧的艾绒熏灼人体的穴位。气海:经络穴位名,在腹部正中线脐下一寸半的地方。

〔20〕服:服用,吃下。附子:中药名,对虚脱、水肿有疗效。剧:严重、厉害。

〔21〕滑、数:都是中医脉象名。滑的脉象说血液流利,如珠在盘中滚动。数的脉象说,跳动频率高。

〔22〕防风:药草名,有镇风、祛痰作用。防风通圣:指用防风草做成的药丸,称防风通圣丸。

〔23〕疽(jū):毒疮。

〔24〕浙省平章:元代官名,指江浙省平章事。闽:福建。粤:广东、广西。

〔25〕弱、迟:都是中医脉象名。弱,指脉象微细。迟,指脉象缓慢。

〔26〕抟:中医脉象名,指脉象深沉,很难按到。

〔27〕附子汤:用附子熬成的汤液。

〔28〕瘥(chài):病愈。

〔29〕弦:中医脉象名,说脉挺直而长,硬而浮,像按琴弦。这是气滞血瘀的病症。

〔30〕利药:泻药。

〔31〕啬:中医脉象名,指脉跳时断时续,阻塞不畅。

〔32〕鬼录:死人的花名册。

〔33〕微:中医脉象名,指脉跳细微无力。

〔34〕礞石:矿物名,有青、白二种,古人以之入药。

〔35〕左口:左手寸口。

〔36〕裾:曲裾,指上衣的下裸,反曲于身后,系结在腰带上,又称燕尾。意思是说,有个产妇产后有东西像衣裾一样垂挂下来,上不去。

〔37〕喻:明白、懂得。

〔38〕升麻:药草名,有解毒疗效。举:饮,喝下。

〔39〕病癞:麻风病。

〔40〕发动:疾病发作。

〔41〕亹(wěi)亹:勤勉不懈息。

〔42〕"其殆"句:橐龠,本是冶炼用以鼓风吹火的风箱,后来引申为事物的本源。此是说丹溪翁医理的本源在于此(许谦儒学)。

〔43〕仲景:即张仲景,名机,字仲景,南阳涅阳县(今河南省邓州市)人。东汉末医学家,著有《伤寒杂病论》。

〔44〕芎:芎䓖。归:当归。都是中药草名。

〔45〕徇(xùn):顺从。张翼:字翔甫,槜李(今浙江省嘉善县)人,工书传。

〔46〕"宋太史濂"句:宋濂有《故丹溪先生朱公石表辞》。

〔47〕严君平:本姓庄,避汉明帝讳改姓严,名遵,字君平,蜀郡成都人。好黄老之学,以卜筮为业,"因势导之以善"。著有《老子注》《老子指归》《易经骨髓》。

论　学

宋　濂

【解题】选自《龙门子凝道记》(《宋濂全集》第四册,人民文学出版社2014年版),《凝道记》分上、中、下三卷,是一部独立探索宋代学术流派之作,而这篇《论学》原在下卷《段干微第一》,题目是编者另加的。宋濂在元至正十六年(1356)冬十月四日,入浦江县小龙门山著书,自称龙门子,书名称《龙门子凝道记》。十七年(1357)春正月一日丙子,书成。道,非"道家"、"道士"的"道",是儒家"道问学"的"道",是指儒学"心性"的道统。宋濂说:"圣贤之道欲凝之而未成也。"(《白牛生传》)也是"凝道"二字最好注脚。宋濂总结北宋濂(周敦颐)、洛(程颐、程颢)之学以后的演变,至南宋就鼎立为三家:朱熹的武夷之学,则主于"知行";张栻的湖湘之学,则严于"义利";吕祖谦的金华之学,则"自下学而上达"。虽然教人入道的路径或有不同,目标则是一致的,三者不可废其一。经比较之后,他认为金华之学最博大,最务实。会综三家要旨,取其精义,为当世所用,以斯道自任,是其作书的目的。《凝道记》产生于元、明时期浙学演变的一个过渡阶段,内容丰富翔实,是研究浙学历史的重要文献,对于认识浙学的演变进程颇有参考意义。

段干氏问龙门子曰[1]:"秦、汉以来,正学失传[2],至宋而复盛[3],因愿窃有闻也,幸历以告我。金陵之学何如[4]?"曰:"穿凿圣经而附会己说,甚者窃佛、老之似,以诬吾圣人之教[5]。学颜、孟者固如是乎[6]?又其甚者,一假功利以摇动天下,利源一开,鱼烂河决而莫之禁。如此尚可为国耶?予尝谓亡宋天下者,自金陵始也。"曰:"然则无一发可取乎?"曰:"确执坚信,澹然不为位势动[7],是则何可及也!所惜者学之疵耳。"

曰:"眉山之学何如[8]?"曰:"其文辞气焰有动摇山岳之势,盖其才甚高,识甚明,举一世皆奔走之[9]。恨其一徇纵横捭阖之术[10],而弗知先王之道。士之轻佻浮诞者恒倚之以为重[11],礼义廉耻,则弃去而弗之恤。使其得君,其祸天下有不在金陵下也。"

曰:"东嘉之学何如[12]?"曰:"东嘉之学,人或不同,大抵尚经制而求合乎先王,攻礼乐以振拔乎流俗[13],二者亦一道也。第其致力,忘大本而泥细微[14],而见诸行事者,皆缴绕胶固而无磊落俊爽之意[15],徒以辞章论议驰骋于一时,盖其所失也。其立言纯懿而弗背者,传之千百世可也[16]。"

曰:"永康之学何如[17]?"曰:"气豪而学偏者也。使其当今之世,拥百万兵驰骋于天下,堂堂之阵,正正之旗,实有一日之长[18]。是何也?其智数法术,往往可驭群雄而料敌情,而刚烈之气,又足以振撼而翕张之,其能成功宜也[19]。若论先王之道德,一怒而安天下之民,则瞢乎未之见也[20]。"

曰:"金溪之学何如[21]?"曰:"学不论心久矣,陆氏兄弟卓然有见于此,亦人豪哉[22]。故其制行如青天白日,不使纤翳可干[23]。梦寐即白昼之为,屋漏即康衢之见,实足以变化人心。故登其门者,类皆紧峭英迈而无漫漶支离之病[24]。

惜乎力行功加而致知道阙[25],或者不无憾也。"

曰:"横浦之学何如[26]?"曰:"清节峻标,固足以师表百世,其学则出于宗杲之禅,而借儒家言以文之也[27]。儒与浮屠其言固有同者,求其用处,盖天渊之不相涉也[28],其可混而为一哉?金溪之学,则又源于横浦者也,考其所言,盖有不容掩者矣。"

曰:"金华之学何如[29]?"曰:"中原文献之传[30],幸赖此不绝耳。盖粹然一出于正,稽经以该物理,订史以参事情[31]。古之善学者,亦如是尔。其所以尊古传而不敢轻于变易,亦有一定之见,未易轻訾也[32]。当是时,得濂、洛之正学者鼎立而为三:金华也,广汉也,武夷也。虽其所见时有不同,其道则一而已。盖武夷主于知行并进,广汉则欲严于义利之辨,金华则欲下学上达。虽教人入道之门或殊,而三者不可废一也。嗟夫!龙亡虎逝,而孽狐为之雄;山摧岳仆,而培塿为之大[33]。气宇厌厌,四分五裂之弊,今乃实蹈之矣,宁不为乡学之一慨哉!虽然,学以存此心也,心存则理之所存也。前乎千万世,此心同,此理同也;后乎千万世,此心同,此理同也。近而一身之微,此心同,此理同也;远而四海之广,此心同,此理同也。所谓东海有圣人出焉,此心同,此理同也;西海有圣人出焉,此心同,此理同也;南海、北海有圣人出焉,此心同,此理同也。吾何忧哉?天之高也,吾不愧其覆也;地之厚也,吾不愧其载也;心之弘也,吾不愧其灵也。吾何忧哉?然则将何忧?忧不如孔子而已矣。"段干氏曰:"我未之闻也,谨受教。"

【注释】

〔1〕段干氏:假设人物,身份是向宋濂请教的门生。龙门子,宋濂自称。

〔2〕"秦、汉"句：正学：孔子、孟子的本原学问。说孔、孟的真学问,至秦、汉就失传了。

〔3〕"至宋"句：北宋仁宗天圣年间,周敦颐始出,著《太极图说》《通说》,成为宋代理学的开山始祖。传至程颢、程颐兄弟,复有张载、邵雍,理学思想体系形成。至南宋,又有吕祖谦、朱熹、张栻、陆九渊四家,所以说"复盛"。

〔4〕金陵之学：指王安石的新学。王安石罢相后,退居金陵的半山园,所以用"金陵"代称他的学问。

〔5〕"窃佛、老"句：王安石把佛教、道教相似的思想混同不分,冒充孔、孟之学。

〔6〕颜：颜回,孔子最看好的学生。孟：孟子,孔子的四传弟子,学问最纯。

〔7〕"确执"句：这是王安石的优点所在,意思是说,认定自己目标,坚守不变,确信不动,不为地位和权势而改变。

〔8〕眉山之学：苏洵、苏轼、苏辙父子为代表。三人是四川眉山人,所以用"眉山"称其学,又称之"蜀学"。

〔9〕"文辞"四句：三苏文采飞扬,有撼动山岳的气势,才高识明,文人都仰慕倾倒。文辞,文章。

〔10〕"恨其"句：不满于循依战国策士纵横捭阖之术,而轻于先王之道。捭,开；阖,合。

〔11〕"士之轻佻"句：那些言行举止不稳重、虚浮放诞的后生学子,常倚从三苏以为榜样。

〔12〕东嘉之学：指永嘉薛季宣、陈傅良、叶适的事功之学。

〔13〕"大抵"二句：永嘉学说崇尚典章制度,以合先王之道,治礼乐用来改善风俗。经制,治理国家的制度。礼乐,是指礼教和乐教,用以维持国家秩序的工具。

〔14〕"忘大本"句：这是对事功学说的批评,意思是说,丢掉了圣学根本,拘泥于细微末节。

〔15〕"见诸"二句：体现于日常事务中,纠缠不清,固执不肯变通,缺乏宏大魄力、干练英俊的气象。

〔16〕"立言"二句：事功学说中那些立论纯美、和圣学相合者,能流传千百年。

〔17〕永康之学：指陈亮的学问。陈亮,永康人,也是专攻事功之学。

〔18〕"使其当今"五句:这是正面评价陈亮。意思是说,如在今世,率百万雄兵驰骋天下,堂堂正正地摆开阵形,和敌国决一雌雄,真是他的长处。堂堂,壮盛貌。正正,整齐貌。

〔19〕"其智数法术"五句:这也是正面肯定陈亮。说陈亮凭智慧术数兵法等,可以驾驭群雄,预料敌情;刚烈武毅的气势,又能鼓舞军容,振发士气,故能战胜敌人,建立功名。

〔20〕"一怒"句:语出《孟子·梁惠王下》。瞢(méng)乎,目视迷糊不清的样子。

〔21〕金溪之学:指陆九渊、陆九龄兄弟的心学,他们是抚州金溪人,所以用"金溪"代称其学问。

〔22〕"学不论心"三句:这是正面肯定二陆心学。说儒者不讲论心学太久了,二陆兄弟于心学可谓是眼光独到,是学人中的豪杰。

〔23〕"故其制行"二句:这是赞美修行心学的道德。说他们的修行像青天白日,不允许受一丝一毫的尘垢污染。

〔24〕"类皆"句:这是赞美讲求心学者雄健超群,没有拖沓支离的缺点。

〔25〕"惜乎"句:这是对心学委婉批评,以为其强调力行践实,而忽略了明道致知。

〔26〕横浦之学:指张九成的学问。九成,字子韶,号横浦居士。海宁盐官人。宋绍兴二年殿试状元,累官权礼部侍郎兼刑部侍郎。横浦之学也是心学,融会了佛教的禅宗内容,所以后人称他佞佛不纯,这也是与二陆心学最大不同处。

〔27〕"其学"二句:宗杲,禅师,俗姓奚,号大慧,宣州宁国(在今安徽宁国市)人。以雄辩闻名,和张九成深交,常与之论学。这两句意思是说,张九成的心学本于宗杲的禅悟,借用儒家的语言来表达。

〔28〕"盖天渊"句:儒、佛二教,好比高天和深渊,是扯不到一块的。

〔29〕金华之学:指吕祖谦的学问。吕祖谦是金华人,所以用"金华"代称其学。

〔30〕中原文献之传:有两层含意:一是吕祖谦的学问是和北宋中原二程之学是一脉相承的,是正统的学问;二是重于文献,考经订史。

〔31〕"盖粹然"三句:吕学源出正统,考经以明道,探史以明治。

〔32〕轻訾(zǐ):轻率批评。

〔33〕"龙亡"四句:龙虎不在了,妖狐称大;高山倒下去了,小土丘也变得高大起来。用以比喻当下情况,名家硕师已逝,圣学无人,乡村学究坐大。培塿,小土丘。

恤民亭记

杨守陈

【解题】选自黄宗羲《明文海》(清抄本)。杨守陈(1425—1489),字维新,宁波府鄞县人。明景泰二年(1451)进士,官至吏部右侍郎。博学多识,于书无所不读,有心得即为论著。为官清廉自守,体恤民情,尽己之力为百姓做实事、好事,称得上"讲实理,育实材,而求实用"的浙学践行者。这篇《恤民亭记》叙述民间劳作的艰苦,具体而完备,娓娓道来,如亲身经历一般。一位普通官员能忧民所忧,替万民百姓说话,把他们"晒米"、"服田"、"纳税"、"漕运"、"陆挽"所遭逢的苦辛一一形于文字,呼吁施政官员要体恤百姓的疾痛,替他们办实事,真是难能可贵。文中指出:"民易虐,天难欺","民乎民乎,可无恤乎","官乎官乎,可自娱乎?"发人深省。试问那些在官场上逢场作戏,不作为,乱作为,贪图享受,不关心民瘼,对民间疾苦麻木不仁者,在杨守陈的这面恤民的镜子面前,不觉得汗颜么!

翰林院之堂之西南隅有亭焉,黄屋峙后,翠林拥前,芜庭洿沼[1],尝艺卉莲,盖前人所建以备游燕之娱者。近岁院政久敝,垣宇多隳。余既视篆[2],则自厅堂厢庑外及三朝房下至庖库厩溷[3],稍稍缮葺[4],惟亭尚完,未之及也。俄而吴民之输廪米者麇至[5],余为之虑之。盖恒岁输者,奴侩胥隶率附势而邀其贿[6],以米昼暴之衢途,为舆马所践,或雨潦漂之;夕敛之门庑,复为奴隶所窃无算,朝夕忧劳,累月不克入廪。其苦甚矣,而莫之恤也。于是余揭榜禁奴侩胥隶严甚,莫敢犯。暴米于亭前之小庭与院后之大庭,夕覆以苇席而不敛,晨卷席而又暴之,栖民于庭后之斋庑,闬闳深严[7],舆马、奴隶莫敢至。又幸无雨潦,不逾月而廪完,民苦乃小纾焉。

嗟乎!民之苦不可胜道也。余家本农,备谙民苦[8],姑举其田赋一事略言之。春而耕种,时犹冻寒,手足皴痛不可忍[9]。夏而粪耘,野日如火,田水若汤,忍热与湿,伛偻爬沙[10],腰折而指损。或水蝗噬之,棘与砾刺之,流血不止。旱则率妇子灌溉,踏车胝足[11],竟夕不寐。秋而刈获,必庐于田以防盗,盗或刃之死。负担登场,流汗浃体,疲极而不能休。其服田之苦若是。挼青刈禾[12],未及一饱,而催租之吏已至。叫嚣隳突,摧窗败扉,为之献酒肴,奉钱帛,获少宽假。后至者益悍,遂詈棰执缚以见官[13]。官又棰之流血,或见骨,必罄赀破产以输之。岁凶则虽鬻子女,犹不能给。其纳税之苦若是。若夫输税于京者,则买舟越江淮,逾河泗以抵潞[14],远数千里,帆风雨缆,月星晨夕不得宁。闸阻滩胶,进寸退尺,势豪者又鞭挞驱逐而先之。或被盗劫其赀,或罹风恶水险,而臭厥载[15],计虽破家莫能偿,徒号啼于川溢[16],甚或遂葬之鱼腹。其水漕之苦若是。及川路既穷,又赁自郊而奔城,丑兴亥息[17],驰数百里,枕土饭沙,冒尘坌风雨[18],面黧骨柴[19],虽故旧莫能识。或为盗所劫,或驴仆车翻,委米于泥途不可拾。其陆挽之苦若是。幸而入城,宜可庆矣,而输廪之苦,又有如前之所云者。甚哉其可怜也!痛哉其足恤也!吾力不能恤其诸苦,随所值而稍恤之,亦庶几古人所谓宽之一分而已。

呜呼！天树君而建官，惟以为民也。今官荷君恩，幸不与民偕苦，而坐享饱暖之乐，其所饱粒米，莫非民之膏脂也，胡不少怜其民而稍恤之？且纵奴侩胥隶椎剥之[20]，何其忍耶？民易虐，天难欺，吾未知其终免否也。呜呼！民乎民乎，可无恤乎？官乎官乎，可自娱乎？余欲以前所虑而行者为常法也，故名亭曰"恤民"，而为记以自省，且以告后之人。

【注释】

[1]洿(hù)：闭塞。洿沼，干涸的池沼。

[2]视篆：掌印视事。

[3]湢(bì)：浴房。

[4]缮葺：修理房屋。葺，用茅草盖房。

[5]麇：群。麇至，即成群而来。

[6]岁输：每年运送到京师或指定地点的贡赋，主要指粮米。奴侩胥隶：役侩小隶，即下文所言"奴隶"。

[7]闬闳：里巷。

[8]谙：熟悉。

[9]皴(cūn)：受冻后皮肤开裂。

[10]伛偻：弯腰。爬沙：爬行。

[11]胝(zhī)足：手脚生茧。

[12]挽青：谓麦、稻尚未熟。此指稻未全熟。

[13]詈(lì)：骂。

[14]潞：潞河，在通州。

[15]臭厥载：《尚书·盘庚中》："若乘舟，汝弗济，臭厥载。"臭，腐败。

[16]澨(shì)：水边。

[17]丑兴亥息：丑是凌晨一点至三点，亥是晚上九点至十一点，说起早贪黑。

[18]坌(bèn)：尘埃。

[19]黧(lí)：黧黑，形容脸色黑。

[20]椎剥：残酷搜刮。

与赵大洲书

王宗沐

【解题】选自黄宗羲《明文海》(清抄本)。王宗沐,字新甫,号敬所,台州临海人。嘉靖二十三年(1544)进士,授刑部主事。累迁江西提学副使,修白鹿洞书院,引诸生讲习其中。历山西右布政使、广西左布政使、右副都御史等职,终官刑部左侍郎。王宗沐之学出于欧阳德,幼时从释、道而入圣学。他说"所谓良知者,在天为不已之命,在人为不息之体,即孔门之仁也。学以求其不息而已"。其分辨儒、释二家,说"佛氏专于内,俗学驰于外,圣人则合内外而一之"。此文是王宗沐写给赵大洲研讨学问的信。赵大洲,即赵贞吉,字孟静,大洲是其号,四川内江人。明嘉靖十四年(1535)进士。累官礼部尚书。赵贞吉论学,是以释、道之学通儒学,说"必出世乃可经世"。蔡汝楠问学,贞吉于是作一图像,阐明儒、释、道三教之所由起,说"儒者见之曰儒,仙者见之曰仙,佛者见之曰佛,意一之也"。可见,王宗沐、赵贞吉都信从阳明"良知"之学,不排斥释、道,并融合三教。但是,王宗沐以"真"为问学终极目的,和赵贞吉趣旨并不尽同。这封信斥责乡愿媚俗,虚假盛行,强调"正己率物",付诸实践,而出自内心,归于"志真意切"。这是将"心学"和"实学"融成一体,正是体现了浙学求真、求实的传统。

吏来，拜翰教。所示乡愿乱德与正己率物，使人行有枝叶，皆切俗学之弊[1]。又过以期待不肖，虽执事亟欲人为善，不复知非其人，然厚意则安敢虚，乃不一醒然反诸己也[2]？幸甚！幸甚！

道丧千载，人以其意为学。夫其意真矣，其途虽少异，然千蹊万径，要在适国[3]。彼于圣人之道未有所害，特其意出于邪，而其说近于正，卒剽窃而缘饰之，则其初本以欺人，其末乃至欺己；其始求以媚世，而其终乃至贼德[4]。兹非所谓乡愿者耶？非执事所谓纷纷何时已者耶？习而不察，久而安之，安而著焉[5]，众共仰之。设又不幸使其得志，居其位而骇于众，则后生小子方且以为不可及，而相率步趋之，皈依之。其始一人，其后合而和者数十人，又数十人焉，则其说之倡也，如揭旗以示众；目见其利而从之也，则如水之就下矣。呜呼！是安得不纷纷也？

夫中行、狂狷、乡愿，其始非不同，而气所胜，习所夺，未能无也[6]。故仆常譬之犹讼者也[7]：中行则直者矣。狂狷则事虽有曲，而彼以其为乡村之人，不复知官府之法也。而方且直认以为是，而屹不可动摇。其诉于官者虽非法，而其本心未尝昧，其原词未尝饰也。若乡愿，则其事之曲甚于狂狷，而其词之直比于中行，又其奸猾之性，硬执之口，燻赫之势，足以助而张之。听者方不知所以为断，而旁人视之以为信然。比其得利以归，市人方相以为庆，而后有讼而不得于官者，将访而就谋之矣。呜呼！是安得不纷纷也？

夫其自外于吾道者，彼其便身之图虽少有得，而不齿于众，则犹或羞之[8]。彼既得系术于孔子，而其阴意之所图乃如市焉，则谁为愚而不趋耶[9]？盖缘道丧之后，学不求为入圣而求为才能，以才能为圣，则已种下种子[10]。病根将发，

41

故有以眩之,则靡然而听[11]。然此犹其可进者也。盖以有求之心在,可得而救之耳。若初未尝有志有求,而直于世路上拣一好营窟而居之[12],则日缘饰而不足,时窃取而有余,而其本根之地已朽腐而不堪入土矣。故仆尝谓今日论学,更不须开立门户。盖门户多矣,塞而闭之,犹未遑也。其切当人心而为顶门上针者,惟真之一字[13],是从古以来,一颗真人丹也。志真意切,虽万举万差,吾犹信之也,而况其不至于差乎?志非意伪,虽万动万中,吾犹弃之也,而况其必无中乎?故匡章不孝,三尺童子之所弃也,而孟子取之[14]。少正卯举国所视,仁人君子之所取也,而孔子诛之[15]。呜呼!是果易言哉?孔、孟取舍之极,定于内耳[16]。今有号于众曰:吾学不入圣,不达天德,是沦于禽兽也,是切如饥寒也。又得数人从而和之,则其进于善也,若火销膏也,而谁能御之[17]?顾其承绝绪之后,当习染之深,譬之大风在长林之中,其枝叶不披而靡者,则何如种哉[18]?非执事,其谁倡之?非执事,其将谁救之?

　　仆之志,自髫时颇识趣向,敢复自诿哉[19]?顾以为自执事来此,不获一面,未得称述以正有道。而执事昨又以贵体有恙见示,虽不敢强,但执事此行,得推明所学,以淑后进,亦君子之愿不可得者[20]。且仕路风尘,奔走南北,谁能自定?计仆按全不远[21],然饥渴之怀,不能朝夕。恐执事遂不日背驰,虚此邂会,兹遣人迎执事南行作山洞之游[22],倘可勉强一行,鄙人亦得亲承道论,斯文之幸,不肖之幸,其亦何极!三复手教,辄又缕缕盈纸,余祈面请指示[23]。反经使无邪慝,吾君吾相之责,行且与执事乐睹之[24]。临楮万种悬悬,伏乞照原,不备[25]。

【注释】

〔1〕"吏来"五句:乡愿的行为坏了道德,端正自己,为人表率,使人的行为如枝叶分明,都切中俗学的弊病。翰,书信。乡愿,同"乡原"。貌似恭敬,实是狡诈伪善的行为。正己,端正己行。率物,为他人作出榜样。

〔2〕"又过"五句:您又过度地期待了我,即便您极望我修德有学,不知道所托非其人。但是您的美意不敢虚承,于是幡然醒悟,检讨一下自己所作所为。过,过度。不肖,自谦之称。执事,尊称对方。醒然,醒悟的样子。

〔3〕"夫其意"四句:只要本意是真实的,即使路径有些不同,而路径千条万条,最终都是走到了目的地就行。

〔4〕媚世:讨好世俗。贼德:损害道德。

〔5〕"兹非"五句:这不是所说的"乡愿"么?不是您所说的乱糟糟不知何时可休的事么?习以为常而不察审,久而安处,安处而后迷恋不舍,也作"乡愿"之行了。兹,这。著,贪恋。

〔6〕中行:指不偏不倚、无所是非的中庸之道。狂狷:洁身自好,而性格褊急狷介。夺:改变。

〔7〕仆:我,谦称。讼:打官司。

〔8〕"夫其自外"四句:那些站在我们道统对立面的人,图于己身便利,虽然略有所得,但是不被大家认可,也还是觉得有些难为情。不齿,不愿提及,表示鄙视。

〔9〕"彼既"三句:他们既然将学问伪托之于孔子,而私下所追求的却似买卖一样,那么哪个傻子不想趋赴啊?

〔10〕"盖缘道丧"四句:大概道统丧失以后,问学不追求成圣,而追逐才能,把才能当作圣学,已种下了病根种子。

〔11〕"病根"三句:眩,眼睛昏花,看不清。靡然,随风倒向一边。听,顺从。

〔12〕"若初"二句:开始不曾有志向、追求,于是在世路上拣挑一个好居处居住下来,不是真正向学圣人。营窟,居所。

〔13〕顶门上针:针灸时自顶门下针,比喻切中要害之处,使人觉醒。

〔14〕匡章:战国时期齐国人,屡任齐将,退秦师,甚有战功。齐王得知匡章母亲得罪了他的父亲,被杀死埋在马棚下,齐王想改葬他的母亲,但匡章主张勿欺亡父,不敢改葬,人或指其"不孝"。孟子得知后,便收他为徒。

〔15〕少正卯：鲁国人，很有声望，但是徒有虚名，实有"五恶"之行，孔子任司寇，不顾舆论而诛杀了他。

〔16〕极：标准。内：指本质，实质。

〔17〕"今有"九句：而今若有人号召说：我学问不合圣人，不达至德，是堕入了禽兽之群，是陷入了饥寒的困境。又能得数人赞从、附和，那么进入善境，好比火烧油脂，谁能抵御它呢？天德，至德。

〔18〕"顾其"五句：然在圣学中断之后，逢遇习染俗学太深，好似大风刮向高树，那些枝枝叶叶不随风披靡的，是什么种类呢？绝绪，指学统中断。

〔19〕"仆之志"二句：我在幼年时便知道问学方向，怎么敢推托不问呢！髫(tiáo)，指幼年。趋向，学问的方向。诿，推托，推委。

〔20〕恙：病痛。淑：美好。淑后进，使后生变好。

〔21〕按：按巡。全：全州，在今广西省桂林市。

〔22〕"恐执事"三句：担心您不日离开远去，错过相逢机会，这次派人迎您南来作桂林山洞之游。

〔23〕三复：再三审视、观看。手教：指来信。缕缕：情意不尽的样子。

〔24〕反：归反。经：指经典，孔、孟经书。邪慝(tè)：邪僻。行且：将要。

〔25〕楮(chǔ)：纸。悬悬：惦念的样子。

44

与张太符太守书

刘宗周

【解题】选自《刘宗周全集》(浙江古籍出版社2007年版)。这是刘宗周写给绍兴府知府张鲁唯的一封信。鲁唯,字宗晓,苏州府昆山县人。万历四十一年(1613)进士。天启二年(1622)知绍兴府,三年后投劾归。天启六年,以赵南星荐,起副使,分守宁绍道。任绍兴知府间,为政平易近人,是一位比较清明、有所作为的地方官员。刘宗周出于道义和责任,自觉替张鲁唯出谋划策,在如何"备寇"、"安民"两方面,提出了"储常平"、"禁梨园"、"行保甲"、"清讼牍"、"端士习"五条具体建议,条条切中事理,对挽救颓习、维持一方治安及振作士气皆有实用。刘宗周,字起东,学者称"念台先生",又称"蕺(jí)山先生",浙江绍兴府山阴县(在今绍兴市)水澄人。万历二十九年(1601)进士,授行人,累迁右通政,忤阉党削籍。崇祯元年(1628),起顺天府尹。累迁左都御史,以直谏罢归。弘光立,授兵部右侍郎。顺治二年,清兵下南京,浙江内附,宗周绝食二十三日死,年六十八。刘宗周是阳明以后的浙学名儒,论学以"慎独"、"诚意"为宗旨,强调"力行"、"践实",在明末创立"蕺山学派"。信中所说如"随举士人立身行己之要,忠孝廉耻之防,兵农钱谷之用,与夫国家所以明经取士之意,一一阐扬",皆真知灼见,窥豹一斑,可见浙学学者识见深邃、行事笃实的风格。

时事多艰,南北交讧[1],越濒海之地,素称瘠土,既北奉征兵加赋无虚日,而又近警于海寇[2],患切剥肤,越其岌岌殆哉[3]。仰见门下悉意拊循[4],日与吾越以清静和平之理,而纲纪肃然,民自以不犯,吾侪小人所恃以偷旦夕之安者此乎[5]！然而桑土之筹则有之矣[6],不佞居恒念乱[7],窃有一得之见,敢效诸左右。地方之事不出备寇、安民两者,然而行之有次第,操之有标本,则安民又备寇之本,似是所宜亟讲者。

　　安民之要,其一曰:储常平[8]。近者民苦饥馑,米价日贵,所望秋收接济,不至洶洶如万历戊子年事[9]。倘更罹水旱,岁一告歉,仓廪无粟,更谁恃乎？先儒朱子社仓法常行之诸路而效[10],救荒之策莫善于此。今欲仿其意,而地方已无积贮矣,更操何者以时敛散？谓宜秋冬之际,米价渐平,发官帑给富商大户[11],远近籴谷数千石入仓[12],凡一切罪锾以谷[13],又不足,或将应给散之项皆改折色[14],而以其米贮之常平。积渐而盈,遇来岁青黄不接之时出散贫民,秋成之后量息还官,歉则蠲息[15]。岁岁如是,使富者不得居奇[16],贫者有所待命,虽有水旱灾荒不能为患矣。高收在即,岁为徽商所贩[17],以给土民者不十五,更可禁也。禁之则米价可平。低收益裕以储常平,且有余米。

　　其一曰:禁梨园[18]。梨园之为天下病,不能更仆数,虽三尺童子知之,而于吾越为特甚。斗大一城,屯拥数千人,夜聚晓散,日耗千金,养奸诲盗,甚且挟宦家之势,以陵齐民[19],官司不敢问。越之乱必自此始。近奉两县禁示,语多剀切[20],而终之曰"凡宴会不在此例"。所谓"曲终雅奏,不已戏乎"[21]？岂亦逆知此风之决不可革,而姑宽此一条以为通融地乎？是明导之也。既明导之，又阴纵之，禁之何益？诚欲禁梨园，当先禁之于宴会，欲禁宴会，当先禁上官之宴会[22]。夫宴会亦何取于梨园乎？崇雅黜浮[23]，挽一切江湖之习，在此举矣。审如是，而小民犹有犯者，请一切以法惩之。服色入官[24]，不以势夺，朝令而夕行矣。先公祖萧拙斋公尝行之四十年前[25]，化流俗美，士民至今颂之不衰。不图于门下仅见之，既以为之兆矣，特在允蹈之耳。

其一曰：行保甲[26]。顷见盗贼窃发，或御人国门，至烦捕厅以下，昏夜单车徼巡道路，漏下数刻，亦已劳矣。扞揪东指[27]，而贼已西逸，岂能十百化身？虽肘下之近，有不可知者。莫若行保甲之法，牌编十家，比十为保，保十为乡，董以乡约[28]，凡一切游手游食、不安生理及来历不明、面生可疑之人，皆不得居停故纵，事发，一体连坐[29]。此于初下令时似近烦苛，久而习之，令行禁止，浸无事矣，此所谓身不下堂而治者也。生记十年前，有司奉上司文移行保甲法，令下数日，偶会邑侯，见犯法者例坐主者，生起而请曰："此可以初试法乎？"邑侯笑不应，竟置之[30]。十家轮牌，曾不能一周，而牌已投之爨下[31]，不复问矣。凡季世法令之不行[32]，皆此类也。苟行之，有数善焉：一革盗，二禁奸，三戢赌博[33]，四料民实，五里井亲睦，六寓伍两卒徒、上下相保。

其一曰：清讼牍[34]。凡民之所以不得安于田里，而兴叹息愁苦之声者，以讼狱烦也。讼之烦，大抵诬告者十九；其迫于不得已，而以情质者十一。去其十之九，而一者所存几何？是则地方本无事，而奸民故为此扰扰也。亦利上之人漏网吞舟，幸一得志，可甘心弱肉云耳[35]。《律》曰："诬告加三等。"诚遇听讼之际，有词而诬者，必坐以其罪。重者枷号示众[36]。雷霆之下，孰敢有徼幸者？将旬日之间，而案牍一清,囹圄有空虚之象矣[37]。夫一词兴而坐累者数家,小事且然,况人命强盗乎?末世之政多姑息,或概示姑息,犹未甚害,而无奈其偏中于强有力者,使奸宄得志[38],讼狱繁兴,豪强者既利于兼并,贪暴者益乘以多取,甚可痛也。《语》曰:"养稂莠者害嘉禾[39]。"崔寔《政论》所以作也[40]。

其一曰:端士习[41]。士习之坏也久,自科举之学兴,而士习日坏。"明经取青紫,读《易》规利禄"[42],自古而然矣。父兄之教,子弟之学,非是不出焉,士童而习之,几与性成。未能操觚[43],先熟钻刺[44]。一入学校,闯行公庭。等而上之,势分虽殊,行径一辙。以嘱托为通津,以官府为奴隶[45],伤风败俗,寡廉鲜耻。即乡里且为厉焉,何论出门而往?尚望其居官尽职,临难忘身,一效之君父乎?盖士习之坏,已非一朝一夕之故矣。顷者吾越乡额鲜少,士人辄刺刺议人文不振,咎在地灵,稍用形家言以厌胜之[46],此计之左也[47]。夫使士而必出于青紫、利禄,不为国家用,则得一士,增一蠹。江南人物,几为天下互乡[48],投足者至以为阱,用是故也。门下以学问文章缘饰吏治,作我师保,千载一时,诸士且蒸蒸向化;乃积习犹存,心志未回,径窦日捷,岂所以风厉之者犹未尽善与?计莫若于朔望谒庙之日,群博士弟子员,大会明伦,讲书一章,叩击疑义,而以门下折衷于上。随举士人立身行己之要,忠孝廉耻之防,兵农钱谷之用,与夫国家所以明经取士之意,一一阐扬,俾闻者汗流泣下,如寐得醒。随甄别其才器之高下,而激劝出焉,士始有感动而兴起者乎!至于考校之日,则必防代笔,杜私情,务录真才以充上驷,改观易听,尤在此举矣。夫士者,四民之首也。士不安则农、工、商、贾递困而不安,此岂迂远不切事情者哉?

举是数者,小民庶得安乎?民安而后可以议备寇。往者海寇至,六七巨艘出没三江上下间[49],乡民奔窜,未闻一示以官兵,数日后掉尾而去,浸有轻视地方之心,一旦向岸,越之残破可立而待也。然夷考旧制,有将领、有戍卒,岁久废坏,仅存空伍。不佞间尝建议海道:请特设重将,督领诸卫所,增兵防守,不特防寇且防倭,临观、沥海之间[50],居然要害也。而议者以为反滋多事,不若申饬旧章便。诚能申饬旧章,请两道公祖[51],严督临观把总,时训练,汰老弱,明赏罚之法,申之以亲上死长之义;无事则金鼓旗帜往来相闻,以夺敌胆;有警则彼此救援,矢石齐发,务毙贼于水,不使舣岸,而门下提卫兵居中调度,隐然有折冲之威,则乱自可弭矣。万一寇贼临城,沿海之卫已不足恃,独门下为张、许耳。明乎本卫武备不可不亟讲于今日者已。

凡此以上数端,虽戋戋无所措画[52],诚未知有当于高深与否?然以当门下虚受之衷,未必无刍荛可采[53],况不佞辱知有日,苟有所见,曷敢自隐以负明德?故敢效其狂瞽如此。夫天下事必得其人而后行,门下固世道之寄重轻者也,况区区一小郡?当门下之时,而不一为起弊维风,为吾越保百年无事,则后更无望矣。仰惟门下驰域外之观、破拘挛之见[54],深维一郡利病之由,先事豫防,群策毕举,则吾越之民庶有起色乎?惟高明进而教之,地方幸甚。

【注释】

[1]"时事多艰"二句:天启间,内忧外患,时事艰难。讧(hòng),混乱。

[2]警于海寇:海寇,是指倭寇扰边。天启四年,倭寇侵犯东南沿海。

[3]切:残酷。剥肤:说灾祸已及身。殆:危险。

[4]仰:敬。门下:犹"阁下",对人尊称,始于宋代。

[5]侪(chái):同辈。吾侪小人:意思说在下小人,谦称。

[6]桑土之筹:勤于经营谋划,防患于未然。

49

〔7〕不佞:不才,谦称。

〔8〕储常平:常平,粮仓名,起于西汉宣帝时。谷贱时用较高的价格籴入,谷贵时以低价粜出,平衡粮食价格。

〔9〕万历戊子年:即万历十六年(1588),当时山西、陕西、河南及应天、苏州、松江、杭州、嘉兴、湖州、绍兴,都发生大饥荒,死者无数。六月,东南大旱,太湖水涸。以灾伤,停减苏、杭织造。

〔10〕社仓法:创自金华吕祖谦,而非朱熹。可参考朱熹《婺州金华县社仓记》。刘宗周有误。

〔11〕帑(tǎng):财帛。官帑:官府所藏财帛。

〔12〕籴(dí):买进粮食。

〔13〕锾(huán):钱币。罪锾,即罚锾,指罚金。古时赎罪,用锾计算,故名。

〔14〕给散:发放。折色:征收田粮折价改用银钞、布帛或其它物品。

〔15〕蠲(juān):免除。

〔16〕居奇:囤积奇货,等待高价。

〔17〕徽商:指明末徽州商人。

〔18〕梨园:戏班子。唐玄宗建梨园,演戏取乐,后世借为戏班之典。

〔19〕陵:欺凌。齐民:平民。

〔20〕剀切:切中事理。

〔21〕"曲终雅奏"二句:语出《汉书·司马相如传》,意思是说,先前发布了那么好的禁令,唯独对"宴会"网开一面,留下祸端,不是近于儿戏么?

〔22〕上官之宴会:指唯有官员们能进出的宴会,类似今天的高档娱乐会所。

〔23〕崇雅黜浮:崇尚高雅,废斥浮夸奢靡。

〔24〕服色:指官员品服颜色,代指官员。入官:财产没入官府。

〔25〕公祖:古时士绅对知府以上地方官的尊称。先公祖:前任绍兴知府。萧拙斋公:即萧良榦,万历十一年任绍兴知府。

〔26〕保甲:明代的乡兵制度,十家一保,置保长一人。

〔27〕扞撼(zōu):又作"撖扞",守卫。

〔28〕董以乡约:董,督察。说用乡约条款来督察。

〔29〕"凡一切"六句:一切来历不明及游手好闲的人都不准在本地停留、

50

居住或故意纵容,一经发现,一体连坐。

〔30〕"偶会"六句:偶然拜会知府,看到犯法的人按惯例当连坐主管者,我起身请求说:"这人依法用来试办一下么?"知府笑笑不回应,竟放走了他。

〔31〕爨(cuàn):灶。

〔32〕季世:末代、乱世。

〔33〕戢(jí):停止。

〔34〕讼牍:官司的状子,借指诉讼狱案。

〔35〕弱肉:欺凌弱小。

〔36〕枷:刑具,套在脖子上。枷号:旧时将犯人上枷示众。

〔37〕囹圄(líng yǔ):监狱。

〔38〕奸宄(guǐ):违法作乱之徒。

〔39〕稂莠:杂草。稂,又名童粱,生穗不结实的禾草。莠,莠子,俗称狗尾巴草。

〔40〕崔寔:东汉农学家,冀州安平(今河北省安平县)人。汉桓帝元嘉元年(151),上《政论》,论当世便利之事数十条。

〔41〕端士习:端正士人风气。

〔42〕"明经"二句:读经可以获取官位、俸禄。汉代经师夏侯胜谓"明经取青紫",刘歆谓"学《易》干利禄"。青紫,官服颜色。

〔43〕觚(gū):木简。操觚:写文章。

〔44〕钻刺:钻营。

〔45〕"以嘱托"二句:把托人关说作为谋官的通路,把官府当作谋利的奴役。嘱托,关说。

〔46〕刺刺:多言貌。形家:堪舆家,今称风水先生。厌胜:是用咒语方式制服人或物,是一种巫术。

〔47〕左:不正确。

〔48〕互乡:《论语》提及的乡名,其地人不习善,难与言善。

〔49〕三江:谓曹娥江、钱清江、浙江(钱塘江)。

〔50〕临观:又称临观总,驻扎临山,防倭寇、海盗。沥海:在会稽县东北七十五里,也是濒临海边的军事要塞。

〔51〕两道:谓宁绍兵巡道、分守道。

〔52〕戋戋:微小,微不足道。

〔53〕刍荛:本指割草采薪,比喻见解浅陋,是自谦之词。

〔54〕"驰域外"二句:把目光放得更远,不要被旧有的成见所束缚。拘挛,拘束,放不开。

立德第二

【导语】浙学多君子儒,是学术界的共识。无论是南宋的吕祖谦、叶适、王应麟、黄震、何基、王柏、金履祥,抑或明清的宋濂、方孝孺、王阳明、刘宗周、黄宗羲等,他们都可称得上是德劭义高、卓为人师的正人君子。浙学强调进德修身,言行一致,先完善自己,成为君子儒,而后才有作人师的资格。所以,浙学在处理修己和教人、内圣和外王、道德和知识等问题,总是将前者放在首位,但是又不废弃后者,能较好地平衡二者关系。他们在立身行事中,始终以道德追求为人生目标,待父母以孝,处兄弟以悌,事君国以忠,交朋友以敬,临事讲信,赴难以义,安贫乐道而廉洁自律,谦和让贤而锐意进取,退让有礼而不畏强暴,虽遭斥山林而系心朝廷,道德高尚而学问精深,树立起具有鲜明个性的君子儒风范,"高山仰止,景行行止",成为令后世学习的楷模。即使在当下,浙学君子儒的人格精神也没有过时,追缅浙学君子先贤,可以使后人知道如何做人,如何行事。

慎独斋记

范 浚

【解题】选自范浚《香溪集》(上海古籍出版社2014版《重修金华丛书》第123册)。范浚,字茂明,婺州兰溪县(在今金华兰溪市)香溪镇人。宋高宗绍兴中,举贤良方正。以秦桧当政,辞不就。闭门讲学,笃志研求,学者称"香溪先生"。范浚治学,讲究存心养性,有独到的精深造诣,受到朱熹、吕祖谦高度评价。朱熹曾在两年之内,两次登门请益,并将《心箴》收入他的《孟子集注》中。范浚影响深远,被推崇"婺学之开宗,浙学之托始"。他追求人格完善,以"慎独"自律,以为"古之学者,皆知慎独。虽用心于幽闲无人之地,亦必诚其意,而未尝自欺"。意思是说,能在独自一人而无他人监督的情形下,表里如一,不自欺,不欺人,自觉遵守道德准则,不做任何违背道德、违背良心的事情,可称"君子儒"。这篇选文说的就是慎独修己的道理。

人藏其心,至难测也,饰冠衽,巧进趋,骋辞辩,谁不欲使人谓己士君子也。然而卒多不免为常人,患或至陷于大恶者,患在心违其貌[1],而安于自欺。夫人之自欺,殆非一物。晓然知善之可好而弃弗为,是自欺。晓然知不善之可恶而姑为之,是自欺。实无是善而贪其名,是自欺。实有是恶而辞以过,是自欺。知有是过而吝不改[2],是自欺。实所不知而曰我知之,是自欺。实不知行而徒欲有闻焉[3],是自欺。色取仁而居之不疑[4],是自欺。言浮于行而言之不怍[5],是自欺。求诸人而无诸己[6],是自欺。有诸己而非诸人,是自欺。其余所谓自欺之目,殆未可殚言而遽数也[7]。而好欺者,动欲饰诈以欺人,殊不知一日之间,百念纷起,所自欺者实多,而欺人者曾不十一[8]。又其欺人者,心诡谲,不惜不情[9],则未能欺人,而实先自欺也。彼好欺者,终以弗思而安之,得为常人幸矣,几何其不陷于大恶耶?

《礼记》曰:"所谓诚其意者,无自欺也","小人闲居为不善,无所不至,见君子而后厌然,揜其不善,而著其善。人之视己,如见其肺肝然,则何益矣。此谓诚于中,形于外,故君子必慎其独也"[10]。夫人有杀心,辄形于声,有欲炙心[11],辄形于色,有惧心,目动而言肆,有异心,视远而足高,其心一动,虽甚微也,而形于外者已不可揜如此[12]。彼小人乃欲揜其不善于君子之前,当其念已不善而思揜之,则不善之念已诚乎中,既诚乎中,则心有自匿不慊之微情[13],呈露于言意态度之间,自以为人莫我知也,而不知人已得其所谓不可揜者如见其肺肝。呜呼!自欺孰甚焉。此予之所为惧而思戒,必以"慎独"名居室也。

昔者海上之人,每旦从沤鸟游,沤鸟之至者以百数,其父曰:"汝取沤鸟来,吾玩之。"明日之海上,沤鸟舞而不下也[14]。盖其有取之之心一萌于中,虽不自知态度之异,而沤鸟知其异焉。心之隐微[15],禽类犹觉之,而谓人不我觉,可乎?是以古之学者,皆知慎独,虽用心于幽闇无人之地,亦必诚其意,而未尝自欺[16]。故季札解剑系徐君之冢树而去[17],曰:"始吾心许之矣,岂以死背吾心哉?"夫徐君心欲剑,季札心许之,此谁得而知之?季子乃不以徐君死背其心。

嗟夫！世之面谩而有诺责者，非自欺乎？有志于慎独者，不当如季子乎？乐正子春之执丧[18]，五日而不食，曰："吾悔之，自吾母而不得吾情，吾恶乎用吾情[19]？"夫五日不食，出于诡伪，而非其情者，子春其心知之，谁得而知之？子春乃以诡伪自讼[20]，若有莫大之悔。嗟乎！世之矫激盗名者[21]，非自欺乎？有志于慎独者，不当如子春乎？汉第五伦谓人曰："吾兄子病，一夜十往，退而安寝。吾子有疾，虽不省视，而竟夕不眠。岂可谓无私乎？"[22]夫安寝而十往者，伦之诈；不视子而不寝者，伦之情。其用心至微也，谁得而知之？伦乃自以为私，而显言于人，无毫发隐焉。嗟乎！世之示人以诈，而终匿其情者，非自欺乎？有志于慎独者，不当如伦乎？宋阮长之为中书郎直省[23]，夜往邻省，误着履出阁，依事自列，门下以阁夜人不知，不受列。长之固遣送，曰："一生不侮闇室[24]。"夫着履既过误，又当暮夜，长之不自言，谁得而知之？乃以"侮闇室"为甚负，固欲自列。嗟乎！世之幸人所不睹，而肆为不义者，非自欺乎？有志于慎独者，不当如长之乎？

历观古之学者能慎独，不自欺，其人固亦多矣。而予独以四人称，盖举其有会于吾心者，将书诸座右，为旦暮起处之戒，庶几于前所谓自欺之目，可以深思而力去也。《中庸》曰："君子戒慎乎其所不睹，恐惧乎其所不闻。莫见乎隐，莫显乎微，故君子慎其独也。"[25]夫不睹不闻，所谓独也。不睹则目无与焉，不闻则耳无与焉。吾所谓隐微者，虽吾耳目，犹不得与，是独也，是"不可须臾离"[26]者也。故夫不睹之睹，不闻之闻，有莫大之闻见存乎隐微，而不可以言言。则慎独之学，勉而精之，岂惟不自欺也哉！绍兴九年六月八日记。

【注释】

〔1〕"患在"句:大患在于是说内心与外表不统一,做了坏事,装得没事一样。

〔2〕"知有"句:吝,珍惜,舍不得。是说明知有过而艰于改正。

〔3〕"实不知行"句:实在不知该如何去做,但是只希望别人知道他能做。

〔4〕"色取仁"句:色,外表。表面上行仁德,实际上却是另一回事,而其人处之像真的一样,不感到疑惑。即《论语》所说"色取仁而行违,居之不疑"。

〔5〕"言浮于行"句:言行不一,可是说出话来毫无羞愧之色。怍,羞愧。

〔6〕"求诸人"句:只要求他人去做,唯独不要求自己。下句"求"字承上句省略。下文"有诸己而非诸人",同此。诸,之于。

〔7〕"殆未可"句:难于尽言罗列。遽,立刻。数,枚暗,列举。

〔8〕"所自欺者"二句:其结果多数属于欺骗自己,欺骗他人只不过占十分之一。

〔9〕诡谲:虚妄。不惜:不吝惜。不情:不真切。

〔10〕"《礼记》曰"二句:出自《礼记·大学》。意思是说:所谓意要真诚,是说不要欺骗自己。小人平日闲居时为非作歹,没有哪样坏事做不出来的。及至见到君子,然后遮遮掩掩,故意显露他的善良,却不知别人如同看见了其肺肝一样,那些假装有何益处呢?这即是说,充满了心中的东西,总是要表现在外面的,所以君子必须戒慎自己一人独处的时候。

〔11〕炙(zhì):烧灼。欲炙心:比喻贪求。

〔12〕揜(yǎn):遮盖,蒙蔽。

〔13〕慊:不满足。

〔14〕"昔者"六句:典出《列子·黄帝篇》。沤,通"鸥",鸥鸟,水鸟名。

〔15〕隐微:隐私,不可外泄的秘密。

〔16〕"是以"四句:所以古代的学者都知道慎戒独处。纵使在幽暗无人的境地,也一定诚心诚意,不曾欺骗自己。

〔17〕季札解剑:典出《史记·吴太伯世家》。季札,姬姓,寿氏,名札,又称公子札、延陵季子、延州来季子、季子,春秋时吴王寿梦第四子,封于延陵,后来又封州来。传说为避王位"弃其室而耕",被孔子称为"至德"之人。冢树,即墓树。

〔18〕乐正子春:乐正为姓,子春是名。战国初鲁国人,曾参弟子,以孝闻。

子春事,见《礼记·檀弓下》。

〔19〕"自吾母"二句:设若我的母亲得不到我的真情,我为何还要将此情装下去?

〔20〕"子春"句:子春就以虚假自责。讼,责备。

〔21〕矫激:诡激,违背情理。

〔22〕"汉第五伦"二句:典出《后汉书·第五伦传》。第五伦,字伯鱼,京兆长陵(在今陕西省咸阳市)人。东汉建武年间,举孝廉。永平年间,任蜀郡太守,后任司空。正直无畏,不惧权贵。

〔23〕阮长之:字茂景,陈留尉氏县人。南朝刘宋时期,官至临海太守。

〔24〕一生不侮闇室:一生不在暗处做亏心事。阮长之事,见《宋书·阮长之传》。

〔25〕"《中庸》曰"六句:君子警戒谨慎于别人看不到的地方,小心畏惧于别人看不到的地方。没有比在隐暗的地方更容易表现的了,没有比在细微的事情上更容易显露的了。因此,君子特别谨慎独处。

〔26〕不可须臾离:语本《中庸》。须臾,片刻,一会儿。

官 箴

吕祖谦

【解题】选自《吕祖谦全集》第一册《东莱集》(浙江古籍出版社2008年版)。箴,本是针灸治病所用的针形器具,字也写作"鍼"、"针"。因为能治病,引申出"规谏"、"告戒"的意思,箴也成为一种文体,多寓规诫之意。宋代吕氏家族比较特殊,北宋初期,自吕蒙正任真宗相始,吕夷简、吕公著、吕公弼、吕希哲、吕好问,都先后任相。至南宋吕祖谦,已历八世,吕氏子孙多在朝廷任职,无疑是簪缨世家。古代说法,望族往往是"五世而斩",而吕氏家族长期兴旺不衰,这其中吕氏家族的家规家训起到了很大的作用。吕氏家族子弟从小就接受如何做好官、清官的教育。《吕氏家范》收录这方面的内容,称为《官箴》。这在传统家族的家训中是比较少见的。《官箴》原有三篇:首篇名《官箴》,是吕祖谦写的。次为《荥阳公家塾广记》。荥阳公是吕希哲,即吕祖谦的五世祖,封荥阳公。家塾,吕氏家族开办的学堂。这可能是吕希哲自作老师,给吕氏子孙讲的内容。末后是《舍人官箴》,是吕本中的遗著。本中字居仁,吕祖谦的伯祖父,在宋高宗绍兴初官中书舍人,故而取名"舍人官箴"。其原貌已不可知,经吕祖谦整理、编排之后,一并收入《家范》之内,凡25条,多是正面劝勉。这里只选吕祖谦的《官箴》,说是"因门人戴衍初仕请教,书此遗之。后以义未备,复附益之如后"。共计**26条**,都属于任职需要警戒而不被许可的事项。其间偶有小字注释,可能是吕祖谦的弟弟祖俭或者侄子乔年所作。

觅举[1]。
求权要书保庇[2]。
投献上官文书[3]。
法外受俸[4]。
多量俸米[5]。
通家往还[6]。
置造什物[7]。
陪备雇人当直[8]。
容尼媪之类入家[9]。
非长官辄受状自断人[10]。
与监当巡检坐不依官序[11]。
不依实数请般家送还钱[12]。
非旬休赴妓乐酒会[13]。
托外邑官买物[14]。
刑责过数[15]。
以私事差人出界[16]。
不经由县道辄送人寄禁[17]。
接伎术人及荐导往它处[18]。
荐人于管下卖物[19]。茶、墨、笔之类。
上司委追人断人及点检仓库,不先与长官商量[20]。
亲知雇船脚用官钱,或令吏人陪备[21]。须令自出钱,但催促令速足矣。
遇事不可从,不当时明说,误人指拟,以致生怨[22]。
不尊县道[23]。谓寻常丞、簿、尉视长官为等辈,差定验之类,往往多玩习慢易。殊不知此事乃国事,非长官事。

　　买非日用物[24]。日用谓逐日饮食及合用衣服。其他如出产收藏以待它日之用,及为相识置买之类,皆当深戒。

　　受所部送馈及赴会[25]。谓部民或进纳人,如士大夫送馈果食之类,则受,仍当厅对众开合子,厅子置簿抄上,随即答之,余物不可受。

　　凡治事有涉权贵,须平心看理之所在。若其有理,固不可避嫌,故使之无理。直须平心看,若有一毫畏祸自恕之心,则五分有理便看作十分有理。若其无理,亦不可畏祸,曲使之有理。政使见得无理,只须作寻常公事看,断过后不须拈出说。寻常犯权贵取祸者,多是张大其事,邀不畏强御之名,所以彼不能平[26]。若处得平稳妥贴,彼虽不乐,视前则有间矣。然所以不欲拈出者,本非以避祸,盖此乃职分之常[27]。若特然看做一件事,则发处已自不是矣[28]。已上因门人戴衍初仕请教[29],书此遗之。后以义未备,复附益之如后。

【注释】

〔1〕觅举:寻求荐举自己的人,类当下跑官、要官。觅,寻求。举,推荐。

〔2〕求权要书保庇:求得权贵书札以为保护庇佑。类当下依仗"靠山"遮护、寻求"背景"等。权要,权贵,有实权的重臣。庇,保护。

〔3〕投献上官文书:给直接管辖自己的上官进献诗文,显示自己才能。或者作诗文谄媚上官,取得欢心,进入上官的圈子,形成"朋党"、"宗派"。投献,进献,进呈。文书,指诗文之类。

〔4〕法外受俸:在合法之外接受钱财。类当下"隐性"收入,非法所得,如利用职位在外兼个顾问,然后出卖国家利益,领取兼职单位的工资。法,朝廷制度。俸,俸禄,类当下政府公务员的工资。

〔5〕多量俸米:古时官员的俸禄用米支付者,称为俸米。此条是说贪占小便宜。

〔6〕通家往还:为官期间,不回避亲友关系,往来频繁,甚至相互勾结,一起干坏事。通家,世交关系。

〔7〕什物:各种物品器具,多指生活家具,如床帐、桌椅之类,朝廷原有配制,自己又另外置造。

〔8〕"陪备"句:雇人陪备值班。这是一种极不尽责的表现。当直,值班。

〔9〕"容尼媪"句:亲昵尼僧之流,为所蛊惑,不务正事。尼媪,尼姑。

〔10〕"非长官"句:并非长官就接受状子,自作主张断人是非,超越了权限。状,官司诉状。

〔11〕监当:宋代掌管税收、冶铸等事务的地方官。巡检:宋代官署名巡检司,官名巡检使,省称"巡检"。巡检是差遣官。

〔12〕"不依实数"句:虚领搬迁费。般家,即搬家。送还,归还。

〔13〕"非旬休"句:官员非休假日涉足娱乐场所或者私人酒宴。

〔14〕"托外邑"句:利用关系托他府官员购买货物,投机获利。

〔15〕刑责过数:滥用刑罚,乃至草菅人命。

〔16〕"以私事"句:公事差人出界,私事则不允许。是说假公济私。界,是指任地范围。

〔17〕"不经由"句:不通过地方政府就将人监禁,属于非法监禁罪。县道,泛指行政区划。寄禁,寄押,监禁。

〔18〕"接伎术人"句:伎术人,是艺人。宋代有官伎、私伎,供官员玩乐。正派官员不会接触,唯好色耽乐之徒乐此不疲,不光自己参与,且推荐给他人享用。

〔19〕"荐人"句:这条于"物"有注,是指"茶、墨、笔之类"。类似当下替所属经济实体强行推销产品。

〔20〕"上司"二句:自作主张,不尊重上级。

〔21〕"亲知"二句:亲属朋友出行乘船用官钱,或者派属下官吏陪备,是违法的。亲知,亲属。

〔22〕"遇事"四句:遇事不当者,应明言,否则易生怨恨。是说官员之间缺乏信任、沟通。

〔23〕不尊县道:不尊重地方长官,被他们差去干活,往往玩忽职守。定验,判断检验。

〔24〕"买非"句:这条类今公款消费或私开发票报销。

〔25〕"受所部"句:这条讲的是官场上相互应酬的道理。官员往来,互送礼品,自古皆然,是免不了的。但是,这中间若无相关条律的制约,不遵守道德

节操,最易滑向官场腐败。吕祖谦不完全拒绝官场上的"迎来送往",关键是公开、透明,所有馈送礼品一一当众公示,并登记在簿册,绝不落入自己腰包。

〔26〕"寻常"四句:遇上处理权贵的案件,不可趁机"邀不畏强御之名",四处张扬,引起对方反感,而是要以平常心、平常态度来处事。

〔27〕"然所以"三句:此类涉及权贵的官司不单独列出来,本来就不是为了避祸,乃是职务范围内的普通事情。拈出,单独列出来。职分,职务。

〔28〕发处:出发点。

〔29〕戴衍:字在伯。吕祖谦曾为作《戴衍字序》。

菜窝说

刘 基

【解题】选自《犁眉公集》(《中华再造善本》)。刘基,字伯温,号犁眉公,处州青田县南田乡(在今浙江省文成县)人,佐助明太祖朱元璋取得天下,甚有功,洪武三年(1370)封诚意伯。正德九年(1514),追赠太师,谥文成。说是一种文体,往往叙事、议论兼用。这篇《菜窝说》,叙说创建"菜窝"的经过,寄托深意,所以最末一段是点睛之笔,说的都是儒者修己立德的道理。种植"韭",追求道德的久远;种植"葵",慎于揆度;种植"葱",得道使耳目聪明;种植"蒜",善于精打细算;种植"芋",使家收入丰富;种植"姜",使其刚强;种植"芥",使自己时时警戒;种植"茶",能思苦忍毒;种植"芹",处事用力勤;种植"菊",治病以养;种植"芷",养德以求福祉。每种一"菜",无不寓寄修己养德的工夫。"吾朝而游焉,观其莘莘菁菁,可以悦吾目而畅吾情。夕而游焉,撷其芳而茹其英,可以旨吾腹而曼吾龄。又可以究吾知而通物理,安得不悠然而永怀,怡然而自善哉"。篇末点出意旨,可谓妙极。

菜窝者,宗侄彬之所以名其居室也。彬字宗文,少好学有识而未用,其居在处州府城之东门[1],每求予为文,而恒弗得暇。今年予来京师,而彬亦以儒士贡为工部主事,因作戏作《菜窝说》,且以勉而进之云尔。

犁眉公谓东门子赇曰[2]:"子之居东门也,井地十亩,既夷既壤,俯濠为沟,倚城为墉[3],藩以枳林[4],纬以蕲场[5]。是盖比如束针,锬若攒枪[6],蛇蝎不能求其缝罅,蚍蜉不能为之穴隙也[7]。何不垦之以种树乎?又何不耕之以艺稷黍乎?不然,何不大为之池,分北山之泉流,以养鳖与鱼乎?徒何为乎筑陋室于其中,墼粪土以为壁[8],茨以腐茅,螬蝎是宅[9],藉以瓦砾,羊蹄豕迹与鼢鼠为主客[10]。平明出门,不马不车,不骡不驴,以造他人之庐,呼朋命徒,左跄右趋,谈无用之空言,强相名而曰儒,坐视殷赈之腴[11],索为蓬藿之区[12],不亦悲乎?吾闻燕秦枣栗,穰橙邓桔[13]。李梨薁郁[14],秦杏周漆[15]。柿桃柰楔[16],琬容琰质[17]。椅桐栝柏[18],坚缜有瑟[19]。桂菽荚椴[20],吐芳馥秘[21]。木瓜楰椁[22],薯蓣葛芴[23]。丛蔓轇轕[24],彼挚此苗。或庸其材,或以其实。或黄如金,或赤如日。翘萧远条[25],可蜂以蜜。克勤厥营,苟获其一。富拟封君[26],受天之秩。范子所至[27],穿池种鱼。史传货殖,盛称陶朱。八口之家,五亩之宅。墙下栽桑,足以衣帛。今子不士不农,不商不工。缀籍州庠,口体不充。人皆子哂,子曷不懵[28]?"

东门子赇听之愀然[29],思之杳然[30],瞿然而作[31],再拜而作,立而言曰:"公有言,吾获矣!而吾亦有知焉,请以复于公。吾将以艺稷黍乎?则古人一夫受田,百亩而给,今将以五亩为宅矣,则所羡不过二十之一,不能以不饥也。抑将以种树乎?则近者非四三年不成,不知远者又几年乎?不可以悬吾釜而俟爨也[32]。抑且为池以畜鱼乎?则吾身畸耳[33],贷力于人,何日成乎?不可以暵吾肮而待汲也[34]。今当种菜而鬻焉[35],尚庶几哉可也夫!夫菜也者,采也,君子之所采也,或谓之蔬焉。蔬也者,疏也,食粱肉者之所疏也,君子所采

65

而食粱肉者疏之,庶几或者可以裕我矣乎!"

乃往访于溪南之圃人,得膏土沃泉之术,搜四鄙之菜,类其族而种之。买牛牸一[35]、㹀二[36],铍其莱芜[37],芟去奥秽[38],拔其荄杜[39],阜㔉篝而炧之[40],空井于其四隅,建桔槔焉[41]。潴水有池,泄水有渠,或培或滋,或丛或奇[42],灌溉攸宜。或耘或耔[43],疏稠比稀[44],慈稚举肥[45],根茎实荚[46],各随其时,罗之离离[47],揽之菲菲[48]。未浃旬日,而东门氏之童色泽如也[49],貌怿如也[50]。窥其园,则郁郁芊芊[51],入其门,则盎然春温[52],有酒盈樽[53]。他日,犁眉公过焉,东门子睒御诸门[54],犁眉公笑曰:"子亦足于斯而已乎?"东门子睒再拜谢曰:"吾愿见公而有陈焉久矣[55]!请坐于吾庐而为公言之可乎?"公曰:"吾愿也。"东门子睒曰:"公能悉识吾菜乎?"公曰:"未也。"请之园而言焉。

曰:"始吾之不营是园也,漠乎其无思也。今吾之既营是园也,惟其所以壮吾址而厚吾生[56],则非一日也。天地久其道而万物生,圣人久其德而庶功成,士农工商久其业而百务贞,故植韭以为之君。韭者,久也,所以久吾生也。致久必慎其揆,故植之以葵。葵者,揆也。揆得其道,则视明而听聪,故植之以葱。聪达则得算多,故植之以蒜。蒜,算也。算不失,家必丰,故植之以芉[57]。丰则强矣,故植之以姜。姜,强也。物大强则过刚,刚过则折,君子戒焉,故植之以芥。芥者,戒也。戒事者思必苦,思苦则毒,故植之以荼。荼毒罹于中,而用力勤,故植之以芹。勤极则病,故植之以蒲。蒲,痛也,病之剧也。病剧必弱,故植之以荏。荏柔而弱也,弱则微矣,故植之以薇。微,骭疡也。骭微则羸其行,故植之以萎。萎者,偻也。愈病必以药,故植之以芍药。药攻病不可失其养,故植之以鞠。鞠,养也。得其养而后苏,故植之以苏。苏则起矣,故植之以苣。起必慎以保其后,故植之以瓠。瓠者,护也。护不违乎道,则难舒而福生焉,故植之以芷。芷者,祉也。引祉莫大乎育德,故植之以蓄。蓄必有济,故植之以荠。荠者,济也。济自近而之远,自卑而底高也,故植之以菘。菘者,高也。高极必穷,故植之以芎藭[58]。虑穷者必早计,故植之以蓟。蓟者,计也。吾朝而游焉,观其莘莘菁菁[59],可以悦吾目而畅吾情。夕而游焉,撷其芳而茹其英[60],可以旨吾腹而曼吾龄[61]。又可以究吾知而通物理,安得不悠然而永怀,怡然而自善哉!夫吾庐,窝也,不足以延长者。而长者肯临焉,不可以不志,请名之曰'菜窝',愿公为吾志之。"

犁眉公大悦,遂旅其菜[62],酌其酒,书其言而去。

【注释】

〔1〕处州:今浙江省丽水市。

〔2〕犁眉公:刘基自称。东门子彪(biāo):刘彬之称。

〔3〕倚城为墉:东门子彪的居处,一面靠着城墙作为自家围墙。墉,垣墙。

〔4〕藩:编篱笆。枳:或称枸橘、臭橘,似桔有刺的灌木,果也似橘,可入药。说以枳林为篱笆。

〔5〕纬:编织。蘖:树木砍伐后再生的枝条。场:空地。

〔6〕锬(tán):锋利。

〔7〕蛇蜴(yì):南方产的一种小蛇,可入药。或说是蛇和蜥蜴。

〔8〕墼(jī):未烧的砖坯,用作动词。粪土:不洁的泥土。

〔9〕蟦(fèi):金龟子的幼虫。蝎:蝎子,毒虫。是宅:宅于是,宅于此,这里成了它们的窝。

〔10〕"羊蹄"句:此地成为羊、猪和田鼠互为主客的场所。豮(fén)鼠,田鼠。

〔11〕殷赈:丰厚。腴:指肥饶土地。

〔12〕"索为"句:忍看丰厚的肥沃土地,都变为杂草丛生的地方。索,尽,都。藋(diào),草名,灰藋,似藜,有刺。

〔13〕穰橙邓橘:穰,地名。秦昭王置穰县,治所在今邓州,旧属南阳郡。邓,地名,在今河南邓州。张衡《南都赋》"穰橙邓橘。"南朝刘潜《谢东宫赐橘启》:"固以侔匹穰橙,俯联楚柚。"

〔14〕薁(yù):野葡萄。郁:一名雀李,小李子。

〔15〕漆:漆树。

〔16〕柰:果树名,果形似李子,肉红。楔:樱桃。

〔17〕琬(wǎn)、琰(yǎn):皆美玉名。这里是说美玉的姿容和品质。

〔18〕椅桐:梓实桐皮的椅树。栝柏:柏树的一种。

〔19〕坚:结实。缋(huì):色彩鲜艳。有瑟:洁净的样子。

〔20〕桂:桂树。菽:豆。黄:茱萸。椴(shā):树似椒,子比椒小。

〔21〕馥(fù)馝(bì):芬香。

〔22〕榅(wēn)桲(bó):树名,小灌木,秋落叶,叶长椭圆形,花白淡红,可入药。

〔23〕薯蓣(yù):山药名。葛芴(wù):薏菜。

〔24〕丛蔓:丛生的枝条。轇輵(jiāo gé):交错纠缠的样子。

〔25〕翘萧:低飞貌。远条:远扬。

〔26〕封君:拥有爵位和封地的人。

〔27〕范子:指越国范蠡。越灭吴后,辞官经商,富比敌国,称陶朱公,见《史记·货殖列传》。

〔28〕懵(měng):糊涂。

〔29〕愀然:忧愁的样子。

〔30〕杳然:渺远的样子。

〔31〕瞿然:惊骇的样子。

〔32〕爨(cuàn):烧饭。

〔33〕畸(jī):畸零,意为孤零。

〔34〕"不可以"句:不要待到喉咙干得难受再去汲水。暵(hàn),热,干燥。肮(háng),咽喉。

〔35〕鬻(yù):卖。

〔36〕牯(gǔ):阉割过的公牛。牸(zì):母牛。

〔37〕鏺(bó):除草的农具。莱芜:杂草。

〔38〕芟(shān):除草。奥秽:茂密的杂草。

〔39〕荄(gāi)杜:草根。

〔40〕"阜翳箨"句:地上铺满了竹皮,都被烧得所尽无余。阜,丰厚,多。翳(yì),盛多。箨(tuò),竹皮。炧(xiè),烧得一干而尽。

〔41〕桔(jié)槔(gāo):井上汲水的工具。

〔42〕或丛或奇:有的丛生,有的单生。奇,单生。

〔43〕耘(yún):除草。耔(zǐ):给植物根部培土。

〔44〕疏稠比稀:疏密相当。

〔45〕慈:爱护。稚:幼苗。举:养。肥:壮禾。

〔46〕实:果子。黄:嫩芽。

〔47〕罗:罗列。离离:盛多貌。

〔48〕揽:采集。菲菲:芳香浓烈。

〔49〕泽如:有光采。

〔50〕貌怿(yì)如:容貌喜悦的样子。

〔51〕郁郁芊(qiān)芊:草木茂盛的样子。

〔52〕盎然:充满的样子。

〔53〕樽:盛酒器。

〔54〕御:迎接。

〔55〕陈:陈告。

〔56〕"惟其"句:打算扩大菜窝,使我生活更加充实。

〔57〕荖(fēng,一读 xiá):芜菁的苗。

〔58〕芎藭:香草名,一名蘼芜。

〔59〕菶(běng)菶菁菁:草木茂盛的样子。

〔60〕撷(xié):采取。茹:食。

〔61〕旨吾腹而曼吾龄:使我的肚子容受甘旨美味,且可以保长生。

〔62〕旅其菜:享食那些菜。旅,享用。

七儒解

宋　濂

【解题】选自《宋濂全集》(人民文学出版社2014年版)。知识分子如何处世,都是历朝历代士人所关心的问题。宋濂作《七儒解》,一方面表白自己的人生选择,另一方面对即将走上仕途的门生作出解答。以为游侠、文史、智数、旷达、章句、事功等六类儒,都应该舍弃,必以道德儒为其最终选择。何为道德儒?用宋濂的话说,即"其道则仁、义、礼、智、信也,其伦则父子、君臣、夫妇、长幼、朋友也。其事易知且易行也,能行之则身可修也,家可齐也,国可治也,天下可平也。我所愿则学孔子也"。其实就是儒家的三纲五常基本教义,作为修身的大纲目,这看似简单却又往往难以达到。儒学经数千年历史洗练、淘汰,有所变革,而其基本教义未曾变化,只是伴随着时间迁移,王朝更替,不断被赋予新内容、新思维、新观念。浙学也是如此。宋濂的"道德儒",放在他那个时代是很具体的,"道德备于身,遭时居位而推之于天下"。即是说,在其功业实绩中体现出来,由其文章中表达出来,所谓君子的立德、立功、立言,三者混然不可分割。

儒者非一也,世之人不察也。有游侠之儒,有文史之儒,有旷达之儒,有智数之儒,有章句之儒,有事功之儒,有道德之儒。儒者非一也,世之人不察也,能察之然后可入道也。

威以制之,术以凌之,才以驾之,强以胜之,和以诱之,信以结之,夫是之谓游侠之儒。上自羲、轩[1],下迄近代,载籍之繁,浩如渊海,莫不撷其玄精[2],嚅其芳腴[3],搜其阙逸,略其渣滓,约其枝蔓,引觚吐辞,顷刻万言而不之止,夫是之谓文史之儒。三才以之混也,万物以之齐也,名理以之假也,涂辙以之寓也,虽有智者莫测其所存,夫是之谓旷达之儒。沉鸷寡言[4],逆料事机,翼然凝然[5],规然幽然[6],漆漆然[7],逮逮然[8],察察然[9],猎猎然[10],千变万化不可窥度,夫是之谓智数之儒。业擅专门,伐异党同[11],以言求句,以句求章,以章求意[12],无高而弗穷,无远而弗即,无微而弗探,无滞而弗宣,无幽而弗烛,夫是之谓章句之儒。谋事则乡方略,驭师则审劳佚,使民则谨畜积,治国则严政令,服众则信刑赏,务使泽布当时,烈垂后世,夫是之谓事功之儒。备阴阳之和而不知其纯焉,涵鬼神之秘而不知其深焉,达万物之理而不知其远焉,言足以为世法,行足以为世表,而人莫得而名焉,夫是之谓道德之儒。儒者非一也,世之人不察也,能察之然后可入道也。

游侠之儒,田仲、王孟是也[13]:弗要于理,惟气之使,不可以入道也。文史之儒,司马迁、班固是也[14]:浮文胜质,纤巧斲朴,不可以入道也。旷达之儒,庄周、列御寇是也[15]:肆情纵诞,灭绝人纪,不可以入道也。智数之儒,张良、陈平是也[16]:出入机虑,或流谲诈,不可以入道也。章句之儒,毛苌、郑玄是也[17]:牵合傅会,有乖《坟》《典》[18],不可以入道也。事功之儒,管仲、晏婴是也[19]:迹存经世,心则有假,不可以入道也。道德之儒,孔子是也:千万世之所宗也。

我所愿则学孔子也。其道则仁、义、礼、智、信也,其伦则父子、君臣、夫妇、长幼、朋友也。其事易知且易行也,能行之则身可修也,家可齐也[20],国可治也,天下可平也。我所愿

71

则学孔子也。今指三尺之童子而问之,则曰:"我学孔子也。"求其知孔子之道者,虽斑白之人,无有也。呜呼!上戴天,下履地,中函人,一也。天不足为高,地不足为厚,人不足为小,此儒者之道所以与天地并立而为三也。司马迁以儒与五家并列[21],荀卿谓儒有小大[22],扬雄谓"通天地人曰儒"者[23],要皆不足以知儒也。必学至孔子,然后无愧于儒之名也。然则儒亦有异乎?曰:有之,位不同也。三皇,儒而皇[24];五帝,儒而帝[25];三王,儒而王[26];皋陶、伊、傅、周、召,儒而臣[27];孔子,儒而师。其道则未尝不同也。虽然,自有生民以来,未有盛于孔子者也,我所愿则学孔子也。

【注释】

[1]羲:太昊庖(一作伏)羲氏。轩:黄帝轩辕氏。都是远古时期帝王。

[2]撷(xié):采摘。玄精:道教指人体精气,比喻最珍贵的宝物,这里是指要旨。

[3]嚅(rǔ):通作擩,采取。芳腴:比喻思想精华。

[4]沉鸷:像猛禽一样深沉勇猛。

[5]翼然:振翅飞翔的样子。凝然:鸷伏不动的样子。

[6]规然:循规蹈矩的样子。幽然:捉摸不定的样子。

[7]漆漆然:黑暗的样子。

[8]逮逮然:文雅安详的样子。

[9]察察然:明辨的样子。

[10]猎猎然:随风飘拂的样子。

[11]伐异党同:联合同一利益的人攻讦异己。

[12]"以言求句"三句:据词义求句意,据句意求段意,据段意求篇旨。言,是词义。

[13]田仲、王孟:田仲,楚人;王孟,符离人。皆西汉初期的游侠。

[14]司马迁:字子长,龙门人。汉武帝时任太史令,作《史记》。班固:字孟坚,扶风安陵(在今陕西省咸阳市西北)人。东汉明帝时任兰台令史,作《汉

书》。

〔15〕庄周:字子休,宋国蒙人。战国时期道家学说代表,后尊称为"庄子"。有《庄子》十卷。列御寇:郑国圃田(在今河南省郑州市)人。属战国道家,后尊称为"列子"。有《列子》五卷。

〔16〕张良、陈平:皆西汉初良相。

〔17〕毛苌:西汉初期人,与毛亨同注《诗经》,称《诗经毛传》。郑玄:字康成,北海郡高密县(今山东省高密市)人。东汉末经学家,注三《礼》,笺《毛诗》传于后。

〔18〕傅会:附会。《坟》:三《坟》,伏羲、神农、黄帝时期的古书。《典》:五《典》,是少昊、颛顼、高辛、尧、舜时期的古书。

〔19〕管仲:名夷吾,字仲,春秋时,相齐桓公,九合诸侯,称霸天下。晏婴:名婴,字仲,夷维(今山东省高密市)人。相齐灵公、庄公、景公三朝。

〔20〕齐:整治。

〔21〕"司马迁"句:见《史记·太史公自序》,儒家与阴阳家、墨家、法家、名家、道家并列为六。

〔22〕"荀卿"句:儒分大小,见《荀子·儒效》,以周公为大儒,以诸侯之士为小儒。

〔23〕"扬雄"句:见扬雄《法言·君子篇》。

〔24〕"三皇"句:说伏羲、神农、黄帝用儒术而称皇。

〔25〕"五帝"句:说少昊、颛顼、高辛、尧、舜用儒术称帝。

〔26〕"三王"句:说夏、商、周三代用儒术称王。

〔27〕"皋陶"句:说皋陶(夏禹卿士)、伊(伊尹为商汤相)、傅(傅说为商武丁相)、周(周公旦)、召(召公奭)用儒术称良臣。

养素斋说

苏伯衡

【解题】选自《苏平仲文集》(明正统七年刻本)。苏伯衡,字平仲,金华人。是北宋苏辙的第九代子孙。苏辙的儿子名"提"的人出守婺州,于是占籍金华。苏伯衡博学多才,善属文。明代初期,荐为翰林国史院编修官,以耳不聪而力辞。洪武十年,宋濂退休,推荐苏伯衡来替代自己,于是征召入京,不久又辞归。洪武二十一年,任处州教授,居住在平阳县的官舍。后来因表笺文字触犯了忌讳,被逮下吏,死于狱中。说是古代一种文体,属于议论文的性质。苏伯衡晚年居住平阳,和平阳的吴元范成为至交,因而为吴元范的"养素斋"写下了这篇文章。吴元范,已不可考。又见苏伯衡《景古斋记》,称"平阳有好古之士曰吴元范氏,凡一言一行皆师古之人,而性嗜篆隶真行诸书,非古不为也",大概是一位志在推行古人风义的民间高士。苏伯衡在明代初期是浙学的重要人物,沾濡宋元理学精华,以为人生在世,应该像古圣贤那样,"达则能以名位养功业,以道养天下,以政养民,不达则能以著述养万世"。也就是说,儒家推崇的"立德"、"立功"、"立言",是其人生价值取向的终极追求。所以,他始终在思考,如何使自己成为古代圣贤那样的人?苏伯衡归纳为四个字:"养之有素"。具体细目是:"慎起居节饮食"以"养身",直道而行以"养气",清心寡欲以"养心",存诚守信以"养性",执守礼法以"养情",

致知明道以"养智",自强不息以"养志",正大光明以"养度",勤学问师以"养才",廉洁知耻以"养节"。这些都是孔、孟儒学所倡导的修身进德的节目,而苏伯衡面向当时浇薄的风气,显得更具有针对性。行文流畅,通俗易懂,具缜密的逻辑性,读来亲切而有味。

今人多不如古也,而莫士为甚。夫古之士为圣、为贤,达则能以名位养功业,以道养天下,以政养民,不达则能以著述养万世。而今之士不免为乡人[1],而于圣贤之所能为者,皆莫之能焉。夫今之人所食者,圣贤所食之粟也。所衣者,圣贤所衣之帛也。寒而火,暑而风,晨兴而夕寐,无不同之。目以视,耳以听,口以出纳,手足持且行,亦无以异也。何独圣贤之所能而不能乎?且圣贤者其形与吾同,其性与吾同,非四耳而三目,六五常而二心也[2]。而吾身之所具者,亦未尝缺其一也。彼圣贤何独能为吾之所不能者耶?亦惟养之有素而已耳[3]。

盖人之所以为人者,不独身焉尔也。周流乎身者,气也。主宰乎身者,心也。存乎心者,性也。发乎心者,情也。聪明而不惑者,智也。勇敢而有为者,志也。宽裕而有容者[4],度也。特达而有能者[5],材也。坚忍而有立者,节也。而皆不可以不素养也。节不养则隳[6],材不养则偏,度不养则隘,志不养则陋,智不养则昏,情不养则流[7],性不养则失,心不养则放,气不养则馁,身不养则不安。慎起居,节饮食,所以养身也。直,所以养气也。寡欲,所以养心也。存诚,所以养性也。执礼,所以养情也。致知,所以养智也。自强,所以养志也。正大,所以养度也。问学,所以养材也。廉耻,所以养节也。节养则全矣,材养则成矣,度养则宏矣,志养则不可夺矣,智养则不可罔矣[8],情养则不诱于物矣,性养则不蔽于私矣,心养则无往而不存矣,气养则无往而不大矣,身养则无往而不泰矣[9]。养之有素而至焉者之谓圣,养之有素而未至焉者之谓贤,不养,则乡人,则夷狄人[10]。

今也不此之养,而徒养其口体。稍异焉者,则文饰以养其过,吐纳以养其生,朋党以养其交,矫伪以养其望,奢侈以养其欲[11],而庶几乎圣贤养功业以名位,养天下以道,养民以政,养万世以著述,宜其不能哉。是故不徒养口体者,知贵其身者也;不为今人之所养者,能拔其类者也[12],是所谓能以古人自任者也。平阳吴元范氏敏而好学[13],贫而有守,以养素名其斋,余病世之士养之无其素也久矣,喜元范之知所养,又恐其未知养之之方也,故为说以遗之。

【注释】

[1]乡人:乡下人,俗人。

[2]五常:即五行,指木、火、土、金、水。中医理论将五常的特性对应于五脏,来说明其生理功能。六五常而二心,是说圣人并非不同于常人的五脏而具有六脏,并非不同于常人的一颗心而具有两颗心。

[3]"彼圣贤"二句:养之有素,说修身养性有根本、依据。素,根本。养,涵养、修身。

[4]容:包容、容纳。

[5]特达:通达无碍。

[6]隳(huī):崩坏。

[7]流:淫滥,过度。

[8]罔:迷惑。

[9]泰:安宁,舒畅。

[10]夷狄人:原指区别于华夏民族的异族人,这里是没教化的野蛮人。

[11]文饰:掩饰、遮盖。吐纳:吐故纳新,道士的养身方法。朋党:同恶相济的宗派集团。矫伪:作假,虚假。奢侈:指肆意挥霍,过度享受。

[12]拔:挺出,突出。类:指同一属类人群。

[13]平阳:县名,在今浙江省温州市。

从吾道人记

王守仁

【解题】选自《王文成公全书》(中华书局2015年版)。王守仁(1472—1529),字伯安,号阳明山人,学者称阳明先生,余姚人。弘治十二年(1499)进士,授刑部主事,改兵部。正德初,刘瑾矫旨逮南京科道官,阳明抗疏,下诏狱,谪贵州龙场驿丞。累迁南京左佥都御史,巡抚南赣。宁王宸濠叛乱,起兵讨平。升南京兵部尚书,封新建伯。殁后谥文成。"从吾道人"是董沄,字萝石,海盐人,阳明先生弟子中最年长的人。董萝石皈依阳明,和诸生熙熙学习圣人的道统,也是阳明良知心学影响力的有力见证。据《传习录》记载,阳明先生教育学生时,每说一句话,都深深感动人心。一天,王汝止外出游学回来,阳明问他:"游学在外看见什么?"答说:"看到满街都是圣人。"阳明说:"你看到满街人是圣人,满街人反过来看你也是圣人。"又一天,董萝石外出游学回来,拜见阳明说:"今天遇到一件奇事。"问:"奇在什么地方?"答说:"满街都是圣人。"阳明说:"这是一件平常事,何足为奇?"大概汝止这个人锋芒还在,而萝石恍惚有启悟,所以问题虽相同而阳明回答不一样,都是反着他们的话而去鼓励他们。在阳明看来,王、董两个学生所说"满街都是圣人",是形容人人都有良知,都可以成为圣人。但是,如果片面理解,吹捧得太高,以为"圣人可以一蹴而就",于是学、问、思、辩以及戒谨、恐惧等,本来少不了的功夫，都可以放弃不再讲求，则是误入歧途了。所以，阳明对王、罗二位各有抑制、训导。阳明和学生相处，完全是一种朋友式的交流，在处理日常生活中的琐事中，平等对话，相互启发，开拓心智，不一定通过高头讲章来实现。阳明良知心学贴近生活，实用简易，传播甚广，原因也在这里。

海宁董萝石者，年六十有八矣。以能诗闻江湖间，与其乡之业诗者十数辈为诗社，旦夕操纸吟鸣，相与求句字之工，至废寝食，遗生业[1]。时俗共非笑之不顾，以为是天下之至乐矣。

嘉靖甲申春，萝石来游会稽，闻阳明子方与其徒讲学山中，以杖肩其瓢笠诗卷来访。入门，长揖上坐。阳明子异其气貌，且年老矣，礼敬之。又询知其为董萝石也，与之语连日夜。萝石辞弥谦，礼弥下，不觉其席之弥侧也。退谓阳明子之徒何生秦曰："吾见世之儒者支离琐屑，修饰边幅[2]，为偶人之状，其下者贪饕争夺于富贵利欲之场[3]，而常不屑其所为，以为世岂真有所谓圣贤之学乎？直假道于是以求济其私耳。故遂笃志于诗而放浪于山水。今吾闻夫子良知之说，而忽若大寐之得醒，然后知吾向之所为，日夜弊精劳力者，其与世之营营利禄之徒，特清浊之分，而其间不能以寸也。幸哉！吾非至于夫子之门，则几于虚此生矣。吾将北面夫子而终身焉，得无既老而有所不可乎？"秦起拜贺曰："先生之年则老矣，先生之志何壮哉！"入以请于阳明子。阳明子喟然叹曰："有是哉！吾未或见此翁也。虽然，齿长于我矣，师友一也，苟吾言之见信，奚必北面而后为礼乎？"萝石闻之，曰："夫子殆以予诚之未积与？"辞归两月，弃其瓢笠，持一缣而来谓秦曰[4]："此吾老妻之所织也。吾之诚积若兹缕矣，夫子其许我乎？"秦人以请。

阳明子曰："有是哉！吾未或见此翁也。今之后生晚进，苟知执笔为文辞，稍记习训诂[5]，则已侈然自大[6]，不复知有从师学问之事。见有或从师问学者，则哄然共非笑指斥若怪物。翁以能诗训后进，从之游者遍于江湖，盖居然先辈矣。一旦闻予言，而弃去其数十年之成业如敝屣[7]，遂求北面而屈礼焉，岂独今之时而未见若人，将古之记传所载，亦未多数也。夫君子之学，求以变化其气质焉耳[8]。气质之难变者，以客气之为患[9]，而不能以屈下于人，遂至自是自欺，饰非长敖，卒归于凶顽鄙倍[10]。故凡世之为子而不能孝，为弟而不能敬，为臣而不能忠者，其始皆起于不能屈下，而客气之为患耳。苟唯理是从，而不难于屈下，则客气消而天理行。非天下之大勇，不足以与于此，则如萝石，固吾之师也，而吾岂足以师萝石乎？"萝石曰："甚哉！夫子之拒我也，吾不能以俟请矣。"入而强纳拜焉。

阳明子固辞不获，则许之以师友之间，与之探禹穴[11]，登炉峰[12]，陟秦望[13]，寻兰亭之遗迹，徜徉于云门[14]、若耶[15]、鉴湖[16]、剡曲[17]。萝石日有所闻，益充然有得，欣然乐而忘归也。其乡党之子弟亲友与其平日之为社者，或笑而非，或为诗而招之返，且曰："翁老矣，何乃自苦若是邪？"萝石笑曰："吾方幸逃于苦海，方知悯若之自苦也，顾以吾为苦邪？吾方扬鳍于渤澥[18]，而振羽于云霄之上，安能复投网罟而入樊笼乎？去矣！吾将从吾之所好。"遂自号曰"从吾道人"。

阳明子闻之，叹曰：卓哉萝石！"血气既衰，戒之在得"矣[19]，孰能挺特奋发，而复若少年英锐者之为乎？真可谓之能从吾所好矣。世之人从其名之好也，而竞以相高；从其利之好也，而贪以相取；从其心意耳目之好也，而诈以相欺；亦皆自以为从吾所好矣，而岂知吾之所谓真吾者乎？夫吾之所谓真吾者,良知之谓也。父而慈焉,子而孝焉,吾良知所好也;不慈不孝焉,斯恶之矣。言而忠信焉,行而笃敬焉,吾良知所好也;不忠信焉,不笃敬焉,斯恶之矣。故夫名利物欲之好,私吾之好也,天下之所恶也;良知之好,真吾之好也,天下之所同好也。是故从私吾之好,则天下之人皆恶之矣,将心劳日拙而忧苦终身,是之谓物之役;从真吾之好,则天下之人皆好之矣,将家国天下无所处而不当。富贵、贫贱、患难、夷狄,无入而不自得。斯之谓能从吾之所好也矣。夫子尝曰"吾十有五而志于学",是从吾之始也。"七十而从心所欲不逾矩",则从吾而化矣。萝石逾耳顺而始知从吾之学[20],毋自以为既晚也。充萝石之勇,其进于化也何有哉?呜呼!世之营营于物欲者,闻萝石之风,亦可以知所适从也乎!

【注释】

〔1〕遗:放弃。

〔2〕边幅:外在的仪表。

〔3〕饕(tāo):贪。

〔4〕缣:细绢。

〔5〕训诂:对古文字义的解释。

〔6〕侈然:自夸的样子。

〔7〕屣(xǐ):鞋子。

〔8〕气质:指生理、心理等方面的素质,相当于人的个性特点。

〔9〕客气:言行虚骄,不真诚。

〔10〕倍:通"背",背叛。

〔11〕禹穴:禹陵,在今绍兴市。

〔12〕炉峰:香炉峰,一名覆釜山,在绍兴府城东南。

〔13〕秦望:秦望山,在绍兴府城南四十里宛委山南。

〔14〕云门:山名,又称东山,在今绍兴市。

〔15〕若耶:若耶山,在绍兴府城南四十余里。

〔16〕鉴湖:湖名,在绍兴府城西。

〔17〕剡曲:溪名,在嵊县(今浙江省嵊州市)。

〔18〕渤澥:渤海。

〔19〕"血气虽衰"二句:见《论语·季氏》,意思是说,人衰老以后,戒在不能贪图多得。

〔20〕耳顺:古人六十岁称耳顺。见《论语·为政》。

复郑御史克修

章　懋

【解题】选自《枫山先生文集》(上海古籍出版社2014版《重修金华丛书》第145册)。读圣贤书,修身学圣人,是不是一件很快乐的事情？明代章懋在这封回复友人郑克修的书信里作了肯定的回答。懋字德懋,号闇然翁,又号瀫滨遗老,兰溪(今浙江省兰溪市)人。自幼读书,博闻强志。成化二年(1466)会试第一,为庶吉士,授翰林编修。因直言进谏,仕途屡遭坎坷,死后追赠太子太保,谥"文懿"。郑克修,名己,山海卫(在今河北省秦皇岛市山海关)人。章懋以为学圣人的真乐,是一件很难的事情,圣人的真乐,纯净透明,"若有一毫之私意纷扰于其间",就无法得到。普通人学习圣学,求得真乐,先要经历各种各样的挫折、磨难,尝遍各种痛苦,正如孟子所说"劳其筋骨,饿其体肤,空乏其身,行拂乱其所为,所以动心忍性,曾益其所不能"。绝不是初学的人所能达到的。学圣人需要循序渐进,如吕祖谦、朱熹所编《近思录》中所讲"节目"那样,由低到高,由浅至深。这就告诉我们一个道理,无论学做人,还是学知识,都必须付出努力,循序渐进,在艰难困苦中跋涉行进,其间并无快乐可言。真正的快乐,往往是在获得成就之后,而不是在学习之初。当下推行西方人的"快乐学习",将教育娱乐化、庸俗化,实在不可取。

久别,无任悬仰[1]。人来辱书,备悉比来动止[2],皆与《易》俱,且有砭订愚惰之意[3],启发良多,慰感不已。曩者克恭书来[4],谓白沙称定山得天理之真乐,而未得其详,故以孔、颜所乐,周、程所寻者[5],其道甚大,工夫最难言之。盖因克恭有过情之誉[6],仆不敢当而及之耳,初未尝妄有方人之意也[7]。而克恭又累数百言以辟其非[8],某之率易妄言[9],惭罪为甚。今得吾兄之言,乃知白沙所以称定山者,固亦平易而非过高之论,与仆之言自不相妨[10]。如曰脱去名利,则凡幽人隐士皆能之,未足为定山之高致盛节也。如曰少有家累,为未游五岳之向平[11],则亦人之常情耳,在圣贤则无此累矣。或问颜子在陋巷,而颜路甘旨有阙,不能无忧。朱子曰:"此重则彼自轻。"夫以事亲甘旨且不足为累,而况以婚嫁为累乎?彼向平者读《易》,而未知死,何知生,是犹未达于原始反终之说也。其游五岳名山,亦不过绝人逃世为洁耳,岂圣贤之道哉?是又似卑吾定山矣[12]。至引康节之言[13],谓其得天理之真乐,则又以风流人豪英迈盖世者目之,视前所谓脱去名利如向平者,又不足言矣。岂既抑之而复扬之[14],亦有深意乎?

今就康节而论,明道曰:"尧夫诗才做得识道理,却于儒术未见所得[15]。"又曰:"尧夫之学,要之亦难以治天下国家,其为人无礼不恭,惟是侮玩[16]。"谢子又曰:"他只见得天地进退、万物消长之理,故敢做大。于圣门下学上达事,更不施功,所以差却[17]。"朱子则谓康节之学似老庄,似扬雄,近似释氏,往往皆有不满之意焉。盖无下学上达工夫,已非孔子之学,而无礼不恭,又岂若颜子之克己复礼者乎[18]?所学如是,吾意其所得之乐,亦未必为孔、颜之乐也。朱子论孔、颜之乐,必曰"博文约礼而竭其才,则庶乎可得"[19]。是先由学问

83

之功,而后得其乐也。今康节之言,乃曰"得天理之真乐",则何书不可读,何坚不可攻,何理不可精?是先得此乐,而后可以读书精理。其言似乎倒置[20]。苟非有康节之天资,孰能不假学问而自得其乐哉?详味白沙书意[21],盖谓定山既得康节之乐,又将读书穷理以求进于孔、颜之乐耳。若仆之愚见[22],则就孔、颜之乐论之,故谓今之学者未易可及,何尝甚异于白沙之言哉?若因白沙之言,谓定山已得颜子之乐,则到此地位,守而化矣。所谓虽欲从之未由也已,尚何假于书之读、坚之攻而理之精乎?今吾兄与克恭之辩若是者,岂诵白沙之言而未之思耶?

来教有云:"真乐在天地间,人人有之,人各有是性有是理,则各有是乐矣。"愚窃以为谓天理为人人有之则可,谓真乐为人人有之,则不可。盖凡厥有生,均禀同赋,理固人之所同有也,然自气拘物蔽之后,刚柔善恶,知愚贤不肖,万有不齐。惟夫上知大贤,能克己复礼,此身此心,从容涵泳于天理之中者,乃能得其乐耳。若有一毫之私意纷扰于其间[23],则不能乐矣。然世之圣贤常少,而愚不肖者常多,其可谓人人有之乎?其他有所乐者,皆吾兄所谓乐非其乐,而不得为真乐者也,何可与之同日语哉?

来教又云:"诸老先生寻孔、颜乐处,则大有得焉者也。"今指之为所欲寻者,不识诸老先生之于真乐,其有得其未得耶?窃闻濂溪每令二程寻孔、颜乐处,故以欲寻言之,初未尝谓其欲寻而未得也。盖寻者追而求之之谓,如追已失之物而还之耳。故寻之则有必得之理,所谓"我欲仁,斯仁至矣"[24]者也。是虽不言得,而得在其中矣,孰敢谓诸老先生为未有得哉?特以朱子之言求之,其所谓"欲罢不能而竭其才"者,乃颜子之地位也,然犹曰"庶乎有以得之"。"庶乎"二字,言之慎重若是,盖未敢遽以为大有所得也。朱子之不敢易言,而岂后学之可易言哉? 先儒有云:"惟圣人,然后能知圣人。"[25]若诸老先生之所得,非后学之所能窥测,故不敢以臆度而言之也。

来教又谓:信仆之言,不几绝天下于无人耶? 不几使真乐作一话说耶[26]? 不几阻后学之进耶? 愚谓自孔、颜而下,周、程而上,千五百年未闻有得其乐者。由周、程而来至于今,亦数百年矣,得其乐者又几何人哉? 是则真乐之徒为话说久矣,岂亦区区妄言之罪哉? 仆之不敢以易言之者,盖欲使人勉其难而非所以阻其进也。自昔贤人君子处顺境而乐之者易,处逆境而乐之者难。若曾点之浴沂咏归[27],康节之击壤歌咏[28],皆顺境也。惟夫床琴于浚井之日[29],弦歌于绝粮之余[30],以至饭蔬饮水、箪瓢陋巷之中[31],无往而不乐焉,乃为境之逆而乐之真耳,是岂人之所易能哉?

来教又谓:"寻乐为孔门第一事。"是固然矣,而非初学之所可至也。故夫子之教曰"文行忠信"[32],"博文约礼",至于"克己复礼"、"主敬行恕"[33]、"先难后获"[34]之类,各随高下而告语之,未尝先有寻乐之说。至濂溪之于二程,乃令寻孔、颜所乐之何事,盖以其天资之高,学力之至,为可以与于此也。而程子教人则自致知至于"知止诚意"[35],至于"平天下"[36],"洒扫应对"[37],至于"穷理尽性"[38],如曰"以诚敬为入门,以践履为实地"[39]。如曰"涵养须用敬,进学则在致知"[40],皆未尝以寻乐为言,岂非其门人之未足以当此乎? 故朱子曰:"先贤到乐处,已是成就工夫向上去了[41],非初学所能求。"今之师非濂溪之师,今之友非二程之友,而说此事,却似莽广[42],不如且就圣贤着实用功处求之,观于此言,其意盖可见矣。若吾兄与白沙、定山、贺谏议诸君子[43],负豪杰之才,学圣贤之学,为今之濂溪、二程,则其深造自得,固所优为,如仆之不肖,敢易言哉? 自幼为学,虽未尝无寻乐之心,然自省于日用之间[44],言焉未能无口过,则有所不乐;行焉未能无怨恶,则有所不乐。隐微之间,念虑之萌,而真妄错杂,又有所不乐。行年五十,方且战兢惕厉[45],求为伯玉之知非寡过而未能[46],其于天理真乐,诚然未之有得,故其言之卑陋若是,惟吾兄不鄙其愚,引而置之安乐窝中[47],则幸甚!

【注释】

〔1〕无任:敬语,不胜,非常。悬仰:想念敬慕。

〔2〕动止:举动,行为。

〔3〕砭订:批评纠正。愚惰:笨拙懒惰。

〔4〕曩者:以前。克恭:姓贺,名钦,辽东义州卫人。明成化进士,官户部给事中。静心修身,崇尚理学,拜陈献章为师。

〔5〕"白沙"二句:白沙,陈献章,字公甫,人称白沙先生,广东新会县白沙里人。明景泰二年会试落第,拜江西吴与弼为师,归筑阳春台,读书静坐,十年间不出户,终于悟道。成化二年,复游太学,祭酒邢让惊为真儒复出。成化十九年,授翰林检讨,乞终养归。是广东唯一一位从祀孔庙的硕儒,学贵知疑、独立思考,提倡较为自由开放的学风,逐渐形成一个有自己特点的学派,史称江门学派。定山,庄㫤(chǎng),字孔旸,号木斋,学者称"定山先生",江浦孝义(在今江苏省南京市浦口区东门镇)人。成化二年进士,官翰林检讨,沉潜圣学,与章懋、陈献章都是好友。孔、颜,孔子和颜回。周、程,周敦颐及其门生程颢、程颐。贺克恭信中说,白沙称赞定山修得天理的真乐趣,可是不知那个乐趣是怎样的。

〔6〕过情之誉:表扬超过了实情。

〔7〕有方人之意:方人,批评他人。说有批评他人的意思。

〔8〕辟其非:辟,抨击,批判。

〔9〕率易妄言:轻率发表意见。

〔10〕相妨:相害。

〔11〕"少有"二句:向(一作尚)平,字子平,东汉光武帝建武时人,隐居不仕。儿女男女昏嫁的事既已完毕,就对家人说,家里的事情我不再过问,当如我这个人已死了。同友人北海禽庆遍游五岳名山,最后不知所终。

〔12〕卑吾定山:把定山看低了。卑,贬低。

〔13〕康节:是北宋邵雍的谥号。邵雍,字尧夫,林县(今河南省林州市)人。著名理学家,与周敦颐、张载、程颢、程颐并称"北宋五子"。

〔14〕抑:批评。扬:表扬。

〔15〕"明道曰"三句:程颢,世称"明道先生"。程颢说,邵雍只有诗写得明道理,对于儒学未有发明。

〔16〕侮玩:轻慢戏弄。

〔17〕"谢子"七句:谢子,名良佐,字显道,蔡州上蔡(在今河南省上蔡县)人,人称"上蔡先生"或"谢上蔡"。师从二程,与游酢、吕大临、杨时号称"程门四先生"。创立了上蔡学派,是心学的奠基人,湖湘学派的鼻祖。下学上达,说先通过学习人情事理,而后认识天理法则。批评邵雍说,他只知道天地变迁、万物消长的道理,所以敢于论说大道理。至于"下学上达"的学问,却不去努力,所以差了一等。

〔18〕克己复礼:约束自己,使言行合乎礼节。

〔19〕"博文"二句:知识深广,遵守礼仪,竭尽其才能,那么或许能达到。

〔20〕"是先"三句:康节的说法,是先得圣人的真乐趣,而后再去读书明理。他的话说颠倒了。

〔21〕详味:仔细体味。

〔22〕若仆之愚见:谦指自己的看法。仆,我的谦称。

〔23〕纷扰:纷乱,无头绪。

〔24〕"我欲"句:出《论语·述而》,意思说仁道不远,时在身边。

〔25〕"惟圣人"二句:取意于《易·乾》上九:"其惟圣人乎,知进退存亡而不失其正者,其惟圣人乎!"

〔26〕话说:嘴上说说的事情。

〔27〕"曾点之浴"句:曾点,字晳。孔子问学生今后打算,曾点说:阳春三月,春天礼服已成,与五六个成年人,六七个少年一起在沂水洗浴,在舞雩台上吹风,吟咏诗歌回家。孔子很是欣赏。

〔28〕"康节之击"句:康节有诗集名《击壤集》,都是摹拟咏歌先民太平朴

质生活。

　　〔29〕"床琴"句:舜父母令其下井浚泥,弟象趁机填井害他。舜得脱。象不知,入其室,见舜在弹琴。见《孟子·万章上》。

　　〔30〕"弦歌"句:孔子出游至陈、蔡,遭受陈、蔡的用事大夫围攻,困在野外,粮食断绝,孔子仍然讲学吟诵经书,弦歌不已。

　　〔31〕"饭蔬"句:指颜回生活清苦,粗茶淡饭,居住陋室,而甘贫乐道。

　　〔32〕文行忠信:文、行、忠、信,是孔子的"四教"内容,

　　〔33〕主敬行恕:在孟子,协调君臣关系以敬为主,协调父子关系以恩为主。行恕,恕是自己不想做的事,别强加于他人。行恕,为他人设身处地。

　　〔34〕先难后获:是孔子门生樊迟的话,说修身先从事于克己而后始有收获。

　　〔35〕知止:是说知止足,不会受辱。诚意:出《礼记·大学》,是说令心意真诚。

　　〔36〕平天下:出《礼记·大学》,是说摆平天下的事务。

　　〔37〕洒扫:洒水扫地。应对:回答老师问题。这些都是学生的日常事务,正是通过日常事务接受教育,古人所以"由末致本"。

　　〔38〕穷理:推究事理。尽性:宋明理学家以为性含天理,只有至诚的人才能充分发挥自己本性,令得其所。

　　〔39〕"以诚敬"二句:以真诚恭敬作为入门的路径,以践行工夫作为目标。

　　〔40〕"涵养"二句:是程颐的原话,意思是说,涵养德行要用敬,学问有所进境,就要致知穷理。

　　〔41〕"成就"句:修身工夫往上发展了,更加提高了。

　　〔42〕莽广:广阔无际的样子。

　　〔43〕贺谏议:贺钦曾官陕西右参议,故称。

　　〔44〕省:反省。日用之间:指普通日常生活之间。

　　〔45〕战兢:恐惧发抖。惕(tì)厉:警惕谨慎。

　　〔46〕伯玉:蘧(qú)伯玉,名瑗(yuàn),春秋时期卫国的贤大夫。"寡过而未能":出《论语·宪问》,意思是说"克己"如恐不及的意思。

　　〔47〕安乐窝:安稳快乐之地。邵雍隐居于苏门,名其居为"安乐窝"。

答吴正传书

许　谦

【解题】选自《许白云先生文集》(明成化刻本)。许谦，字白云，东阳人，学者称白云先生。师从兰溪金履祥，传承朱熹理学，是金华"北山四先生"之一。四先生的学问虽说是传承了朱学，但仔细推敲还是有所区别。"四先生"注重践行，将"致知"落实于日常课目，成为修身养性的自觉践行，既避免阔大无实的空疏，又不局限一枝一叶而免于支离破碎，自然是吸取了浙学务实、事功的养分。四先生在尊奉"三立"(立德、立功、立言)的人生目标中，特别关注"立德"，立身行事，强调言行一致，笃实淳正。许谦在这封书信的末尾也说："知与行两事耳。讲问辨诘，朋友之职也。至于自得之妙，力行之功，他人不得与焉，非自勉无所得也。"知，是明理；行，是践行。只"知"而无"行"，则是伪君子。能不能成为真君子，明理固然重要，明理的目标是付于践行，"行"与"知"同样重要。但是"自得之妙，力行之功"，是靠自己努力才能达到。吴师道，字正传，兰溪人。以"持敬"、"致知"之学求教许谦，许谦教以"理一分殊"之旨，造诣益深，成为浙学名儒。

　　大《易》画而人文开，《典》《谟》作而大道著，圣圣相传，至夫子而大明[1]。孟子没，则日以晦矣。濂溪浚其源，程、张疏其流，朱子放而极于海[2]，可谓光前绝后，宜其悠久而无息也。今朱子之书满天下，诵而习之者岂少其人？能升其堂而窥其室[3]，于今几何人哉？去其世若此未远犹且如是，则继今以往，其明晦未可知也。尧、舜之道，孔子集其大成，中虽有晦明，无害也。孔子之道，朱子发其大全，中虽久晦，无害也。今朱子之言满天下，诵而习之者既多，安知不有知朱子如朱子之知孔子者？亦未须预为之忧也。

窃独自悲：抱朱子之书而诵之，若操扁舟，下沧溟，遇风涛而失楫，伥伥乎无所底止，方忧己之不暇，尚敢忧人哉[4]？足下气质清淑[5]，求之于朱子之书，凡所诵言，既已得其要领矣。方且遑遑若有所不足，谆谆若有所求，是不自贵夜光之明，而欲求熠燿之助也[6]。虽然，辱交既深[7]，固知足下之心无不诚而言无不信。来书之云云，盖亦真以为有所未足而欲求之耳。贫而求于富，寡而求于多，固宜矣。

某之才之学不逮于足下远矣，而且以是来，盖将警省其昏懦，鞭驱其驽怯，真不屑之教诲也[8]。奉教以还，三复吟诵，初跃如其喜，且惕然而惧，故迟而不以书对者，有所不敢也[9]。今足下以此为疑，盖深惜暗投其珠耳[10]。姑诵闻之于师者以复足下。

昔文公初登延平之门，务为儱侗宏阔之言[11]，好同而恶异，喜大而耻小，延平皆不之许。既而曰："吾儒之学，所以异于异端者，理一而分殊也。理不患其不一，所难者分殊耳[12]。"朱子感其言，故其精察妙契[13]，著书立言，莫不由此。足下所示程子"涵养须用敬"、"进学在致知"之两言[14]，固学者求道之纲领。然所谓致知，当求其所以知而思得乎知之至，非但奉持"致知"二字而已也，非谓知夫理之一而不必求之于分之殊也[15]。朱子所著书，盖数十万言，巨细精粗，本末隐显，无所不备。方将句而诵，字而求，竭吾之力，唯恐其不至[16]。然则举大纲、弃万目者,几何不为释氏之空谈也[17]?近日学者盖不免此失矣。吾侪其可蹈而为之乎[18]?

抑愚又有所闻:圣贤之学,知与行两事耳[19]。讲问辨诘,朋友之职也。至于自得之妙,力行之功,他人不得与焉,非自勉无所得也[20]。某虽愚钝,然不可谓无志于此。足下于斯两者,涵泳从容,精修力践,旦旦有得,幸明以告我,赐中流之一壶,则感责善之德深矣[21]。

【注释】

〔1〕"大《易》"四句:大《易》,《周易》,因其无所不包,所以称为"大"。画,《易经》卦爻的符号。《典》指《尧典》,《谟》指《大禹谟》,都是《尚书》的篇名,这里代称《尚书》。夫子,指孔子。

〔2〕"濂溪"三句:濂溪,指周敦颐,字茂叔,濂溪是号,道州春陵(今湖南省宁远县)人。浚,疏通。敦颐倡明儒家道学,著《太极图》,"明天理之根源,究万物之终始",开北宋新儒学的先河,所以说"浚其源"。程,指程颢、程颐兄弟二人,都是周敦颐的门生。张,指张载,字子厚,长安人,学古力行,笃志好礼,为关中士人所宗,后称横渠先生。程、张都传承、发挥了周敦颐的学说,所以是"疏其流"。朱子,指朱熹,南宋理学宗师,许谦是朱学第五代传人。放,扩充。意思说,朱学扩充周、程、张的学说而达到了极致,成为集大成,所以说"极于海"。

〔3〕"能升其堂"句:即所谓"登堂入室",学问造诣,深得师传。

〔4〕"抱朱子"七句:抱着朱子的书而诵读它,好似驾着小船在大海上飘荡,遇到风浪而不知该如何摇桨,茫然不知飘往何方,正当为自己发愁,哪有闲暇为他人担忧呢?这是许谦自谦的说法。扁舟,小船。沧溟,大海。楫,划船的木桨。伥(chāng)伥乎,茫然无所适从的样子。

〔5〕清淑:清和、秀美。

〔6〕"方且遑遑"句:遑遑,匆忙而心情不定的样子。谆谆,诚恳的样子。夜光,明珠名,晚上能发光,故名,赞美吴师道学问精湛。熠燿、燐火,鬼火,光微弱的样子,许说比喻自己见识不高,也是自谦说法。

〔7〕辱交:和您交友,会使您羞辱,是古人自谦的套语。

〔8〕"而且"四句:您写信向我求教,大概是让昏懦的我警醒反省,鞭策鼓励驽怯的我,我说的话真是不值得理会的。昏懦,昏庸懦弱。驽怯,笨拙胆小。不屑,不值得理会。

〔9〕"奉教"六句:收到来信后,准备回复,但是再三阅读,惕然担心起来,所以迟迟不回复,是有所顾虑(怕说错话)。惕然,醒悟警觉的样子。

〔10〕"今足下"二句:现在您以我不及时回复而怀疑交情,感到好似明珠暗投,是找错了对象。

〔11〕文公:朱熹。延平:李侗:字愿中,号延平,剑浦(在今福建省南平市)人,传二程之学于朱熹。儱侗:同"笼统",浑然无分别的样子。

〔12〕"吾儒之学"五句:我们儒家的学说,所以区别于"异端"的地方,理只有一个而理所处的位置或路径会有不同。不用担心理不一致,所担心的是位置、路径不一致。

〔13〕妙契:契合神妙无穷。

〔14〕"程子"句:程子,这里似指颐,二语是程颐的说教。涵养,指修身养性,为自己立德功夫。涵养须用敬,说立德修身须以敬畏的态度。进学在致知,求学的目的在于致知明理。

〔15〕"然所谓致知"四句:所说"致知",求其所以"知"的道理,因而想获得"知"的真谛,不是守着"致知"二字而已,不是说明白一个理而不探求理所处位置、路径的种种不同。

〔16〕"方将"四句:句而诵,说一句一句地诵读;字而求,一字一字反复琢磨、推敲。意思说,学习孔、孟之学,认真读原典,从整理到细节,都不能放过。

〔17〕"然则"二句:举大纲,说提纲携领,只把握主要内容。弃万目,指忽略具体细节,如句读字词的意义。朱学主张细读经典,字字落到实处,而被倡导心学的陆九渊斥之为"支离";同样,朱熹也批评陆氏心学"空疏"。这也是朱、陆之学争论的焦点。许谦在这里是站在朱学的立场上对"心学"提出批评。

〔18〕侪(chái):同辈。踵:追随。

〔19〕"抑愚"三句:知,求知,指通过学习而明白事理。行,践行,按照事理去行事。这也就是吕祖谦所说的"明理躬行"、王阳明所说的"知行合一"。

〔20〕"至于"四句:求知需要求助于师友,在师教友诲之下,获得了知识。

但是,获取的"知"如何付之行动,则只能靠自己努力了,跟他人无关。

〔21〕中流之一壶:典出《鹖冠子·学问》:"中流失船,一壶千金。"壶,指葫芦,系之于身,可以不沉而获救。所以后来以"中流一壶",比喻可贵难得。

答李克斋

王　畿

【解题】选自《王门宗旨》卷十三(明万历刻本)。王畿，字汝中，别号龙溪。生于明弘治十一年(1498)，卒于万历十一年(1583)，山阴县(今浙江省绍兴市)人。嘉靖十一年(1532)进士，官至南京兵部武选郎中。是王阳明同郡宗人，师事阳明。阳明病逝，与钱德洪由赴廷试途中折回，迎榇营葬，服心丧三年。嗜于讲学，自两都及吴、楚、闽、越皆有讲舍，历四十余年，传播王学，属"浙中王学"派中坚。王畿以"复性"为宗，以为儒道释三教同一，后人称其"道、释之儒"。在这封答李克斋的书信中也有道、释语，如"灵光"本是佛教语，"宇泰"是道教语，融会于"良知"之义中。李克斋，名邦良，江西丰城人。任衢州太守时，认为"兹往当使衢人皆知其心乎，知其心而民之不悦者鲜矣"，于是把自己真实想法告诉衢民，并得到衢民拥戴，甚有治声，后来衢州士民特为他建造了生祠。王畿也以为君子切戒"诳己诳人"，"欲求取信于天下，须从自家信起"。这大抵是遵循了修己而后及人的圣贤道统。

承兄慰存，痛苦之情[1]，借以少舒，江行亦渐遣释。默默哀苦中，悟得自己只有一点灵光是从生带来的[2]，虽男女至亲，一些子靠不着，况身外种种浮浪长物[3]，尚可藉以长久耶？古人云："非全放下，终难凑泊[4]。"眼前且道放不下的是何物？吾人只在世间讨个完行名色[5]，将一种好意见，拣些好题目，做包裹周旋，讨些便宜[6]，挨过岁月，亦是结果了一生[7]。若要做个千古真豪杰，会须掀翻箩笼[8]，扫空窠臼[9]，彻内彻外，彻骨彻髓，洁洁净净，无些覆藏，无些陪奉，方有个宇泰收功之期[10]。吾人今日之学，欲求取信于天下，须从自家信起。暗室之内，勿谓人可欺，鬼神时时照察，若自己处心积虑，一毫有愧于鬼神，便是自欺。纵使要讨世间便宜，鬼神会能算帐，不由人讨得。鬼神与人，幽明只一理，欺不得己，便是欺不得人。自己信不过，欲求人之信己，譬之身入鲍鱼，而欲求人以芝兰亲就[11]，不可得也。不肖赖天之灵，偶然得个悟入，故深信不疑。以为千古绝学，庶几有在于此，不惜口业[12]，每每与诸公一谈，以尽交修之怀，非不自量也。若不是自己真有个悟入处，虽尽将先师口吻言句一字不差，一一抄誊与人说，只成剩语[13]，诳己诳人[14]，罪过更大，以其无得于己也。诸公果肯信不肖之言不为虚妄，只当听信先师之言一般，还须转个关捩子[15]，默默体悟，方得相应。若只以世间包裹陪奉心肠，便欲承当此件事，譬之懦夫担负九鼎，不待知者而后知其不胜任也。

【注释】

〔1〕慰存：慰劳问候。

〔2〕灵光：原释家语，借指"良知"本性。

〔3〕浮浪：飘忽不定。长物：多余无用的东西。语出《世说新语·德行》。

〔4〕凑泊：凑合。

〔5〕完行：节操完美。名色：角色。

〔6〕包裹：包容。周旋：应对。

〔7〕结果：了结，结束。

〔8〕箩笼：竹制的笼子。

〔9〕窠臼:现成的格式、套路。

〔10〕宇泰:气宇泰然安宁的样子。

〔11〕"身入鲍鱼"句:是说身进入臭鱼堆中而想求人如入芝兰芳香丛中靠近它。鲍鱼,腐臭的鱼。典出《说苑·杂言》。

〔12〕口业:指恶口、妄语,舌端是非。

〔13〕剩语:多余的话语。

〔14〕诳己诳人:骗己骗人。诳(kuáng),欺骗。

〔15〕关捩子:比喻紧要的地方。

时习堂记

许孚远

【解题】选自明刘鳞长《浙学宗传》(明崇祯刻本)。许孚远,字孟中,号敬庵,德清县(在今浙江省湖州市德清市)人。初受学于唐枢。嘉靖四十一年(1562)进士,授南京工部主事,改吏部,调北部。因讲学遭尚书杨博忌妒,称疾归。隆庆初,荐起考功主事,出为广东佥事,累迁右通政。万历二十年,升右佥都御史,巡抚福建。入为南京大理寺卿,迁兵部右侍郎,改左,调北部,未至,被劾,乞休归。其精研理学,聚徒讲学,学宗良知,称阳明正传。以克己为旨,以反身寻究为功。与一时名儒冯从吾、刘宗周、丁元荐友善。著《论语述》《敬和堂集》《大学述》《中庸述》。这篇《时习堂记》作于抚闽之际。全文紧扣"时习"二字,就"学"对于修己的重要性,从正反两方面铺张开去,说肯费"力":"博学之,审问之,慎思之,明辨之,笃行之,五者弗能弗措,人一己百,人十己千"(本《礼记·中庸》);内容"淳":"以纲常为责任,以圣贤为师法,非忠信之言不敢道,非中庸之德不敢行";督促"密":"终日乾乾,斋戒以神明其德";广大无"量":"若无若虚,如覆如载。"而后又从"悦"、"乐"、"愠"三字下手谈学说,悦是"天全而志得",乐是"得天下之英才而教育之,而后可以成吾一体之仁",学无弊端,归于正道,所以不"愠"。全文紧凑,天衣无缝,是一篇极为精采而说理严密的记体文。

不佞孚远抚闽之二年[1]，因怀安废学葺为书院[2]，名之曰共学书院，俾闽士有志于圣贤之学者咸可入也。其明伦堂，易名"时习"，遵先师"学而时习之"之训也。

夫《鲁论》开卷第一义，在此一言，学者靡不童而诵说之矣。及问其所学何事，或茫然不省，亦有语之而不详者。何与？盖天命之性，人为全；人之所以首出乎庶物者，学为大。学非性不因，性非学不尽，性无穷，学亦无穷。孔子所以十五而志学，学之终身而不厌者也。是故学之为父子焉，学之为君臣焉，学之为夫妇焉，学之为长幼焉，学之为朋友焉。故貌非学不恭，言非学不从，视非学不明，听非学不聪，思非学不睿[3]。是故富贵而不学则骄淫，贫贱而不学则志慑[4]，蒙稚而不学则愚，强壮而不学则僻[5]，衰老而不学则耄[6]。学也者不可须臾离也，可离非学也。是故博学之，审问之，慎思之，明辨之，笃行之，五者弗能弗措[7]，人一己百，人十己千[8]，学之如此乎其力也。以纲常为责任[9]，以圣贤为师法，非忠信之言不敢道，非中庸之德不敢行[10]，学之如此乎其淳也。视于无形，听于无声，终日乾乾[11]，斋戒以神明其德，学之如此乎其密也。不矜其能，不伐其功，若无若虚，如覆如载[12]，学之如此乎其量也。学乎学乎，岂易言哉！或作焉，或辍焉，乍明焉，乍蔽焉，总不可以为学。故人必贵于学，学必贵于时习。日新之谓富有，盛德之谓大业，由此其选也。此圣人所以教天下万世为学者之法程也。

然则时习之而说者何？学以复吾之性，则天全而志得，所谓礼义之悦心，犹刍豢之悦口者也[13]。然则朋友而乐者何？性非有我之所得私，必得天下之英才而教育之，而后可以成吾一体之仁也，此其所以乐也，独学不可谓之学也。然则人不知而不愠者何[14]？学以为己而不为人。遇有通塞，性无加损，此其所以不愠也，有愠不得谓之君子也。乐且不愠，乃称纯学，此六经、《语》《孟》所载古之圣贤学问渊源，历历可考也。自虚无寂灭之谈出[15]，以为无所学而学晦。自功利辞章之习胜[16]，学非其学而学离。甚者儒名墨行[17]，变幻恍惚，自以知圣人之学，而其实大相背驰。则学之弊莫大乎是，余窃忧之矣。

嗟乎！道在天下，如日中天，圣训洋洋，万古为则。学不由斯道，如舍康庄而堕坑堑中[18]，弃中国而之四夷也[19]。有志于学者，辨之可以不早辨耶？余故特著其说，以诏闽之多士，所以诏天下之为学者，必时习乎孔子之学而后可也。

【注释】

〔1〕不佞：谦词，犹说不才。抚闽：见本文"解题"。

〔2〕怀安：宋太平兴国间，析闽县，置怀安县。明万历八年，怀安并入侯官县。废学：荒废的校舍。葺：修理。

〔3〕睿(ruì)：明智，通达。

〔4〕慑(shè)：恐惧。

〔5〕僻：邪僻。

〔6〕耄(mào)：年老糊涂。

〔7〕弗能弗措：不能做到就不放弃。措，放弃。

〔8〕人一己百，人十己千：他人用一分力自己用十分，他人用十分力自己更用百倍。

〔9〕纲：三纲，即君纲、父纲、夫纲。常：五常，指仁、义、礼、智、信。

〔10〕中庸之德：中庸是指不偏不倚、公正无私。

〔11〕乾乾：自强不息的样子。

〔12〕如覆如载：如天覆盖，如地载物，形容其博大无量。

〔13〕"所谓礼义"二句：所谓礼义悦于心，好比牛羊肉那样可口。刍豢，指牛羊犬豕等家畜。

〔14〕愠(yùn):生闷气。
〔15〕虚无:指道教。寂灭:指佛教。
〔16〕功利辞章:功利干禄,辞章自溺,特指科举文字。
〔17〕儒名墨行:说名义上是学儒者,而行墨家之道。
〔18〕舍康庄而堕坑堑:抛弃康庄大道不走,而落入沟渠。坑堑,沟壑。
〔19〕四夷:指北狄、西戎、南蛮、东夷四方少数异族。

担当第三

【导语】担当是一种出于道义的自觉行为，也是一种社会责任。浙学先哲们居家行孝悌，出仕仗忠义，多具有勇于担当、舍我其谁的家国情怀和无所畏惧的献身精神。吕祖谦、黄宗羲为保存一代遗献，分别完成《皇朝文鉴》《明文海》大型总集的编纂，毅然承担了传承文化的重任。陈亮一改书生气质，直面危若累卵的南宋王朝局势，力排众议，贡献其富国强兵的嘉谋良策。宋濂处于元末乱世，以一介寒士探古今，究天人，自觉担当起传承弘扬圣学道统的文化责任。尤其在事变突发或天下存亡的危急之际，浙学先哲更是正气凛然，独行其道，真正称得上"富贵不能淫，贫贱不能移，威武不能屈"的大丈夫。方孝孺是其中一位佼佼者，虽遭酷刑，面对夷族的淫威，始终不屈服，未给朱棣即位草诏。于谦、黄尊素、张国维、倪元璐、祁彪佳等，在国家、民族存亡的生死关头，禀持节概风操，凛然不可侵犯。东南地区更有许多无名英烈，毅然自觉地参与到了"国家兴亡,匹夫有责"的行列中。他们是浙学担当精神的忠实践行者,浩然正气,争辉日月;铮铮铁骨,彪炳史册。担当精神是浙学先哲留下的宝贵精神遗产,在当下社会,应该赋予新时代条件下的新内涵,需要继续发扬光大。

中兴论

陈 亮

【解题】选自《陈亮集》卷二(河北教育出版社 2003 年版)。陈亮(1143—1194),字同甫,号龙川,学者称龙川先生,永康(今浙江省金华市永康市)人。才气超迈,好王霸大略,慨然有恢复中原之志。绍熙四年(1193),举进士第一。授签书建康军判官厅公事,未上,病卒。著《龙川文集》。陈亮之学,自成一家,后称永康之学,与东莱之学、永嘉之学并为南宋浙学的开山。陈亮重"事功",以读书经济为事,鄙弃儒生空谈性命。忧国忧民,乾道五年(1169)以布衣上《中兴五论》,陈说中兴大计,希望朝廷"留神政事,励志恢复"。后来,又向朝廷连上四书,进一步发挥《五论》之说,详陈"国家立国之根本"、"天下形势之消长"以及恢复中原良策。陈亮具有强烈的担当意识和家国情怀,自觉地将个人命运和国家兴亡紧密相连结,难能可贵。《中兴论》是《中兴五论》的第一篇,谈说治国大体,谋敌大略,词锋甚锐,沉痛意深,见识卓荦,非书生意气、纸上谈兵者可比。可惜当时宋孝宗虽然赏识其人、其才、其议,却不能任用他,徒使英豪"拍遍栏杆无人会",铸成了一大历史憾事。

臣窃惟海内涂炭,四十余载矣[1]。赤子嗷嗷无告[2],不可以不拯;国家凭陵之耻[3],不可以不雪;陵寝不可以不还,舆地不可以不复[4]。此三尺童子之所共知,曩独畏其强耳。

韩信有言:"能反其道,其强易弱。"[5]况今虏酋庸懦,政令日弛,舍戎狄鞍马之长,而从事中州浮靡之习,君臣之间,日趋怠惰[6]。自古夷狄之强,未有四五十年而无变者,稽之天时,揆之人事[7],当不远矣。不于此时早为之图,纵有他变,何以乘之。万一虏人惩创,更立令主[8];不然,豪杰并起,业归他姓,则南北之患方始。又况南渡已久,中原父老日以殂谢,生长于戎,岂知有我[9]!昔宋文帝欲取河南故地,魏太武以为"我自生发未燥,即知河南是我境土,安得为南朝故地",故文帝既得而复失之[10]。河北诸镇,终唐之世,以奉贼为忠义,狃于其习而时被其恩,力与上国为敌而不自知其为逆[11]。过此以往而不能恢复,则中原之民乌知我之为谁?纵有倍力,功未必半。以俚俗论之,父祖质产于人,子孙不能继赎,更数十年,时事一变,皆自陈于官,认为故产,吾安得言质而复取之!则今日之事,可得而更缓乎!

陛下以神武之资,忧勤侧席[12],慨然有平一天下之志,固已不惑于群议矣。然犹患人心之不同,天时之未顺,贤者私忧而奸者窃笑,是何也?不思所以反其道故也。诚反其道则政化行,政化行则人心同,人心同则天时顺。天不远人,人不自反耳!今宜清中书之务以立大计,重六卿之权以总大纲[13];任贤使能以清官曹,尊老慈幼以厚风俗;减进士以列选能之科,革任子以崇荐举之实[14];多置台谏以肃朝纲,精择监司以清郡邑[15];简法重令以澄其源,崇礼立制以齐其习;立纲目以节浮费,示先务以斥虚文;严政条以覈名实[16],惩吏奸以明赏罚;时简外郡之卒以充禁旅之数,调度总司之赢以佐军旅之储[17];择守令以滋户口,户口繁则财自阜[18];拣将佐以立军政,军政明而兵自强;置大帅以总边陲,委之专而边陲之利自兴;任文武以分边郡,付之久而边郡之守自固;右武事以振国家之势,来敢言以作天子之气;精间谍以得虏人之情,据形势以动中原之心。不出数月,纪纲自定,比及两稔[19],内外自实,人心自同,天时自顺。有所不往,一往而民自归。何者？耳同听而心同服。有所不动,一动而敌自斗。何者？形同趋而势同利。中兴之功,可跂足而须也[20]。

夫攻守之道,必有奇变。形之而敌必从,冲之而敌莫救,禁之而敌不敢动,乖之而敌不知所如往。故我常专而敌常分,敌有穷而我常无穷也。夫奇变之道,虽本乎人谋,而常因乎地形。一纵一横,或长或短,缓急之相形,盈虚之相倾[21],此人谋之所措而奇变之所寓也。今东西弥亘绵数千里,如长蛇之横道,地形适等,无所参错[22],攻守之道,无他奇变。今朝廷鉴守江之弊,大城两淮[23],虑非不深也,能保吾城之卒守乎？故不若为术以乖其所之。至论进取之道,必先东举齐,西举秦,则大江之南,长淮以北,固吾腹中物[24]。齐、秦诚天下之两臂也,奈虏人以为天设之险而固守之乎！故必有批亢捣虚,形格势禁之道[25]。

窃尝观天下之大势矣。襄汉者[26],敌人之所缓,今日之所当有事也。控引京洛,侧睨淮蔡,包括荆楚,襟带吴蜀[27]。沃野千里,可耕可守;地形四通,可左可右。今诚命一重臣,德望素著、谋谟明审者,镇抚荆襄,辑和军民;开布大信,不争小利;谨择守宰,省刑薄敛;进城要险,大建屯田[28]。荆楚奇才剑客自昔称雄,徐行召募,以实军籍。民俗剽悍,听于农隙时讲武艺。襄阳既为重镇,而均、随、信阳及光、黄,一切用艺祖委任边将之法[29],给以州兵而更使自募,与以州赋而纵其自用。使之养士足以得死力,用间足以得敌情;兵虽少而众建其助,官虽轻而重假其权。列城相援,比邻相和;养锐以伺,触机而发。

  一旦狂虏玩故习常,来犯江淮,则荆襄之师率诸军进讨,袭有唐、邓诸州,见兵于颍、蔡之间,示必截其后[30]。因命诸州转城进筑,如三受降城法[31],依吴军故城为蔡州,使唐、邓相距各二百里,并桐柏山以为固[32]。扬兵搞垒,增陂深堑,招集土豪,千家一堡,兴杂耕之利,为久驻之基。敌来则婴城固守,出奇制变,敌去则列城相应,首尾如一。精间谍,明斥堠,诸军进屯光、黄、安、随、襄、郢之间[33],前为诸州之援,后依屯田之利。

  朝廷徙都建业,筑行宫于武昌,大驾时一巡幸[34]。虏知吾意在京洛,则京、洛、陈、许、汝、郑之备当日增[35],而东西之势分矣。东西之势分,则齐、秦之间可乘矣。四川之帅亲率大军以待凤翔之虏,别命骁将出祁山以截陇右,偏将由子午以窥长安,金、房、开、达之师,入武关以镇三辅[36],则秦地可谋矣。命山东之归正者,往说豪杰,阴为内应,舟师繇海道以捣其脊,彼方支吾奔走,而大军两道并进以摁其胸,则齐地可谋矣[37]。吾虽示形于唐、邓、上蔡而不再谋进,坐为东西形援,势如猿臂,彼将愈疑吾之有意京洛。特持重以示不进,则京洛之备愈专,而吾必得志于齐、秦矣。

  抚定齐、秦,则京洛将安往哉?此所谓批亢捣虚,形格势禁之道也。就使吾未为东西之举,彼必不敢离京洛而轻犯江淮,亦可谓乖其所之也。又使其合力以压唐、蔡,则淮西之师起而禁其东,金、房、开、达之师起而禁其西,变化形敌,多方牵制,而权始在我矣。然荆襄之师,必得纯意于国家而无贪功生事之心者而后付之[38]。平居无事,则欲开诚布信,以攻敌心;一旦进取,则欲见便择利而止,以禁敌势;东西之师有功,则欲制驭诸将,持重不进,以分敌形。此非陆抗、羊祜之徒[39],孰能为之!

夫伐国,大事也。昔人以为譬拔小儿之齿,必以渐摇撼之。一拔得齿,必且损儿。今欲竭东南之力,成大举之势,臣恐进取未必得志,得地未必能守,邂逅不如意,则吾之根本撼矣[40]。此岂谋国万全之道?臣故曰:攻守之间,必有奇变。

臣谀人也[41],何足以明天下之大计。姑疏愚虑之崖略,曰《中兴论》,唯陛下财幸[42]。

【注释】

〔1〕"臣窃"二句:言自靖康之变,宋室南渡,已四十余年。涂炭,喻困苦境地。四十余载,自靖康之变计起,至乾道五年,前后四十余年。

〔2〕嗷嗷:愁怨声。

〔3〕国家凭陵之耻:谓靖康二年,金兵下汴京,徽、钦二帝掳北。凭陵:侵辱。

〔4〕"陵寝"二句:言收复失地。陵寝,帝王陵墓,和宗庙俱为国家象征。北宋皇陵在河南巩义,自赵匡胤以下北宋七帝及赵匡胤之父赵弘殷皆葬此,通称"七帝八陵"。舆地,大地,借指疆土。

〔5〕"韩信有言"三句:韩信,淮阴人。善用兵,自楚归汉,拜大将军,累功封齐王,与萧何、张良并为"汉初三杰"。这里是用韩信的话来激励宋孝宗。

〔6〕"况今虏酋庸懦"六句:虏酋,指金世宗完颜雍。南宋士民痛恨金人侵凌,鄙斥金国完颜氏政权"庸懦",君臣"日趋怠惰"。鞍马之长,谓善于征战。浮靡之习,谓习于安逸。

〔7〕稽之天时:考历数,验星象。稽,考查。揆之人事:揆,测度。人事,人心事理。

〔8〕"万一"二句:金人如以"庸懦"为戒,另立贤明之主,则我方失去恢复良机。惩创,惩戒。令主,贤主。

〔9〕"又况南渡已久"四句:忧时日已久,中原民心不复系于赵宋。中原父老,即中原遗民。殂谢,去世。

〔10〕"昔宋文帝"三句:宋文帝,指南朝刘义隆。魏太武帝,指北朝拓跋

燕。宋文帝三度出师北伐,无功而返。元嘉二十七年北伐失利,北魏乘机南下,兵至瓜步。"我自生发未燥"三句,语出《宋书·索虏传》:"先遣殿中将军田奇衔命告焘:'河南旧是宋土,中为彼所侵,今当修复旧境,不关河北。'焘大怒,谓奇曰:'我生头发未燥,便闻河南是我家地,此岂可得河南?必进军,今权当敛戍相避,须冬行地净,河冰合,自更取之。'"

〔11〕"河北诸镇"五句:按《旧唐书·朱泚传》,河北诸镇及幽州自天宝末,便为逆乱之地。五代时,河北诸镇更为逆乱。石敬瑭起兵反后唐,割幽云之地,乞援于契丹,建国号晋,臣事契丹,自称"儿皇帝"。狃于其习,狃习,谓习以为常。上国,中国。

〔12〕侧席:不正坐,谦恭以待贤者。

〔13〕中书:中书省,相当于丞相府。六卿:指吏、户、礼、兵、刑、工六部。

〔14〕任子:因父兄功绩,保任授予官职。

〔15〕台谏:专司纠弹御史为台官,职掌建言给事中、谏议大夫为谏官,合称台谏。监司:负责监察的地方官吏。宋代转运使、转运副使、转运判官、提点刑狱、提举常平皆有监察官吏之责,统称监司。

〔16〕政条:犹政令。

〔17〕禁旅:禁军。总司:谓各军队最高主官。

〔18〕阜:富有。

〔19〕两稔:稔,年。

〔20〕跂足而须:须,等待。

〔21〕一纵一横:言分合。或长或短:言优劣。相形:即相较。相倾:谓相立。

〔22〕弥亘:亘延。适等:齐等。

〔23〕守江之弊:前代倚长江天险为守计,终不能守。大城两淮:南宋朝廷鉴取前代固守长江之弊,以两淮为外城。大城,外城。两淮,淮东、淮西。宋熙宁后,淮南路分东、西二路,简称淮东、淮西,合称两淮。

〔24〕东举齐:东取山东之地。西举秦:西取关中之地。举,克。"江"疑当作"河",大河即黄河。长淮:淮河。

〔25〕批亢捣虚:喻抓住要害,乘虚而入。批,击打。亢,咽喉。捣,攻击。虚,空虚。形格势禁:事形相格,其势自止。格,止。

〔26〕襄汉:襄水、汉水,借指荆襄之地,在今湖北省。

〔27〕控引：犹贯通。京洛：汴京、洛阳，在今河南省。侧睨：斜视。淮蔡：淮西蔡州，在今河南省南部。包括：包举，统括。荆楚：楚地，在今湖北省。吴蜀：三国时东吴、蜀汉与曹魏并立，后世借指吴、蜀旧地。

〔28〕进城：犹进壁，进筑城池。屯田：利用戍卒、百姓垦殖荒地，充实军饷、税粮。

〔29〕均、随、信阳及光、黄：均州、随州、信阳军、光州、黄州。艺祖：谓宋太祖赵匡胤。

〔30〕狂房：丑诋金人之称。玩故习常：因循旧习。唐、邓：唐州、邓州，北宋属京西南路。颍、蔡：颍昌府、蔡州，北宋属京西北路。都在今河南省。

〔31〕三受降城：即受降城，又称三降城，在河套北岸，共西、中、东三城。

〔32〕吴军故城：淮西节度使治所。桐柏山：在南阳市桐柏县南一里。

〔33〕斥堠：即斥候，侦察敌情。光、黄、安、随、襄、郢：光州、黄州、安丰军、随州、襄阳、郢州。

〔34〕建业：南京旧称，始于孙吴，宋称金陵。

〔35〕京、洛、陈、许、汝、郑：汴京、洛阳、陈州、许州、汝州、郑州。

〔36〕凤翔：宋凤翔府，属秦凤路，在今陕西省。祁山：在今陕西省西和县西北七里。子午：子午关，在子午谷中，在今陕西省秦岭山区。长安：即西安，宋称京兆府。金、房、开、达：金州、房州、开州、达州。武关：在宋京兆府商州东一百八十里，在今陕西省东南部。三辅：汉景帝间，左、右内史与主爵中尉同治长安城中，所辖皆京畿之地，合称"三辅"。

〔37〕归正：宋时称由外邦而返归本朝，后世沿之。捣其脊：与下之"揕其胸"并用，即捣背、揕胸，分喻背击与正袭。捣、揕(zhèn)，攻击。支吾：应付。

〔38〕纯意于国家：犹精忠报国。纯意，一心一意。贪功生事：贪功，贪求功利。生事，制造纠纷。

〔39〕陆抗：三国时孙吴名将，字幼节，吴郡吴县(今江苏省苏州市)人。累迁镇军大将军，与父并称"逊抗"。羊祜：字叔子，泰山南城(今山东省新泰市)人。晋欲兴兵灭吴，命羊祜镇襄阳，都督荆州诸军事。

〔40〕"夫伐国"十二句：以拔小儿齿比喻讨伐金人之法，语出苏轼《东坡志林》。邂逅，偶然。

〔41〕谀(xiǎo)人：即谀才，谓不才，自谦之辞。

〔42〕崖略：大概。财幸：裁取为幸。财，通"裁"。

109

铨　选

叶　适

【解题】选自叶适《水心别集》（中华书局1961年版）。叶适其人，已见《务实第一·上宁宗皇帝札子》"解题"。叶适是南宋"事功"之学的集大成者。其学得力于薛季宣、陈傅良和吕祖谦为多，以经制言事功，既求致道成德，又切于日用。学者称永嘉之学，与朱熹、陆九渊二派鼎足并立。叶适关心政治时事，面对南宋残局，视振兴救弊、富国强兵为己任，集中谈说宋政弊端及其疗救方法，至为详备。《铨选》《资格》《科举》《学校》《新书》《吏胥》《国本》《民事》《财计》等系列策论，针对时弊而发，起到了发聋振聩的作用，足以振刷浮靡，资补政事。清末李春和《水心先生别集序》云："岂徒以救宋之弊哉！士之有志经世者，诚能熟复而精择之，上观宋政，以通之时务。"这里选《铨选》一篇，专论朝廷选拔人才问题，不但纵横博辨，文笔奇伟，更见其经世之志。文中针对当时朝廷用人的种种弊端，发抒己见，无疑是一剂极好的良药，体现了叶适身处江湖而心系朝廷的担当精神。

　　何谓铨选之害[1]？甄别有序，黜陟不失者[2]，朝廷之要务也。故自一命以上[3]，皆欲用天下之所谓贤者，而不以便其不肖者之人。窃怪人主之立法，常为不肖者之地，而消靡其贤才以俱入于不肖而已[4]。而其官最要，其害最甚者，铨选也。

吏部者,朝廷喉舌之处也;尚书、侍郎者,天子贵近之臣也[5]。处之以其地,任之以其官,与之以天下士大夫甄别、黜陟之柄,而乃立法以付之,曰"吾一毫不汝信也,汝一毫不自信也"。其人之贤否,其事之罪功,其地之远近,其资之先后,其禄之厚薄,其阙之多少[6],则曰"是一切有法矣"。天下法度之至详,曲折诘难之至多,士大夫不能一举措手足,不待刑罚而自畏者,顾无甚于铨选之法也。呜呼!与人以官,赋人以禄,生民之命由此而出矣。使加之意,天下不于此乎望治,风俗不于此乎求厚,人才不于此乎责实,而将安所取之?奈何举天下之大柄,而自束缚蔽蒙之,尘坌蠹折[7],乃为天下大弊之源乎!

虽然,是几百年于是矣,其相承者非一人之故矣。学士大夫,勤身苦力,诵说孔、孟,传道先王,未尝不知所谓治道者非若今日之法度也。及其一旦之为是官,噤舌拱手,四顾吏胥,以问其所尝知之法令。吏胥上下其手以视之[8],其人亦抗然自言曰:"吾有司也,固当守此法而已。"嗟夫!岂其人之本若是陋哉!陛下有是名器,为鼓舞群动之具,与夺进退以叙天下[9],何忍袭数百年之弊端,汩没于区区坏烂之法,以消靡天下之人才,而甘心以便其不肖!如此,则治道安从出,而治功安从见哉?况自唐中世以前,吏部用人之意犹有可考。今之所循者,乃其衰乱之余弊耳。百王之常道,不容于陛下而不复也。

夫曰私,曰偏,曰怨,曰谤,曰动众,曰招权,此末世之庸人所以恐喝其上,而疑坏治道于将兴之时者也[10]。陛下深考昔人之已行,毅然不惑于众,因今之铨选,一二人而付之。盖今之大臣与人以堂除者[11],乃昔日铨选常行之事;大臣不知

111

其职任有大于此,而止以堂除为宰相之大权。堂除为宰相之大权,则无怪铨选为奉行文书之地也。使今日铨选得稍稍自用,若堂除之选尽归铨部,然后大臣知职位,而铨选亦能少助朝廷用人,尚书、侍郎者不虚设矣。

【注释】

〔1〕铨选:选材授官。宋初吏部铨选官员,仅限州、县官及幕官。文官少卿、监以上,中书主之,京朝官员由审官院主之。元丰改制,文官铨选权归吏部。

〔2〕甄别:审察选择。黜陟:官吏升降。

〔3〕一命:命,谓除命。

〔4〕消靡:削磨。不肖:不成材。

〔5〕尚书、侍郎:吏部之长为尚书,侍郎次之,下设郎中、员外郎诸从官。贵近:显贵、亲近。

〔6〕贤否(pǐ):人品的贤恶。罪功:为政的功过。远近:仕宦的远近。先后:资历的先后。厚薄:奉禄的厚薄。多少:阙位的多少。

〔7〕尘坌(bèn)蠹折:喻遗弃毁坏。尘坌,灰尘聚积。蠹折,蛀蚀折毁。

〔8〕上下其手:喻玩弄手段。语出《左传·襄公二十六年》。

〔9〕名器:名贵器物,此指铨选。与夺进退:与夺,封赠与削夺。进退,进贤与退劣。叙天下:叙次天下,犹言治世。

〔10〕偏:偏袒。怨:嫌怨。谤:谤毁。动众:动摇民心。招权:弄权。恐喝:恫吓威胁。疑坏:惑疑破坏。

〔11〕堂除:宋制,京官、选人一般由吏部选差,勋劳特著者得由政事堂直接奏注差遣,称"堂除"。

叶伯巨郑士利传

方孝孺

【解题】选自方孝孺《逊志斋集》(明正德十五年顾璘刻本)。方孝孺(1357—1402),字希直,一字希古,学者称正学先生,宁海人。从学宋濂,贯通经史百家、理学渊源。"岂知万毛牛,难媲一角麟。"(宋濂《送方生还宁海》)他是宋濂最看中的学术传人。洪武二十五年(1392),授汉中府学教授。蜀献王延为宾师。建文即位,召为翰林博士,寻进侍讲,礼遇甚隆。建文四年(1402),朱棣靖难兵下金陵,召草即位诏,不屈死。著有《逊志斋集》《三礼考注》等。方孝孺承继浙学之统,为明代大儒,文章与宋濂并称,为明文大家,而其忠义之气,彪炳后世,数百年来,为人所重。洪武间,朱元璋刚愎自专,求治太速,用法严酷。孝孺虽在草野,但心系朝廷,作《深虑论》等系列策论。《叶伯巨郑士利传》一篇,写宁海叶伯巨、郑士利二人冒犯朝廷而遭不测的故事。洪武九年(1376),朱元璋以星变下诏求直言。伯居上《万言书》,列举天下三大弊事:分封太侈、求治太急、用刑太烦。触怒了朱元璋,被逮而致瘐死。郑士利上书力争空印等事,身受服苦役的惩罚。孝孺深感叶、郑二人遭遇,一方面是针砭时政苛暴,有伤仁慈之体,另一方面表彰二位同乡铮铮硬骨气。明知凶多吉少,仍然据理行实,冒死直谏,体现了浙学先贤一身浩然正气,不屈不挠,为探求真理而勇于献身的气概。

叶伯巨,字居升,宁海东苍里人也[1]。好读书,年二十余,有名于乡党,选为县学弟子员[2]。善说礼,凡朋友有昏丧,必礼相之[3]。为人耿介,不能藏人短,见人不善,立折之,不顾其喜怒。人知其无它,终亦不恨也。以年长通经术,升入太学。未久,诏诸生分教河北子弟。伯巨得平遥县,待诸生如子,诸生亦爱之如父兄[4]。

洪武九年星变,下诏求言[5]。伯巨曰:"今天下有三事最切,其二事易见而为患小,其一事难知而为患大。此三者积于吾心久矣,纵不求,吾犹将言之,况有明诏乎?"即为书言三事,曰分封太侈也,求治太急也,用刑太烦也。今四方平矣,民庶思治矣,而不务以宽厚御之,视诛杀人如灭蝼蚁,使民不获安息,欲以图治,难矣夫!图治于乱世之余,犹理丝于棼乱之后[6],缓之则端绪可得,欲速则胶结而不可理[7]。今病民之不安,奸邪不止,朝夕异令,赏罚不准,君劳于上,臣困于下,治乌可致乎?此二者人皆知其不可,然非败之根也。所谓分封太侈者,天子畿内,地止千里,而燕、秦、晋、楚逾千里之国,以封年少未达事之王[8]。无事则易骄佚,有事则易为僭乱[9]。此人所未知,而臣所谓为患难见者也。其语皆切直,上大怒曰:"小子乃何敢疏间吾家骨肉[10],我见之且心愤,况使吾儿见之耶!速取以来,吾将手射之,而啖其肉耳[11]。"伯巨至,丞相乘上喜,乃敢奏。诏系刑曹问状,瘐死狱中[12]。

其同时言事有郑士利。士利字好义,亦宁海人。尝为县诸生,其兄士原,以儒荐为河南怀庆府同知,迁湖广按察司佥事[13]。士利因告于师,去侍其兄,游学有名。洪武九年,天下考校钱谷、策书,空印事起,凡主印吏及署字有名者,皆逮系御史狱,狱凡数百人[14]。士利兄亦以河南时空印系狱中。

天子方怒空印事,以为欺罔,行省言臣二十余辈,守令署印者,皆欲置之死,佐贰以下榜一百,免死,为军远方。丞相、大夫皆知空印者无它,罪可恕,莫敢谏。

士利独叹曰:"上不知,以为空印大罪,诚得人言之,上圣明,宁有不悟?"怀欲言之,适星变求言,士利曰可矣。既而读诏,有假公言私者罪之。久之,士利曰:"吾所欲言者,为天子杀无罪,为可痛耳。吾兄非主印者,固当出,需吾兄杖出乃言。言,吾死不恨。"其兄免死出,士利乃为书数千言,言数事,而于空印事最详。其意以为,诚欲深罪空印者,恐奸吏得挟空印纸为文移以虐民耳。臣以为文移必完印乃可[15]。今考校策书,合两缝印,非一印一纸之比,纵得之,亦不足用,况不可得乎?且钱谷之数,府必合于省,省必合于户部。其数诚不可悬断预决[16],必至户部而后定。省、府远者,去户部六七千里,近者三四千里,待策书既成而后用印,则往来之难,非期年不可至。故必先用印而后书,此权宜之务,所从来远矣,何足深罪?且国家诸法,必明示之天下,而后罪犯法者,以其知其不可而故犯之也。自立国以至于今,未尝有空印之律,有司、丞相不知其罪。今一旦捕而诛之,则何以使受诛者甘心而无词乎?朝廷求贤士,而置之庶位,得之甚难。位至于郡守者,皆数十年所成就。通达廉明之士,非如草菅然可刈而复生也[17]。陛下奈何以不足罪之罪,而坏足用之才乎?臣窃为陛下痛惜之。

其书既成,欲上者数矣而未决。每归逆旅,则闭门俯首而泣。泣数日,其兄子侍行者疑而问之曰:"何所苦乎?"士利曰:"吾有所自耳。我以触天子怒,必受祸。然杀我活余人,我更何恨!"遂持书诣丞相府。士利短小,容貌如常人,见丞相,礼颇倨[18]。丞相问何书,士利曰:"吾将为天子言之,丞相何问也?"丞相因御史大夫入奏。上览书大怒,诏丞相、大夫杂问谁教若为[19],必有主谋者。士利笑曰:"顾吾书可用与否如何耳。且吾业既为国家言事,自分受祸,人谁为我谋乎?"辞卒不屈,然犹输作终身,而竟杀空印者[20]。

【注释】

[1]宁海东苍里:宁海县,明属台州府。东苍里:宁海县东七十五里有黄公渡,其北为东苍,其东为西洲。叶伯巨为宋季名相叶梦鼎四世孙,世居东苍里。

[2]乡党:乡里。县学弟子员:县学生。

[3]礼相:司赞礼仪。

[4]平遥县:在山西汾州。

[5]"洪武九年星变"二句:洪武九年五月,金木水火土五大行星不遵固有行度,古人星变预示将有灾祸降临。朱元璋以天象异变,下诏征求臣僚直言,于是叶伯巨上《万言书》。

[6]理丝于棼乱:理丝:即治丝。棼乱,找不丝有头绪,越理越乱。典出《左传·隐公四年》。

[7]端绪:丝头的一束。胶结:解不开。

[8]燕、秦、晋、楚:洪武三年四月,朱元璋封第二子朱樉为秦王,三子朱㭎为晋王,四子朱棣为燕王,六子朱桢为楚王。达事:经事。

[9]骄佚:骄奢安逸。僭(jiàn)乱:犯上作乱。

[10]疏间:离间。

[11]啖其肉:食其肉,极言痛恨。语本《左传·襄公二十一年》。啖,吞食。

[12]问状:审讯。瘐(yǔ)死:因犯因受刑或疾病、饥寒死于狱中。

[13]士原:亦写作"士元",字好仁。性刚直,学问博洽。游宦所至,有能声。空印案起,士原被诬,输作江浦。翌年,徙仪真。又三年,徙京师。以不胜劳累死。怀庆府同知:同知,谓同知府事,府中的副职。按察司佥事:明代官制,按察使司设佥事,辅佐按察使,分领各项事务。

[14]钱谷:谓赋税。策书:谓簿书,官府文书簿册。空印事:即空印案。

洪武初,旧例每岁,布政司、府、州、县吏诣户部核钱粮军需诸事,以道远,预持空印文书,遇部驳即改。朱元璋疑其中有奸诈,兴空印案,主印者死罪,佐贰以下榜一百,充军戍边。

〔15〕文移:文书公移。

〔16〕悬断:凭空臆断。

〔17〕草菅(jiān):野草。刈(yì):收割。

〔18〕倨:倨傲,不逊。此赞士利见达贵不卑。

〔19〕杂问:犹会审。

〔20〕输作:罚作劳役。

奏闻宸濠伪作檄榜疏 十四年七月初五日[1]

王守仁

【解题】选自《阳明全集别录》卷四(明隆庆六年刻本)。王阳明早年闻朱子"格物致知"之说,笃志于学。后来贬龙场驿,端居澄默,悟"圣人之道,吾心自足"之理,倡"知行合一"、"致良知"之说,学者称阳明心学。门人遍天下,士人传习,各述所得,至其末流,不免空谈。王阳明一生道学、功业、文章并举,被称为具备"三立"(立德、立功、立言)的完人。其功业以平定朱宸濠之乱为最著。宸濠图谋不轨,南昌起叛。阳明上疏告变,移檄列郡,聚兵勤王。初以兵未集,忧宸濠之兵速出,使计诈称大兵将至。宸濠内疑十余日,乃悟阳明欺之,率众袭九江、南康,进围安庆。阳明兵已集,率兵破南昌。宸濠回兵解围自救。阳明率师与大战,擒宸濠。王世贞合刘基、于谦、王阳明三人撰为《浙三大功臣传》,又作《浙三大功臣赞》,将阳明比作西汉的周亚夫。这篇《奏闻宸濠伪作檄榜疏》是正德十四年所上奏疏,陈说当时政局乱象,末段提出"多难兴邦,殷忧启圣",直谏正德帝"痛自刻责,易辙改弦"、"罢出奸谀"、"绝迹巡游"、"定立国本,励精求治",传诵尤广,尽见其竭思报国、勇于担当的精神。

　　正德十四年七月初一日,据吉安府知府伍文定申准,领哨通判杨旸、千户萧英在于墨潭地方捉获宁府赍檄榜官赵承芳等十二员名,解送到臣[2]。看得檄榜妄言惑众,讥讪主上[3],当即毁裂。又以事合闻奏,随即固封以进。

审据赵承芳,供系南昌府学教授。六月十三日,宁府生日。次日,各官谢宴,突起反谋,杀死孙都御史、许副使,囚死黄参议、马主事,其余大小职官胁从不遂者,俱被监禁,追夺印信,放囚劫库,邀截兑米,分遣通寇,四散摽掠,声言要取南京,就往北京[4]。十六日,亲出城外,迎取安福县举人刘养正。十七日,近取致仕都御史李士实,皆入府内,号称军师、太师名目[5]。二十一日,将原禁各官放回各司,差人看守。二十二日,令承芳并参政季敩代赍伪檄榜文,赴丰城、吉安、赣州、南安,并王都御史及广东南雄等处,俱各不写正德年号,止称大明己卯岁[6]。比承芳等不合怕死,及因妻子被拘,旗校管押,只得依听,赍至墨潭地方,蒙本院防哨官兵将承芳等拿获[7]。

随审季敩,供系先任南安府知府,近升广西参政。装带家小,由水路赴任,行至省城内,适遇宁王生日,传令庆贺。次日随众谢宴,变起仓卒,俱被监禁。比敩自分死国,因妻女在船,写书令妻要死夫,女要死母,后因看守愈严,求死不遂。至二十一日,放回本船,懵死良久方甦[8]。二十二日,又将妻女拘执,急呼敩进府,将前伪檄榜,差旗校十二人,督押敩与承芳代赍。敩计欲投赴军门,脱身报效,不期官兵执送前来等因。

案照先为飞报地方谋反重情事,已经二次差人具奏去后,今审据前因,参照宁王不守藩服,敢此称乱,睥睨神器,指斥乘舆,擅杀大臣,放囚劫库,稔不悛之罪,犯无将之诛[9]。致仕都御史李士实,恩遇四朝,实托心膂[10];举人刘养正,旧假恬退之名[11],新叨录用之典。今皆反面事雠,为之出谋发虑,既同狗彘之行,难逃斧钺之诛[12]。参政季敩、教授赵承芳,义未决于舍生,令已承于捧檄,但暴虐之威恐动于中,鹰犬之徒铃制于外^[13]，在法固所当罪，据情亦有可悯。除将赵承芳、季敩监禁，一面檄召兵民，随机应变，竭力讨贼，一应事宜，陆续奏闻处置外。

  臣闻多难兴邦，殷忧启圣^[14]。陛下在位一十四年，屡经变难，民心骚动，尚尔巡游不已，致使宗室谋动干戈，冀窃大宝^[15]。且今天下之觊觎，岂特一宁王？天下之奸雄，岂特在宗室？言念及此，懔骨寒心。昔汉武帝有轮台之悔，而天下向治^[16]；唐德宗下奉天之诏，而士民感泣^[17]。伏望皇上，痛自刻责，易辙改弦。罢出奸谀，以回天下豪杰之心；绝迹巡游，以杜天下奸雄之望。定立国本^[19]，励精求治，则太平尚有可图，群臣不胜幸甚！为此具本，并将伪檄一纸封固，专差舍人秦沛亲赍^[19]，谨题请旨。

【注释】

〔1〕宸濠：朱宸濠，宁献王朱权曾孙，弘治间袭封宁王。正德十四年自南昌叛，王阳明剿平之。檄榜：正德十四年六月，宁王起兵，以李士实、刘养正为左、右丞相。士实、养正造檄榜，指斥正德帝无道失德、血胤不正。

〔2〕正德：明武宗朱厚照年号。伍文定：字时泰，松滋人。正德中，由河南知府调知吉安府。宸濠反，文定迎王阳明入城，协谋讨叛，身先士卒，擢江西按察使，累官兵部尚书。领哨：领兵防哨。通判：明代各府设通判，分掌粮运、农田水利等事务。杨昉：杨荣曾孙，福建建安人。时官吉安通判。千户：千夫之长。明代设千户所，千户为一所长官，驻重要府、州。萧英：吉水人，时官吉安千户。墨潭：在吉水县南十里，水深黑，故名。或云秋水澄澈，下见合抱大木，又名木潭。宁府：宁王府。赵承芳：正德间官南昌府学教授。

〔3〕讥讪：讥刺讪笑。

〔4〕"六月十三日"十六句：正德十四年六月，宸濠宣言于众：孝宗为李广所误抱养民间子。太后有旨，令起兵讨贼，共伸大义。右副都御史孙燧、江西按察副使许逵不屈被杀。宸濠劫镇巡诸司，御史王金、公差主事马思聪、参政陈杲、刘斐、参议许效廉、黄宏、都指挥许清等皆在系，马思聪、黄宏不食死。孙

都御史,孙燧,字德成,余姚人。时官右副都御史,巡抚江西。许副使,许逵,字汝登,固始人。时官江西按察副使。黄参议,黄宏,字德裕,鄞人。时官迁江西行省左参议。马主事,马思聪,字懋闻,莆田人。时以南京户部主事督粮江西,驻安仁。系狱不屈,绝食六日死。兑米,兑运。明代漕运方式之一,由官军代运漕粮,百姓付予路费和耗米。遒寇,流寇。

〔5〕"十六日"七句:宸濠既反,伪置官属,迎李士实为太师,迎刘养正为国师。刘养正,字子吉,安福人。李士实,字若虚,南昌新建人。二人俱以附宸濠叛被诛。

〔6〕季敩:字彦文,瑞安人。时以功升广西左参政。道出南昌,值宸濠叛,胁赍檄榜至吉安。阳明为请于朝,得释还籍。丰城:洪武九年,改富州为丰城县,隶南昌府。此借指南昌。吉安、赣州、南安:与南昌皆江西大府。王都御史:谓王阳明。己卯:即正德十四年。

〔7〕妻子:谓家人。旗校:官旗校尉。本院:按院。明代巡按御史又称按院。

〔8〕懵死:犹昏迷。

〔9〕藩服:古时分王畿以外之地为九服,封国离王畿远者称藩服。神器:玺、鼎一类象征国家权力之物,借指帝位。乘舆:帝王乘坐车舆,借指帝王。稔:积成,酿成。不韪:不善,大恶。无将:心存谋逆,将,良善。

〔10〕"恩遇四朝"二句:李士实为天顺六年举人,成化二年进士,正德八年致仕,身经天顺、成化、弘治、正德四朝,历仕右副都御史、刑部右侍郎、右都御史等职。心膂,心与脊骨,喻亲近之人,担当要职。

〔11〕恬退:淡于名利,安于退隐。

〔12〕狗彘之行:喻无耻之行。狗彘,猪狗。斧钺之诛:斧钺,用于斩刑。

〔13〕义未决于舍生:用《孟子·告子上》语,言未能舍生取义。钤制:犹钳制。

〔14〕多难兴邦:国家多难,可激励人心,奋发图强。语本《左传·昭公四年》。殷忧启圣:忧患深切,可启发圣明。语本刘琨《劝进表》。

〔15〕"陛下在位"六句:正德帝贪于嬉游,荒淫失德,宠信宦官刘瑾、张永等"八虎",朝政紊乱。正德五年,安化王朱寘镭反宁夏。既诛刘瑾,又有刘六、刘七、齐彦名等变乱。正德帝犹巡游不已,以致宁王觊觎帝位。大宝,皇帝之位。

〔16〕轮台之悔:轮台在今新疆轮台南。汉武帝刘彻遣兵北伐匈奴,灭轮台国。后来深悔用兵扰劳天下,致国力大损,下《轮台罪己诏》。

〔17〕"唐德宗"二句:大历十四年,藩镇叛乱,长安失守,唐德宗出逃奉天,痛自刻责,改元兴元,颁《罪己大赦诏》。士卒感泣,后平息祸乱。

〔18〕国本:立国之本。

〔19〕舍人秦沛:中书舍人秦沛,生平无考。

劾奏逆阉魏忠贤疏

黄尊素

【解题】选自黄尊素《黄忠端公集》(清康熙十五年许三礼刻本)。黄尊素字真长,余姚人。明天启年间,宦官魏忠贤用事,群小比附,政局飘摇欲坠。黄尊素与杨涟、左光斗、赵南星、魏大中等激扬讽议,阉党衔恨入骨,兴大狱,残害忠良。天启六年(1626),逮黄尊素、高攀龙、周顺昌、周起元、周宗建、缪昌期、李应昇等七人,攀龙投水死,余六子相继死于狱,并称"天启七君子"。明末东林正士以担当自任,为国家社稷,前仆后继,视死如归。天启三年,尊素疏请召还刘宗周、曹于汴、邹元标、冯从吾等人。上《灾异陈十失劾奏魏忠贤客氏疏》,直斥阉党乱政。又上《谏廷杖万工部璟劾阉人魏忠贤疏》,披肝沥胆,无所顾忌。既下诏狱,拷掠备至,竟死于狱中。崇祯初,黄宗羲入都讼父冤,诏赠太仆卿。弘光时,谥忠端。尊素传其家学,与刘宗周为友,精于研《易》,能文章。著有《黄忠端公集》六卷。这篇《劾奏逆阉魏忠贤疏》继杨涟劾魏忠贤二十四大罪之后上奏,杨氏疏草已传诵天下,读之令人咋舌。尊素奏疏文字稍略,然持论侃侃,刚直之气淹贯天地,丝毫不逊于杨疏,足见其謇谔敢言,有责天下。

昨臣堂官杨涟参劾太监魏忠贤二十四大罪,而台省诸臣公疏、单疏相继而发,此岂要结使然[1]?宪臣之心[2],台省诸臣之心也；台省之心，即通国孩稚妇女之心也。天下之人情如此，夫岂有仇于忠贤？不过为皇上惜威权，为祖宗爱成宪，为宗社计灵长，必欲清君侧[3]，而后皇上安，而后天下安耳。

臣《灾异》一疏谓："阿保重于赵娆，禁旅近于唐末。萧墙之忧，惨于戎敌；毫末不札，将寻斧柯。"[4]微言之而遽逢严旨，夫亦知忠贤之怙宠恃权，摇撼中外，而忠贤所用之私人，设机布阱，招摇市都，表里之形已成，而道路之间以目[5]。皇上试计之：天下有权珰拥势，窃弄威福，而到底令终者乎[6]？天下有政归倖门，予夺旁移，而世界清明者乎？天下有中外汹汹，人情无不欲食，而此人顾可在侧者乎？推皇上之意，必以为此犹曲谨可用也[7]，而不知不小曲谨，不大无忌；必以为此犹在驾驭中也，而不知不可驾驭，则不可收拾矣。

且自古未有舍宰执、铨宪、言官而自为聪明、自为道理者也[8]。皇上临御数载，仅仅发轫，而旧宰执、旧铨宪、旧言官望风罢归，而今之为宰执、为铨宪、为言官意气消沮[9]。无论攀髯攀鳞，势不慭遗一老[10]；而若鹓若鹭，相顾不愿为官[11]。异日谁为燮理，谁为御侮，谁为効鹰鹯之逐，谁为去肘腋之奸者[12]？皇上不于此称孤立，而乃以去一近侍为孤立于上也？

今忠贤诸不法状，廷臣暴露亦不遗余力。夫小人为恶，往往畏主知，畏人言，则尚有悚惕[13]。及其已知之，而皇上视为不痛不痒之物；已言之，而群臣莫获片语单词之益。形见势穷[14]，复何顾忌？忠贤于此，必不能复收其已纵之缰，而净涤其肠胃[15]；忠贤之私人于此，必不能复回其已往之棹，而默消其冰山[16]。始犹与士大夫为仇，而继将以皇上为注[17]。柴栅既深，螫辣谁何[18]？此时不惟台谏折之不足，即干戈取之，亦难为力矣[19]。皇上如念潜邸旧劳，何不令其休居就闲,薄示帷盖,所谓以生之之道爱之[20]。倘厚其毒而益其疾,九庙有灵[21],众怒难犯,此时即欲不施斧钺,其可得乎? 不几以爱之之道害之乎?

金书陈居恭,亦宪臣参疏中人也[22]。而同事反戈,改头易面,不知为优孟之衣冠,不知为黎丘之似子,情态闪忽,不可方物,苟非照胆之秦镜,博物之张华[23],鲜不眩矣。夫表里声援,幺麽结队,此犹可据者,而异忠贤者攻忠贤,同忠贤者亦攻忠贤,耳目昏瞀[24],沙砾并迷,无惑乎朝端之士,正人指邪人为邪,邪人亦指正人为邪。是是非非,其孰定之?

伏祈皇上默察人情,自为国计,即日罢忠贤厂务[25],敕归私第,将傅应星、傅继教、陈居恭诸人立付法司[26],则威权不替,公愤并抒,宗社灵长,永必赖之。

【注释】

〔1〕堂官:明代六部、都察院长官称堂官,杨涟官都察院左副都御史,故称。杨涟:字文孺,号大洪,应山人。天启四年,疏劾魏忠贤二十四大罪,乞正国法。削籍归。明年下狱,备受拷掠,死于狱。魏忠贤:肃宁人。天启二年,赐名忠贤,字完吾。司礼秉笔太监,兼掌东厂事,诛逐东林正人。崇祯治阉党,安置凤阳,道中自缢死。台省诸臣:指李应昇等人。杨涟疏劾魏忠贤,李应昇等继上疏弹劾。公疏:联名公上之疏。单疏:与公疏相对,谓单上之疏。

〔2〕宪臣:明代都察院职掌监察、弹劾、建言,与刑部、大理寺并称三法司,官长称宪臣。

〔3〕为皇上惜威权:说阉党擅假威权,干涉朝政。为祖宗爱成宪:洪武元年,朱元璋谕宦官不得典兵预政。成宪:典章制度。宗社:宗庙社稷,借指国家。清君侧:清除君主身旁奸佞之徒。

〔4〕"臣《灾异》"二句:《灾异》一疏,指黄尊素《灾异陈十失劾奏魏忠贤客氏疏》,因灾异劾"客魏",文中有"阿保重于赵娆"数语,以汉、唐之祸为喻,指斥"客魏"为害甚大。东汉桓、灵间,宦官专权,缉捕党人,导致东汉覆亡。唐末,宦官干政典兵,唐也因之亡。阿保,保姆。指天启帝乳母客氏,封奉圣夫

人,与魏忠贤勾结,时称"客魏"。赵娆,汉桓帝乳母,旦夕在太后侧,贵重天下,妇人干政,奸邪当道。禁旅,禁卫。唐末,宦官掌管禁军。天启间,魏忠贤与客氏以计杀太监王安,忠贤自领东厂,故云。萧墙之忧,喻祸乱生于内。语出《论语·季氏》。萧墙,宫室内当门的小墙。戎敌,外戎寇侵。"毫末不札"二句,比喻祸小不治,大将难图。语出《金人铭》。札,拔除。

〔5〕微言之:委婉讽谏。遽逢严旨:言遭严旨切问。中外:内廷和外廷。设机布阱:布设机关、陷阱。招摇:张扬跋扈。道路之间以目:说敢怒不敢言,以目示意。语本《国语·周语上》。

〔6〕权珰:权宦。珰,宦官的冠饰,因以指代宦官。令终:善终。令,善。

〔7〕犹曲谨可用:曲谨,谨小慎微。

〔8〕宰执:执政重臣。铨宪:掌管铨政、监察的大臣。言官:职掌建言的官员。

〔9〕消沮:沮丧。

〔10〕攀髯:髯,指旧臣。攀髯,依附之旧臣。不憖遗一老:语出《左传·哀公十六年》。憖遗,遗留,特指前代留下的元老。

〔11〕鹓、鹭:鸟名,飞行有序,喻朝官有才德者。

〔12〕"异日"四句:老臣被逐,隐者不来,朝廷无可用之才。燮理,调和治理。鹰鹯之逐,语本《左传·文公十八年》。鹰鹯,喻忠勇之士。肘腋之奸,即肘腋之患。肘腋,喻极近之处。

〔13〕悚惕:恐惧。

〔14〕形见势穷:形已显露,大势已去。语本《汉书·韩信等传赞》。

〔15〕净涤:洗涤干净。肠胃:比喻忠贤的腹心,以其包藏祸心,故用"净涤"为喻。

〔16〕默消其冰山:冰山,遇日消溶,比喻小人依附忠贤以为靠山。

〔17〕注:意之所向称"注"。

〔18〕柴栅:栅栏。螫辣:螫刺毒害。

〔19〕台谏:专司纠弹者为台官,以职掌建言者为谏官,合称"台谏"。干戈:古兵器,喻出兵征战。

〔20〕潜邸:特指非太子继位的皇帝登基前住所。休居就闲:休居,辞官家居。就闲,无职事之劳。薄示帷盖:谓薄示恩赐。典出《礼记·檀弓下》。帷盖,车的帷幕和篷盖。

〔21〕"倘厚其毒"句：放任不管，或更为庇护，则滋其暴虐。九庙，天子的宗庙。

〔22〕金书陈居恭：陈居恭，字元礼，安肃人。官都督府金事，掌锦衣卫，充当阉党爪牙。宪臣参疏中人：宪臣，指杨涟。

〔23〕优孟之衣冠：优孟，春秋时楚国优伶，曾穿着贤人孙叔敖衣冠入见楚庄王。见《史记·滑稽列传》。后以优孟衣冠比喻小人丑类。黎丘之似子：用《吕氏春秋·疑似》载黎丘奇鬼故事。黎丘有鬼，善效人形，有老者醉归，鬼效其子扶之。老者酒醒，意所遇必为奇鬼。明日复饮于市，欲遇而刺之。既醉归，拔剑误杀真子。黎丘，在今河南省虞城县西北。闪忽：变化不定。方物：表述。照胆之秦镜：用秦镜故事。汉高祖刘邦入咸阳宫，库府中见一方镜，"人直来照之，影则倒见；以手扪心而来，则见肠胃五脏，历然无碍；人有疾病在内，掩心而照之，则知病之所在。又女子有邪心，则胆张心动。秦始皇常以照宫人，胆张心动者则杀之"。博物之张华：西晋张华，字茂先，范阳方城人。博学多闻，著有《博物志》。

〔24〕幺麼(yāo mó)：微不足道。昏瞀(mào)：眼花。

〔25〕厂务：魏忠贤兼掌东厂之事。

〔26〕傅应星：魏忠贤嫡甥，阉党羽翼。傅继教：东厂理刑，与傅应星结为兄弟，依附阉党。

与世培壬午十二月[1]

刘宗周

【解题】选自《刘宗周全集》(浙江古籍出版社 2012 年版)。刘宗周,已见《务实第一·与张太符太守书》"解题"。世培是祁彪佳的号,字幼文,山阴人。天启二年(1626)进士。崇祯四年(1631),任御史,出按苏、松等府。后召掌河南道事。弘光立,授大理寺丞,擢右佥都御史,巡抚江南。顺治二年(1645),清兵将入浙,彪佳投水死。世培长于政事,是明季能臣。著有《祁忠惠公遗集》《救荒全书》《寓山注》等。刘宗周作《与世培》数书,这里选其中一篇。刘宗周学有所本,正直敢言,刚任命都察院左都御史,旋削职为民。写此信时,他已将南归,暂留都门外的接待寺。对"危于发丝"的大明政权,深怀忧虑,将希望寄托在祁彪佳等人身上,"求所为转祸为福之计",匡时救国。信中"有不言,言必轰轰;有不动,动必烈烈。上以之悟主心,下以之振作士大夫之气,于时艰万一有济"一类言辞,浩然正气横贯天宇,勇于担当的忠耿之性历历可见。

十年子舍[2],一日立朝,天下争想见风采焉。万不宜草草当面蹉过,徒取不著要紧之说以混过眼前[3],而博功名之路也。

方今宗社之命,危于发丝[4],求所为转祸为福之计,于天下事亦尽有可言者。有大本焉,有大用焉,有大机宜焉[5],皆可得次第言之也。有不言,言必轰轰;有不动,动必烈烈。上以之悟主心,下以之振作士大夫之气,于时艰万一有济乎[6]!即一切意外不测,在言官分上,亦只是常事,有道者应已觑破久矣[7]。若今日徒作寒蝉,打哄一场,即一岁九迁,胸中能不坐一不了缺陷事件[8],以遗后日之悔?眼前华毂,身后青蝇[9],孰得孰失乎?

仆小草一出,本是狼狈,然既出,亦便思有建树,以报明主[10]。而平日学不得力,只索忙迫一遭便了[11],思之甚是可叹。抱头南下,便无面目见江东父老[12],愿仁兄视为前车。如兄能大展平生,仆亦何憾乎?然仆老耄之资,蒙圣恩始终帷盖,未始不全君臣之礼遇,有何冤抑[13]?而辄烦诸君子奉为奇货,话柄不了,又明知无益于事,而姑为打哄之计,以取目前[14],将天下事不知蹉过了多少,岂非不忠之大乎?天下事之所以日坏一日,类如斯矣。遇相知中,乞拈出此公案,以息葛藤,闻者亦必憬然[15]。

【注释】

[1]壬午:崇祯十五年。此书作于是年十二月。崇祯十四年九月,刘宗周起改吏部左侍郎。明年五月,赴京。未至都,七月升都察院左都御史。闻十一月二十九日,革职。十二月七日辞朝,暂止都门外接待寺。祁彪佳方奉命抵京,相对黯然。宗周告之曰:"道只在事。君当官,莫于此外更求道。此外求道,妄也。"又数作书,言身居言责,当以谏净明职业,毋负生平学问。明年二月,宗周离京南还。

[2]子舍:犹丙舍,陋舍。

[3]蹉过:错过。不著要紧;无关紧要。

[4]危于发丝:以丝发之悬,喻形势危急。

[5]大本:立国根本的大事。大用:经世致用的大事。大机宜:机略方策

的大事。

〔6〕时艰:时局艰难。济:救助。

〔7〕觑破:看破。

〔8〕寒蝉:噤若寒蝉,发不出声,喻不敢言。打哄一场:凑热闹。一岁九迁:形容恩遇隆厚,宦途畅达。语本韩愈《上张仆射书》。

〔9〕华毂:饰有文采的车毂,与朱轮并用,喻指显贵达宦。青蝇:用虞翻典故。虞翻,字仲翔,三国时余姚人。以罪徙交州,以为将长殁海隅,生无可与语,"死以青蝇为吊客,使天下一人知己者,足以不恨"。

〔10〕小草一出:用谢安典故。谢安隐东山,应征出依大司马桓温,或送桓温药草,中有名"远志"者,桓温问谢安:"此药又名小草,何一物而有二称?"时郝隆在座,答曰:"此甚易解,处则为远志,出则为小草。"谢安甚有愧色。见《世说新语·排调》。

〔11〕忙迫:忙碌。

〔12〕抱头南下:宗周入都数月,即革职,迹若狼狈,故云。"便无面目"句:用项羽故事。项羽垓下兵败,不肯东渡乌江,曰:"且籍与江东子弟八千人渡江而西,今无一人还,纵江东父兄怜而王我,我何面目见之?纵彼不言,籍独不愧于心乎?"

〔13〕老惫:年老体衰。冤抑:冤屈。

〔14〕话柄不了:谈论不已。以取目前:取娱眼前一时快乐。

〔15〕公案:言行故事。葛藤:喻纠缠不清。指宗周去国,海内谈议不已。憬然:觉悟的样子。

方正学先生文集序

倪元璐

【解题】选自倪元璐《倪文贞公集》卷七(清乾隆三十七年倪安世刻本),是明末重臣倪元璐为方孝孺《逊志斋集》撰写的一篇序文。建文四年,方孝孺死于朱棣靖难之变。这是明代历史上最为残酷的冤案之一,对浙学所造成的伤害是无可估量的。浙学骤衰,和明初朱元璋、朱棣父子屠戮浙东学者大有关系。直至阳明心学崛起,浙学始进入中兴时期。明天顺、成化以后,方孝孺诗文获得解禁,梓刻以传。万历间,冤案得到彻底平反。方孝孺的刚烈气节和视死如归的精神,不可磨灭,是浙学担当精神的生动体现。倪元璐,字玉汝,号鸿宝,上虞县人。明天启二年进士,累迁户部尚书。元璐崇尚气节,敬慕方孝孺之为人,尊为楷模。崇祯十七年(1644),李自成攻陷北京,元璐整衣冠拜阙,大书几上:"以死谢国,乃分内之事。死后勿葬,必暴我尸于外,聊表内心之哀痛。"遂南向坐,取帛自缢。南明弘光时,谥文正。清廷赐谥文贞。有《倪文贞公集》。元璐在朝廷危亡关头,效法方孝孺,临危不惧,勇于担当,与方孝孺相互辉映,都是浙学精神的化身。

古今大忠,自楚三闾至宋信国[1],未有不盛为文章者也。文章之力,贯道道立,召才才聚。天下无骨畏死之徒,定不能为之。圣贤尽性于忠孝,必立命于文章。

我明三百年，莫不以方正学先生之忠为出三闾、信国之上，顾未有能言先生之文为是《离骚》《正气歌》之所不及者[2]，是未能知先生者也。孟子曰："我善养吾浩然之气。"[3]当先生遭逊国之难[4]，九死不悔，蹈刃如饴[5]，非所谓养浩然之气者耶？顾其生平论文，亦曰"道明气昌，则文自盛"[6]。今试取先生之文读之，严茂高典，则亦迁、固[7]；华隽周赡，则亦枚、马[8]；幽仄翔举，则亦仝、贺[9]；充朗流逸，则亦曾、欧[10]。然惟本乎理，充乎气，而言之短长与声之高下赴焉。其质熊熊然，其源汨汨然[11]，色正芒寒，令人望而知敬。则先生之所以为忠，即先生之所以为文，是谓集文大成，文不在兹乎！

　　南城张君，廉健尚古，幸宰先生之邑，得以大聚先生之文，攟摭类次[12]，刻而传之，惟恐失坠。其慕义景贤，兴起教化之志，迥出于俗吏[13]。而余姚卢某者，撰次先生《年谱》，搜括遗篇，勤勤然攸助张君[14]，以阐扬风励为能事。合并书之，亦以劝后之人焉[15]。

【注释】

〔1〕楚三闾：指战国时楚国的爱国诗人屈平，字原，在楚怀王时期任三闾大夫，是司掌楚国王族子弟的教官。宋信国：指南宋末期的文天祥，初名云孙，字宋瑞，一字履善，号文山，江西吉州庐陵人。为抗元名臣、民族英雄，封信国公，与陆秀夫、张世杰并称"宋末三杰"。

〔2〕"顾未有"句：为是，因此。《离骚》是屈原的代表作，《正气歌》是文天祥的代表作，都强烈地表现了爱国主义精神。

〔3〕浩然之气：至大至刚正直之气。

〔4〕当先生遭逊国之难：建文四年五月，朱棣率燕师攻下南京，建文帝下落不明。朱棣称帝，迫方孝孺草诏，孝孺不屈而死。

〔5〕蹈刃：比喻不顾险难。饴：糖。

〔6〕"道明气昌"二句：出于方孝孺《与舒君》："盖文与道相表里，不可勉而为。道者，气之君。气者，文之师也。道明则气昌，气昌则辞达。文者，辞达而已矣。"意思是说，道理明白则气韵流畅，气韵流畅则语句通达。文章这种事情，语句写得通达就可以了。

〔7〕"严茂高典"二句：严，指结构严密；茂，指内容丰富。迁，西汉史官司马迁，著有《史记》；固，东汉史官班固，著有《汉书》。都堪称高文典册。

〔8〕"华隽周赡"二句：华，指有文采；隽，俊美。周赡，周密丰赡。枚、马都是汉代辞赋家。枚，枚乘，西汉时人，撰有《七发》。马，司马相如，西汉人。汉大赋代表作家，有《子虚赋》《上林赋》。

〔9〕"幽仄翔举"二句：幽仄，隐居。翔举，高飞，不受朝廷约束。仝、贺，谓卢仝、李贺，都是唐代名家。

〔10〕"充朗流逸"二句：充朗，盛大高朗。流逸，超脱飘逸。曾、欧，谓曾巩、欧阳修，北宋文章大家，名入唐宋八大家。

〔11〕熊熊然：气势壮盛的样子。汩(yù)汩然：水急流的样子。

〔12〕南城张君：谓张绍谦，字道益，号牧夫，江西南城人。崇祯十五年任宁海知县。抵任后，首谒方正学祠，购《逊志斋集》善本，于松江重刻之。其人莅事精敏，利兴害除。及卒，民感其德，康熙九年祀名宦祠。廉健尚古：廉健，廉直刚健。尚古，崇尚古学。攟(jùn)摭(zhí)：搜集。类次：据类属编次。

〔13〕景贤：仰慕忠贤。景，仰慕。迥：超越。

〔14〕"余姚卢某"三句：余姚卢某，谓明人卢演，著有《正学先生年谱》。勤勤然，努力不倦的样子。伙(cì)助，帮助。

〔15〕劝：鼓励，勉励。

原　臣[1]

黄宗羲

【解题】选自黄宗羲《明夷待访录》(《黄宗羲全集》第一册，浙江古籍出版社1985年版)。黄宗羲(1610—1695)，字太冲，号梨洲，余姚人。黄尊素之子。从学刘宗周，入复社。南都亡，鲁王朱以海监国绍兴，宗羲募数百人从军，号世忠营。授职方主事，寻改御史。江上兵溃，结寨山中。顺治六年，朝见鲁监国，授左副都御史。兵溃归里。晚岁讲学东南，屡辞清廷征辟。为保存有明一代遗献，编纂《明文案》《明文海》等。著有《明儒学案》《南雷文案》等书逾百种。问学本于蕺山，与顾炎武并开清代三百年学术端绪。顺治九年(1652)，黄宗羲悲兴复之艰，撰为《留书》。康熙二年(1663)，在《留书》的基础上续成《明夷待访录》。顾炎武叹说："读之再三，于是知天下之未尝无人，百王之敝可以复起，而三代之盛可以徐还也。"书中《原君》《原臣》二篇流传最广，体现了早期民主主义思想。此选《原臣》一篇。依照孔、孟说法，易姓改号，天下未必亡；仁义充塞，国虽存，天下已危。顾炎武有"亡国""亡天下"之辨。黄宗羲深刻反思，说"盖天下之治乱，不在一姓之兴亡，而在万民之忧乐"。其意亦重在"保天下""保民"，体现了"天下兴亡，匹夫有责"的担当精神。

有人焉，视于无形，听于无声[2]，以事其君，可谓之臣乎？

曰：否。杀其身以事其君[3]，可谓之臣乎？曰：否。夫视于无形，听于无声，资于事父也[4]；杀其身者，无私之极则也，而犹不足以当之，则臣道如何而后可？曰：缘夫天下之大，非一人之所能治，而分治之以群工[5]。故我之出而仕也，为天下，非为君也；为万民，非为一姓也[6]。吾以天下万民起见，非其道，即君以形、声强我，未之敢从也，况于无形、无声乎！非其道，即立身于其朝，未之敢许也，况于杀其身乎！不然，而以君之一身、一姓起见，君有无形、无声之嗜欲，吾从而视之、听之，此宦官、宫妾之心也；君为己死而为己亡，吾从而死之、亡之，此其私暱者之事也[7]。是乃臣不臣之辨也。

世之为臣者，昧于此义，以谓臣为君而设者也。君分吾以天下，而后治之；君授吾以人民，而后牧之。视天下人民，为人君橐中之私物[8]。今以四方之劳扰，民生之憔悴，足以危吾君也，不得不讲治之、牧之之术。苟无系于社稷之存亡，则四方之劳扰，民生之憔悴，虽有诚臣，亦以为纤芥之疾也[9]。夫古之为臣者，于此乎，于彼乎？

盖天下之治乱，不在一姓之兴亡，而在万民之忧乐。是故桀、纣之亡，乃所以为治也；秦政、蒙古之兴，乃所以为乱也；晋、宋、齐、梁之兴亡，无与于治乱者也[10]。为臣者，轻视斯民之水火[11]，即能辅君而兴，从君而亡，其于臣道，固未尝不背也。

夫治天下犹曳大木然，前者唱邪，后者唱许，君与臣共曳木之人也[12]。若手不执绋[13]，足不履地，曳木者唯娱笑于曳木者之前，从曳木者以为良，而曳木之职荒矣。

嗟乎！后世骄君自恣，不以天下万民为事，其所求乎草野者[14]，不过欲得奔走服役之人。乃使草野之应于上者，亦不出夫奔走服役，一时免于寒饿，遂感在上之知遇，不复计其礼之备与不备,跻之仆妾之间[15],而以为当然。万历初,神宗之待张居正,其礼稍优[16]。此于古之师傅[17],未能百一,当时论者骇然,居正之受无人臣礼。夫居正之罪,正坐不能以师傅自待,听指使于仆妾,而责之反是[18],何也?是则耳目浸淫于流俗之所谓臣者,以为鹄矣[19],又岂知臣之与君,名异而实同耶!

或曰:臣不与子并称乎[20]?曰:非也。父子一气[21],子分父之身而为身。故孝子虽异身,而能日近其气,久之无不通矣;不孝之子,分身而后,日远日疏,久之而气不相似矣[22]。君臣之名,从天下而有之者也。吾无天下之责,则吾在君为路人。出而仕于君也,不以天下为事,则君之仆妾也;以天下为事,则君之师友也。夫然谓之臣,其名累变,夫父子固不可变者也。

【注释】

〔1〕原:推究本源,古代文体的一种。如韩愈《原毁》《原道》等。

〔2〕"视于无形"二句:形貌极为恭肃,善于察言观色。《礼记·曲礼上》:"听于无声,视于无形。"

〔3〕"杀其身"句:对"以道事君"而言。《论语·卫灵公》:"志士仁人,无求生以害仁,有杀身以成仁。"

〔4〕资于事父:语本《孝经》。意思是说,"听于无声,视于无形"以事君,是从孝事父母那里取来的,但这不是臣事君之道。资父,说赡养奉父。资,取。

〔5〕群工:臣工,指群臣百官。

〔6〕一姓:夏朝以后,君主家天下,故称"一姓"。

〔7〕"君为己死"三句:语出《左传·襄公二十五年》。私暱(nì),私爱。

〔8〕牧:司牧,治理。橐中之私物:天下如袋中的私物。

〔9〕诚臣:忠臣。纤芥之疾:小毛病。纤芥,细小。

〔10〕"盖天下之治乱"九句:可以和顾炎武《日知录·正始》一段话相互参照,顾氏说:"有亡国,有亡天下。亡国与亡天下奚辨?曰:易姓改号,谓之亡

国;仁义充塞,而至于率兽食人,人将相食,谓之亡天下","是故知保天下,然后知保其国"。国和天下是两个不同的概念。桀、纣,夏、商两朝的亡国君主。秦政,秦始皇。蒙古,蒙元帝国。晋、宋、齐、梁:指南朝四代。秦、元的崛兴,恃于武力而远于礼乐,故云"为乱"。晋、宋、齐、梁的交替,是一姓的亡国,所以说"无与于治乱"。

〔11〕斯民之水火:天下人民疾苦。水火,喻百姓的疾苦。

〔12〕"夫治天下"四句:用拉大木比喻治理天下的道理。曳大木,典出《淮南子·道应训》。曳,引,拉。

〔13〕执绋(fú):拉紧大绳。

〔14〕求乎草野:访求人才。草野,乡野民间。

〔15〕跻之:跻,登。仆妾:媵妾,奴仆婢妾。即前言宦官、宫妾。

〔16〕神宗:明万历皇帝朱翊钧的庙号。张居正:字叔大,号太岳,江陵人。神宗即位,张居正为辅相,颇见治效。但神宗以其生前好揽权,又疑居正家多蓄藏,于其殁后,藉其家。

〔17〕师傅:太师太傅、少师少傅合称。

〔18〕"夫居正之罪"四句:居正的过失,后世论者多责其专恣擅权,黄宗羲则以为在于"不能以师傅自待",而多听任指使。

〔19〕耳目浸淫:耳濡目染。浸淫,濡染。鹄(gǔ):本指箭靶,引申为标的。

〔20〕"臣不与子"句:儒家传统说法,以君比父,臣比子,故国君称君父,臣下称臣子。

〔21〕一气:古人称父子同气。

〔22〕无不通:说气类相通,与下文"气不相似"对举。古人以子不像父,指为不孝或不成材,即不肖。

祝子开美传

陈 确

【解题】选自陈确《乾初先生遗集》（清餐霞轩抄本）。陈确（1604—1677），字乾初，海宁人。明季诸生。从刘宗周问学。国亡后，以遗民自况，隐居山中，足迹不入城市二十年。著有《大学辨》等集，编辑《蕺山先生语录》。刘宗周门人弟子遍东南，各有所擅，祁彪佳长于政事，称能臣，陈确与黄宗羲则以学问著称。顺治二年（1645），浙江内附，刘宗周绝食死，遗诗有"信国不可为，偷生岂能久"之句。蕺山门下多忠烈节义之士，先于宗周殉国者二人：海宁祝渊，会稽王毓蓍。祝渊顺治二年六月自缢死。陈确作《祝子开美传》，大力表彰其"守正而逝"的民族气节。读此传，我们一方面可以了解易代之际明朝政治的乱象，另一方面可以看到在当时复杂的历史环境下，浙学先哲们不事异姓，前仆后继，视死如归，高扬民族气节的大旗，为延续华夏文化的血脉所作出的巨大牺牲。

　　祝开美名渊。其先君子大理寺评事士奕府君，余先大父理川公门下士也，故开美与余为世昆弟行[1]。然余年及壮，尚未识开美。崇祯辛未冬，开美束书假馆于东垞[2]，始识开美，一见意洽，谓开美非世俗士也。开美亦时时窃归告其尊人，称陈子之义。开美时年弱冠，而余齿更二十有八[3]，此余两人定交之始矣。

开美幼即能自立志,与常儿异。方七八岁时,士奕公尝为开美纳赀名于太学,开美耻之,益揣摩举子业,卒弃太学生[4]。由钱塘邑庠以癸酉举于乡[5],然犹非其志也。自后开美之父母相继即世,五六年间而开美连遘三丧[6]。开美性孝,哀毁过礼[7]。龙山风俗,诸大家皆贲于丧礼[8],开美益竭力供事,丧礼之盛,为诸家最。盖士奕公家素封,方士奕公年少时,喜任侠好气,为仇家所构,陷大狱,久之得白,家尝中落,后更折节为恭俭[9],家益振,称为富人,富甲于诸姓。生开美晚,不甚知财所从来,开美又性不爱财而好礼,以故尝恣执事者之所发挥,不问其出入。茔于曹湖[10]。曹湖故诸曹所聚而居也,其旁田皆诸曹所有,开美悉重价得之,诸曹之有旁田于曹湖者,率以是致富。故曹湖之葬,费不翅万金[11]。

余尝与开美游西湖,入云栖[12]。时崇祯癸未八月初七[13],属士奕府君之忌日。开美尝以数十金乞云栖僧设水陆忏[14]。余曰:"子学道者,而未审佛事之妄耶?"开美曰:"某非不审也。然尝以为苟可糜吾财[15],疲吾形,以酬吾父母,虽知无益,恒无辞为之。"故士奕府君之死九年矣,然从云栖僧拜诵三日夜,欷歔哀恸,声咽不能转,如在衰绖时[16],虽诸僧为之泣下。其至性过人类如此。

兄弟五人,姊妹四人,昏嫁之事[17],大半自开美为之,礼皆从厚。自开美之连遭大故,又昏嫁繁,益赡宗族贫穷,急士之乏困,略不爱惜其财,先世之积已大耗。又兄弟众多,析遗产,析弥多而产弥薄。开美又以其肥美予诸弟,而以其瘠自予,开美乃更萧然为贫士。然性淡泊,其自奉恒以约,后益兢兢于礼[18],躬节俭为诸弟先。诸弟有过,开美立自责,痛哭,跪家庙[19],自伤所以无德化之教故至此。诸弟皆感泣,竞劝于善,相戒无复犯者。其教子妇仆婢,亦必先自责而后责人。

故群仆中有素喜事,好役财,性不甘下人者,并益自戢[20],为良仆。

癸未春,随计北上[21]。值周宜兴柄国,山阴刘念台先生掌院事,正身率属,好直言,周甚不便,因事击去之[22]。举朝畏周,无一人开口言者,开美独具疏力争,指切当事无所讳[23]。明旨切责,下部议,罢南宫试[24]。于时开美始执贽刘先生[25],先生进开美而责之曰:"前日之举,得微有过?"[26]开美曰:"何哉?"曰:"意气乎,声名乎?"开美怃然请益。先生乃更教以远且大者,共舟南还,朝夕讲论。开美得日闻所未闻,于是更益务为闇然之学[27]。

是年秋,开美与余同事刘先生于云门、若耶之间[28]。余性惰,而开美勤,有得必细书识之,无一字遗者。余过耳即惘惘然[29],无所记忆。故余尝心痴顽若孩子,鲜疾患,而开美以勤学多思,体较弱。论道之暇,颇有事山水。九日,登秦望[30]。秦望于越山为最高,虽越人好游者鲜能登之。余谓开美可无登,而开美以先生命,固欲从余同登,登毕而惫甚。是夕,开美即患疟,神披靡若不能支,逡巡约装[31],辞先生而西归。归半月,开美又患呕血症。或曰病自秦望来,或曰否。

时宜兴已败,天子方怒党人,疑刘先生与开美亦党周者,复遣骑逮开美[32]。开美时病甚,闻信即忼慨就道,妻子号恸攀援,绝裾行[33],不一顾,无分毫可怜之色见眉宇间。诸当事竞高其义,为分俸犒官校[34]。五郡好义之士醵金而赆赠者[35],风卷云涌而至,然开美皆谢却之,无所受。甲申正月,入诏狱即讯,榜掠备至[36],举对无失词。二月,迁刑牢,诵《毛诗》,读《周易》,声昼夜不辍,怡然若不知身在图圄中[37],病更以愈。三月,李贼犯京师,声息甚恶[38]。诸义士欲为请命于天子出之,开美以《诗》《易》未卒业,谢勿愿也,然诸义士卒以是月十八日奉诏出开美。十九日,京师破,天子死社稷[39]。开美号恸欲绝,吴忠节公磊斋先生劝开美"义可以无死,而吾固当死",稍属以后事,于是开美竟留视忠节含殓,持其丧归[40]。

归而留京已立福藩,尚有江东片地可延视息[41]。无何,房师日南,朝廷无北伐之志,开美益恚[42],呕血之疾复剧。乙酉五月十二,留京溃[43]。房师长驱至浙,所至愚民翕然,劫守令降附[44]。开美闻而谓余曰:"事如此,安归乎?此某毕命之日也。"时开美方谋改葬其生母有日矣。余谓曰:"子言是也。然尔母尚暴露,盍少忍之,则忠孝两尽矣。"[45]开美领余言。

开美虽病甚,不废学。自言:"吾病中气益静,志益专,于道颇有得力。"六月念二[46],招余对榻前,出一匣见属,曰:"此皆刘先生所示手书,与某居平侍先生时所记录也。吾死,无长物,惟此不能忘,惧失之,敬以遗兄。"[47]余收泪受藏之。开美晚年喜博交士,士亦多其义,争归之,交籍满天下[48]。其所交尽海内知名之士,然开美卒独缪重余[49],谓余言"往往有所驳正,使吾不悖于道,余子唯唯耳"[50]。此如魏其之善灌夫,至死而不自悟[51],岂非开美之有所蔽乎?

闰六月初二,母得改葬。开美病,不能往葬所。初五,葬役竣,诸弟及执事者归报竣,开美强起稽颡谢,遂手帨自缢,诸弟惊解之,气不绝如线,至初六子时死[52]。先数日作《归诗》《归嘱》《归禁》,大概言吾义必死,及痛革一切恶俗,丧葬悉遵《家礼》,以布素殓[53],自题其旌曰:"明草莽小臣祝某柩。"[54]戒后勿称孝廉[55]。又前数月,开美忽有所不慊于心,告庙焚其巾衫[56]。余闻而非之曰:"此失之激。"及读其《归嘱》与《焚巾衫》之卒章,慨然曰:"嗟乎!开美一生真人

141

品,于此见之。他人不识也,曰开美好高。"取某氏,生四子:乾明、恒明、升明、晋明。升明、晋明殇。三女[57]。

陈子曰:开美往时尝数为余称道山阴刘先生之为人,因事感愤,卒游其门,如有夙因。至以余之固也[58],而不见拒,益用相誉,斯非其误与?开美始虽稍滥于财,后乃以限制,胸气磊落,如不可一世。学道孳孳,其究归之淡易[59]。焚冠与衫,守正而逝,仰天俯地,夫奚愧[60]!于祝子开美,吾无议焉。

【注释】

〔1〕先君子:古人自称去世的父亲。大理寺:北齐定制,历代沿置,掌司狱定刑。评事:主掌决断疑狱。士奕:祝渊父祝守簪,字士奕,官大理左评事。府君:古时子孙对先世的敬称。先大父:古人自称去世的祖父。理川公:陈确祖父陈侯佐,字维相,号理川,庠生。世昆弟行:昆弟,兄弟。世昆弟,世交同辈。

〔2〕崇祯辛未:崇祯四年。束发:古时男孩成童时束发,因用指成童。假馆:借舍读书。东垞(chá):在海宁袁花黄山,西曰西垞,东曰东垞。

〔3〕弱冠:古时男子二十行冠礼,因未及壮年,称弱冠。后以二十岁左右为弱冠。齿:年龄。

〔4〕纳赀名于太学:捐资列名国子监。太学生:国学生。

〔5〕钱塘邑庠:钱塘县庠生。癸酉:崇祯六年。举于乡:通过了乡试。

〔6〕即世:辞世。连遭三丧:言祝渊连遭父、嫡母、生母之丧。

〔7〕哀毁过礼:哀毁,居亲丧悲伤异常,毁损其身。

〔8〕龙山:在海宁袁花。赍:盛。

〔9〕素封:无官爵封邑而富比封君。折节:改变旧习。

〔10〕曹湖:在海宁,祝守簪与父祝以应葬此。

〔11〕翅:通"只"。

〔12〕云栖:云栖寺,在杭州西梵天柱寺旁。

〔13〕崇祯癸未:崇祯十六年。

〔14〕水陆忏:设作水陆道场,礼佛拜忏,超度亡灵。

〔15〕糜(mí):耗费。

〔16〕衰(cuī)绖(dié):丧服。丧服胸前当心处缀长六寸、广四寸麻布,名衰。围在头上的散麻绳为首绖,缠在腰间的为腰绖。

〔17〕昏嫁:婚嫁。

〔18〕兢兢:犹兢兢,勤劳的样子。

〔19〕家庙:祖庙,宗祠。

〔20〕自戢:戢,收敛。

〔21〕随计:举人赴试京师。

〔22〕"值周宜兴"六句:崇祯十五年(1642),刘宗周应诏入都,官都察院左都御史,屡直谏。周延儒为首辅,不喜宗周。宗周以疏救姜埰、熊开元革职。崇祯十六年春,尚未出都。开美上疏力争,即在此际。周宜兴,周延儒,字玉绳,宜兴人。崇祯十四年为首辅。两年后,勒令自尽,籍其家。山阴刘念台先生,刘宗周,见《与世培》"解题"。

〔23〕"举朝畏周"四句:当时朝士固畏惧周延儒的威势,申救者亦自不少,所谓"无一人开口言者",烘托祝渊勇于担当。

〔24〕南宫试:礼部会试。

〔25〕执贽:犹执挚,谒拜,拜入师门。

〔26〕得微:意同"得毋"、"得无"。

〔27〕日闻所未闻:闻所未闻。语出《史记·郦生陆贾列传》。阐然之学:即君子之道,圣人之学。语出《礼记·中庸》。刘宗周《独箴》:"独本无知,因物有知","反乎独知,独知常之。全体俱之,本无明暗,常止则明,纷驰乃暗。故曰阐然日章,的然日亡"。

〔28〕同事:共同奉事。云门:云门山。在绍兴城南秦望山一带。若耶:若耶山,在绍兴城南,有若耶溪出焉。

〔29〕惘惘然:犹惘然,空无所有貌。

〔30〕秦望山:在绍兴宛委山南,《水经注》称秦始皇登山以望东海。

〔31〕逡巡:迟疑的样子。约装:治装,准备行李。

〔32〕"时宜兴已败"四句:崇祯十五年冬,清兵入关。第二年,周延儒自请视师,侦知清兵自退,屡奏捷报,为骆养性等奏劾,勒令自尽。崇祯帝以延儒怀私误国,迁怒东林君子。东林正士讲学林下,关心朝政,小人辈指为"党人"。刘宗周继顾宪成、高攀龙为东林领袖。周延儒与东林正士相交往,所以崇祯帝

143

怀疑刘宗周及其门人"党周"。骑,缇骑,锦衣卫官旗校尉。

〔33〕绝裾:裾,曲裾。绝裾又称"断襟",形容态度坚决。

〔34〕官校:官旗校尉。

〔35〕醵(jù)金:集资,凑钱。赆(jìn)赠:送行时赠与财物。

〔36〕甲申:崇祯十七年。搒掠:拷打。

〔37〕《毛诗》:西汉时毛亨所传注古文《诗经》,为世所宗。《周易》:《五经》之一。相传周文王拘而演《周易》,内容分《经》《传》两部分。囹圄:监牢。

〔38〕李贼:李自成陷西安诸郡,称王,国号大顺,改元永昌。崇祯十七年三月十五日,陷居庸关。十七日,围京师。十九日,陷京师。祝渊在狱时,国情危甚,故云"声息甚恶"。

〔39〕天子:崇祯帝朱由检,是年三月十九日自缢于万寿山。

〔40〕吴忠节公磊斋:吴麟徵,字圣生,号磊斋,海盐人。崇祯十七年,李自成攻京师。诏分门督守,麟徵得西直门,登陴迎敌。十九日,城陷。二十日作绝笔书,遗祝渊、吴麟瑞等人,自缢死。含殓:古时丧殓,纳珠米等于死者口中,易衣衾,放入棺中。

〔41〕留京:谓南京,明之留都。福藩:福王朱由崧。崇祯十七年五月初三日,监国南京,十五日即位,改元弘光。延视息:苟延性命。

〔42〕房师:谓清兵。朝廷:谓弘光王朝。恚(huì):愤恨。

〔43〕乙酉:清顺治二年,南明弘光元年。是年五月初八日,清兵渡江。五月十日,福王奔太平。十二日,奔芜湖。十五日,清豫亲王多铎入南京。

〔44〕"房师长驱至浙"三句:是年六月,清兵将东渡钱塘,入浙征户口册籍,郡县望风迎附。

〔45〕暴露:显露在外,谓祝渊生母尚未改葬。

〔46〕念二:廿二日。廿,又写作"念"。

〔47〕长物:多余之物。典出《世说新语·德行》。

〔48〕交籍:交游。

〔49〕缪:通"谬",谬误。

〔50〕唯唯:附和,赞同。

〔51〕"此如魏其"二句:汉魏其侯窦婴与将军灌夫为友,相为引重。灌夫为人刚直,好使酒任气,得罪武安侯田蚡,窦婴力为营救,曰:"且终不令仲孺独死,婴独生!"后并死。见《史记·魏其武安侯列传》。

〔52〕稽颡:跪拜礼,屈膝下拜,以额触地。古时丧葬,孝子稽颡答谢执事等人。帨:佩巾。子时:午夜十一点至凌晨一点之间。

〔53〕《家礼》:指《朱子家礼》。布素:布衣素服。

〔54〕旌:铭旌,竖在灵柩前书死者官职、姓名的魂幡,葬时取下,加于柩上。

〔55〕孝廉:明清时举人的别称。

〔56〕不慊于心:心里不快。告庙:祭告祖庙。焚其巾衫:焚弃衣冠。

〔57〕"取某氏"四句:取,通"娶"。殇,未成年而夭。陈确《凤师南斋漫书》诗注:"《祝氏家谱》:渊四子:长乾明,今名翼乾,字凤师;恒明,今名翼恒,字豹臣,号学存,邑庠生,中戊午举人;升明、晋明,俱殇。"

〔58〕固:鄙陋。

〔59〕孳孳:勤勉。淡易:远于声利。

〔60〕守正:守正道。"仰天俯地"二句:言无愧天地,语本《孟子·尽心上》。

华氏忠烈合状

全祖望

【解题】选自《鲒埼亭集外编》(《全祖望集汇校汇注》，上海古籍出版社2000年版)。全祖望(1705—1755)，字绍衣，号谢山，鄞县人。乾隆元年(1736)进士，选庶吉士。散馆，以忤时贵置最下等，以知县外用，不乐仕。南归，讲学不辍。其学术承传黄宗羲，是清代浙学大家，尝增补《宋元学案》，七校《水经注》，三笺《困学纪闻》，著有《经史答问》《汉书地理志稽疑》《鲒埼亭集》等书。《鲒埼亭集》收录行状碑铭最多，至有十九卷，大都为明季忠臣节义之士所作，一部《鲒埼亭集》几等于半部南明史。这里选其《华氏忠烈合状》一篇。状，是行状，古代文体的一种，叙述者世系、生平事迹等，以供墓志碑传、史书方志采录。这篇状中所载浙东志士，无不令人敬仰。明清易代，浙东抗清活动最为激烈，坚持时间也长久，涌现出许多忠臣烈士，其中不仅有食明禄的学士大夫，还有许多名不出乡里、事不载史册的村氓童稚、闺阁妇人。其泣鬼神、感天地的事迹，令人唏嘘垂涕。这足以说明浙学的担当精神，已经广泛深入到东南地区的人心，产生巨大影响。每值异代更替或者异族入侵等重大事变，忠臣烈士层出不穷，自觉承当起社会责任。宋、元之交如此，明、清之交如此，八十年前倭寇入侵、国土沦陷之际也是如此。这是浙学弥久历新的精神财富，值得后人珍惜和发扬。

在昔文章家无合状之体，惟《叶水心集》尝为陈同甫、王道甫作合志，盖出于史之合传，予因援其例于状[1]。但古人于夫妇之间，未有不以妇统于夫者[2]，今双举之，何也？曰：华夫人之烈，非凡为妇者所可同也。作《华氏忠烈合状》。

检讨华公讳夏，字吉甫，别字默农，浙之宁波府定海县人也，其后迁鄞[3]。少与同里王公家勤齐名，同受业于始宁倪文正公，已又同学于漳浦黄忠烈公，已又同参蕺山之席，已而同受知于新城黄公端伯、华亭陈公子龙，浙东社盟所称华、王二子者也[4]。是时检讨虽诸生，而谔谔有范滂、陈东之风，浙东资其清议，以为月旦[5]。以恩贡入太学[6]。

乙酉六月，浙东兵起，首与董公志宁倡大议，预于"六狂生"之目[7]。其奉钱忠介公书入定海，说王之仁使返旆，几陷虎穴，夫己氏欲杀之而不克，详见予所作忠介神道碑[8]。已而论倡义功，授兵部司务，寻晋职方主事，皆不受，请以布衣从军[9]。悍帅枋成，诸经略皆不用，然犹与陈太仆潜夫出战牛头湾[10]，弹从头上过如雨，不退。检讨雅素劲挺，忠介亦不能尽与之合，遂谢去，是为乙酉之仲冬[11]。又七月，而江上溃[12]。

是时浙东未下者，只翁洲弹丸地[13]。顾浙东之学士大夫以至军民，尚惓惓故国，山寨四起，皆以恢复为辞[14]，检讨谓人心未去也。而钱忠介公航海入闽，连下三十余城，闽人告急于浙，浙抽兵应之，浙之守备稍虚。检讨曰："此可乘之会矣。"谋之益急[15]。丁亥[16]，乞师翁洲。翁之故总兵黄斌卿无远略[17]，犹豫不应，检讨愤责而归。未逾时，慈之大侠以冯侍御京第海上往复书泄[18]，牵连检讨，捕之入狱。或曰："亦夫己氏所为也。"因中作《生谢》《死谢》《罹械》《破械》等诗。家勤与董公德钦悉力营救[19],出之。

检讨不以为惩,谒李侍御长祥于东山[20]。侍御曰:"吾于会稽诸城邑,俱有腹心,一鼓可集,但欲得海师以鼓动声势。"[21]检讨曰:"海师不足用也,公何不竟以中土之师速举?"侍御曰:"此间人颇以海师为望,因其势而用之耳。"检讨曰:"愚以为海师必不可恃。"侍御曰:"子其强为我行。"乃再乞师翁洲。时冯侍御京第方在翁洲,力劝斌卿。斌卿曰:"我军弱,中土之助我者,可得几何?"检讨曰:"布置已定,发不待时,将军何庸以寡助为忧?将军之师入蛟关,范公子兆芝当以徐给事孚远柴楼之师会,可得六百人[22];将军之师至鄞江,杨推官文琦当以王职方翊大兰之师会,可得千人[23];王评事家勤当以施公子邦玠管江之师会,可得三千人[24];张屯田梦锡当以大皎之师会,可得四百人[25];而屠驾部献宸当以城中海道麾下陈天宠、仲谟二营之师为内应,可得千人[26];将军之师至慈,冯职方家祯当以其子弟亲兵会,可得五百人[27];将军之师至姚,李侍御长祥当已下绍兴,以迟将军,其东山之寨当有使者来除道以俟;而张都御史煌言当以平冈之师会,可得三百人[28];将军之师渡曹江,章都督钦臣以俰山之师会,可得二千人[29];将军之师急移小亹,合李侍御军西渡萧山,尚有石仲芳寨可得千人[30]。将军以此众长驱入杭,百里之内,牛酒日至[31],何庸以寡助为忧?"斌卿犹不信,检讨益恨而激之,斌卿大怒,奋拳击之,曰:"吾今听子言,倘侍郎爽约,吾且取子肝以饷军!"然斌卿特强许,终无出师意。检讨归,乃复令杨公文琦往,冯侍御等益劝斌卿。杨公曰:"累失期,事且坏。今十一月四日,直指使者之天台,监司而下皆送于南渡,可乘虚至也。我当约诸道毕集,以待将军之楼船。东山之兵,亦以是日入越。"[32]斌卿曰:"诺。"

自检讨偕杨、王诸公经营恢复事,东西联络,飞书发使,日无宁晷,呕出心血数石,至是以为功有绪矣,而夫己氏又告变[33]。夫己氏之欲杀"六狂生"以阻军也,自度不为清议所容,及再降于新朝,益决裂,刊揭自言其前此归命之早,而为王之仁所胁,今幸得反正,见天有日,然卒不见用,乃益思所以徼功者[34]。广行贿赂,遂得反间之力,中途赚取检讨所贻大兰帛书,尽得其详,由分守道陈谟以告之直指秦世桢[35]。直指乃诡期不出,而密调慈水之兵以袭大兰,定海之兵以剿管江,姚江之兵以捣东山,三道之兵皆溃[36],急捕检讨,得之。届期,翁洲兵入关,直抵鄞城东之三江口,诸道兵无一至者[37]。海道孙枝秀严警[38],陈、仲二将军不敢发,斌卿知有备,亦不敢攻而去。

直指乃令知府大陈刑具讯检讨,究其党与[39]。检讨乃慷慨独承曰:"心腹、肾肠、肝胆,吾同谋也。"及问帛书所载杨、王、屠、董诸人[40],皆言其不预。知府再拷之,检讨大呼曰:"太祖高皇帝造谋,烈皇帝主兵,安皇帝司饷,其余甲申、乙酉殉节诸忠范公景文、史公可法而下,皆同谋也。"[41]知府三拷之,终不屈。而是日也,谢昌元亦为人所告下狱[42]。初,谢氏欲害"五君子"[43],以求用于新朝,不料枝秀之艳其富也,欲并杀之而取其室,乃使人上书告之,又使人密语检讨曰:"谢氏,汝冤家,可力引之,当为汝报仇。"及共讯,检讨曰:"咄嗟!此乃反面易行,首先送款之人也,而谓其不忘故国,吾死不瞑矣!"[44]谢跪旁搏颡谢曰:"长者,长者!"[45]

检讨在狱中,鼓琴赋诗如平日,自称过宜居士。或问之,曰:"周公之过,不亦宜乎[46]?何有于某。"戊子五月初二日行刑[47],直指谓曰:"非不欲生汝,奈国法何!"检讨曰:"事成,吾不汝置;事败,汝亦不吾置也。"[48]绝命,有白光一缕冲天而去[49]。监国还军翁洲[50]，赠检讨，门人私谥曰毅烈。生平著述最多，乱后散佚，仅存《过宜言》八卷[51]。其狱中所订《操缦安弦谱》《泗水鼎乐府》《对簿录》，藏于高武部隐学家[52]，今惟《对簿录》尚有存者。

检讨夫人陆氏[53]，有隽才，而性贞且孝。检讨被难，夫人绝粒七日不死[54]。或曰："有姑在，何可死也？"[55]乃日进一餐。检讨正命，夫人亲诣市，纫其首于尸，负以归[56]。既殓，复绝粒，其姑垂泪劝之，复日进一餐。已而有令，徙诸家妻子于燕[57]。检讨之友高文学斗魁急过语曰："夫人当自为计。"夫人曰："诺！愿得褒衣，以见夫子于地下。"斗魁即以其妻所有予之[58]。次晨起，对镜叹曰："天乎！吾不得终孝养矣。"视其盎中尚有米，亲扫臼舂之。舂毕，跪于姑前曰："妇不随郎去，恐终不得事姑也。姑其强饭自爱，以保天年。"语毕，其姑哭，夫人亦哭，邻里闻者聚观如堵墙，皆失声哭。夫人徐起，投缳堂中，既上而绝者再，时方盛暑，汗涔涔下，邻人或以杨梅一盂进曰："愿夫人尝此而后死。"夫人亦渴甚，啖之尽，以巾拭汗，复易缳而绝。

而检讨次子凛恩，夫人于前数日密托检讨之友林评事时跃窃出匿之，但以瘅儿闻，其家莫有知之者[59]。夫人之慷慨从容，既克从死，又克保孤，时人以为巾帼中奇男子云。其后凛恩竟育于林氏，年二十始复姓，详见予所作评事阡表[60]。有谢寅生者，亦义士也，素与检讨不相还往，至是忽讯之狱中，曰："吾愿以女配公子。"检讨许之。寅生乃分以田宅而成立之。

谢氏之为枝秀所陷也，亟行赂于直指，发其贪墨事[61]。枝秀遂罢官，谢亦多方下石以报之，而刊揭自暴其前此告变之功，并为枝秀所陷之屈，然卒不见用。

呜呼！皇朝应天顺人，同轨毕附，检讨欲以精卫之力，填阏海波[62]，亦何可得？即令是时所图得遂，浙河如破竹，亦岂足延西崦之祚[63]？乃一掷不中，至再至三，卒以丧元[64]，可谓愚矣！又况重瞳受病，一往疏防，不密失身，宵人抵隙，竟漏多鱼之师，坐而受缚，同盟骈首，仇雠快心[65]，言之可为浩叹者也。然而欲存君臣之义于天地之间，则小腆虽顽，终贤于筐篚壶浆之辈[66]。至于身经百炼，终不为绕指之柔，皇朝杀其身，未尝不谅其心矣[67]。若乃夫人之凛然大节，故国故家，均为有光。而临终妙用，才反出检讨之上，又一奇也。彼反复如夫己氏，到今亦安在哉！

【注释】

〔1〕"惟《叶水心集》"句：叶适，号水心，作有《陈同甫王道甫墓志铭》，见《水心集》。陈同甫，陈亮，见《务实第一》"解题"。王道甫，王自中，字道甫，平阳人，学者称厚轩先生，后人称其与"龙川同调"，属浙学的事功学派。合志：合数人为一墓志铭、墓碑记。合传，合数人为一传。

〔2〕"但古人"二句：前人为男子作墓志铭，或并记妇人事，题中不列其名。

〔3〕检讨：翰林院属官，从七品。顺治二年闰六月，华夏倡义旗。鲁监国授兵部司务，晋职方主事，皆不受。及死难，鲁监国赠检讨。鄞：鄞县，明清宁波府辖县之一。

〔4〕王公家勤：王家勤，字卣一，号石雁，鄞县人。顺治二年闰六月，家勤与华夏等倡义旗，鲁监国授大理评事。明年，江上兵溃，家勤结寨山中。顺治四年，与华夏等谋约黄斌卿舟山水师及诸山寨兵，水陆两路会宁波城下，乘机取宁、绍、台诸府，是为翻城之谋。事泄，家勤入海乞援，道中被执，逮至杭州，被杀。见全祖望《王评事状》。始宁倪文正公：倪元璐，谥文正。见《方正学先生文集序》"解题"。始宁，东汉永建间析剡县、上虞县地，置始宁县，隋开皇中废。元璐为上虞人，故云。漳浦黄忠烈公：黄道周，字幼玄，号石斋，漳浦人。天启二年进士。崇祯间累迁詹事府少詹事。福王立，授吏部左侍郎，迁礼部尚书。隆武立，道周兼吏、兵二部尚书，请自往江西募兵。顺治二年十二月被俘，

明年被杀。隆武谥忠烈。同参蕺山之席：入刘宗周门下。新城黄公端伯：黄端伯，字元公，号海岸，江西新城人。崇祯元年进士。福王立，授礼部主事。南都陷，死之。华亭陈公子龙：陈子龙，字人中，号大樽，华亭人。崇祯十年进士，授绍兴推官，擢兵科给事中。密谋抗清，事败遁亡。顺治四年被逮，投水死。浙东社盟：明末浙东士子多结文社，与复社、几社声气相通。

〔5〕谔谔：直言辩争貌。范滂：字孟博，汝南征羌人。东汉名士，与郭林宗、宗慈等并称"八顾"。累迁光禄勋主事。建宁二年，大诛党人，范滂不肯遁亡。陈东：字少阳，丹阳人。贡入太学。宋钦宗即位，陈东屡率太学生上书，乞斩蔡京、梁师成等"六贼"。宋高宗即位，上书乞留李纲，请亲征以还二帝。以直言被杀。月旦：月旦之评。

〔6〕以恩贡入太学：华夏以恩贡入国子监。恩贡：明时皇帝登极或其他庆典颁布恩诏，于岁贡外加选恩贡。

〔7〕"乙酉六月"四句：顺治二年闰六月，浙东孙嘉绩、钱肃乐等起义兵，拥鲁王监国绍兴。华夏、董志宁等"六狂生"预其事。六狂生，谓鄞县华夏、董志宁、陆宇燝、王家勤、毛聚奎、张梦锡等六诸生。是年六月，诸子以浙江内附，诣钱肃乐等人，劝说起兵，时称"六狂生"。董志宁，字幼安。鲁监国授大理评事，弃官归。江上破，结寨山中。参与翻城之役，事泄，逃至舟山。鲁监国授兵科都给事中。舟山师破，自刎死。陆宇燝，字周明。少与钱肃乐同学，补诸生。鲁监国授监纪同知，寻进按察司副使，弃官归。江上破，入王翊、冯京第军中。兵败，密与抗清。张梦锡，字云生。鲁监国授兵部司务，与张煌言并称"大张君、小张君"。迁屯田主事，兼御史。江上破，携残卒入山。清兵搜山，梦锡迎敌，死之。毛聚奎，字象来。以诸生贡太学。鲁监国授户部郎中。江上破，结寨山中。后隐遁，年老归，卒于家。"六狂生"得终老牖下者，仅聚奎一人。

〔8〕钱忠介公：钱肃乐，字希声，鄞县人。崇祯十年进士，累迁刑部员外郎。顺治二年闰六月起兵，拥鲁王监国，授右佥都御史。病卒，谥忠介。王之仁：字九如，巴陵人。崇祯间官松江总兵。弘光时调宁绍总兵，统水师。迎鲁王监国，封武宁侯。江上师溃，之仁航海至吴淞，被执，至江宁死。返旆：返归，此特指王之仁反清归明，时之仁已纳款，仍官旧任。夫己氏：意谓某人，那个人。此指鄞县谢三宾，字象三。天启五年进士，崇祯间官太仆少卿。浙江内附，自往迎降，归见乡里兵起，遗书王之仁，请杀钱肃乐、华夏等七人。事泄，输万金充饷，得不死。后又告发翻城之谋，华夏等人及难。予所作忠介神道碑：

全祖望作《钱公神道第二碑铭》,载其事甚详。

〔9〕兵部司务:明代六部均设司务,掌出纳文书及衙署杂务。职方主事:明代兵部设职方清吏司,兵部四司之一,掌各省舆图、武官叙功、核过、军旅检阅诸事。设郎中、员外郎各一人,主事二人。主事掌章奏文移,协助郎中处理事务。

〔10〕悍帅:指王之仁、方国安。枋成:权柄已固。枋,同"柄"。诸经略:指钱肃乐等人,各领一方面军务。陈太仆潜夫:陈朱明,一名潜夫,字玄倩,钱塘人。崇祯九年举人。福王立,授监军御史。南都亡,鲁监国为复故官,加太仆少卿。自募三百人,列营江上,进大理寺少卿。江上破,赴水死。太仆:古时九卿之一,掌舆马畜牧。明代设太仆寺,长官为太仆寺卿。牛头湾:在杭州钱塘江滨。

〔11〕劲挺:犹刚直。乙酉之仲冬:顺治二年十一月。

〔12〕"又七月"二句:顺治三年五月,方国安弃江上防御,拔营至绍兴,劫鲁监国以行。至黄岩,国安降清。鲁监国航海入舟山。

〔13〕翁州:即瀹洲,指舟山。

〔14〕山寨四起:清初志士纷相结寨浙东山中抗清。

〔15〕"而钱忠介公"七句:江上破,钱肃乐由海道入闽。顺治四年,募兵编伍,连下兴化、福清、连江、长乐、罗源等三十余城,遂围福州。浙东山寨遥相为应,"六狂生"谋取宁波诸府,为谢三宾告发。

〔16〕丁亥:顺治四年。

〔17〕黄斌卿:字明辅,号虎痴,福建兴化卫人。崇祯末为舟山参将。福王立,升总兵。南都亡,归唐王,任水陆官义兵马招讨总兵官,封肃虏伯,命屯舟山。江上破,张名振扈鲁监国至舟山,斌卿不接纳。吴胜兆反清谋归,华夏等谋取宁波诸府,乞援舟山,皆犹豫未决。及其师至,事均已败泄。

〔18〕冯侍御京第:冯京第,字跻仲,慈溪人。明季诸生。入闽,隆武授职方主事,改御史,视师浙东。江上破,京第往舟山,谋兴复策。顺治四年十二月四日,从攻宁波,不克。鲁监国授副都御史,升兵部右侍郎。四明山寨破,京第被逮,死之。

〔19〕董公德钦:董德钦,字若思,鄞县人。密与抗清,为谢三宾告发,与华夏同日死。

〔20〕李长祥:字研斋,达州人。崇祯十六年进士。福王授监察御史,鲁监

153

国授右佥都御史。江上破，长祥集残部结寨上虞东山。翻城事败，聚众夏盖山，晋兵部左侍郎。舟山师溃，流亡南北，恢复无望，始居常州以终老。东山：在上虞县西南四十五里，晋人谢安尝居此，一名谢安山。

〔21〕会稽诸城邑：指绍兴府县。

〔22〕蛟关：在镇海县东二十里蛟门山，孤城屹立其中，出蛟门即为大海，明时设立镇臣。范公子兆芝：范兆芝，字香国，鄞县人。明季诸生。鲁王监国，兆芝预江上幕府。江上破，逃入深山。顺治四年十月，华夏与王家勤等谋翻城，兆芝助之，将以徐孚远柴楼之军为海师入蛟关内应。事泄被逮，幸不死。徐给事孚远：徐孚远，字闇公，华亭人。崇祯十五年举人。清兵南下，拒守松江，兵败入闽。唐王授福州推官，擢兵科给事中。唐王败，鲁监国授左佥都御史。柴楼：在定海。唐王兵溃，徐孚远自闽入浙，在定海柴楼结山寨。

〔23〕鄞江：在鄞县东北二里，即甬江，南接奉化江，西接慈溪江。三江同会大浃江，东入于海。杨推官文琦：杨文琦，字瑶仲，鄞县人。与弟文琮、文瓒、文球并称"甬上杨氏四忠"。大兰：大兰山，在余姚县南十八里。

〔24〕施公子邦玠：施邦玠，明故都督施翰之子，鄞县管江人。钱肃乐起兵，邦玠毁家输饷。预翻城之谋，同邑杜懋俊为集众三千人，且约冯京第军为应。未及期，王家勤来告事泄，邦玠与懋俊仓卒据立山寨。清兵来攻，山寨陷，死之。

〔25〕大皎：大皎岭，在鄞县西七十里。张梦锡结寨于此。

〔26〕屠驾部献宸：屠献宸，字天生，鄞县人。明季诸生。浙东义兵起，献宸杖策军门。鲁监国授兵部车驾司主事。江上破，归里。预翻城之谋，被执。与华夏、杨文琦同日死。陈天宠：字仲谦，曾为史可法麾下，降清，官海道中营游击。仲谟，曾为史可法麾下，降清，官海道中营游击。献宸游说之，皆愿效力。

〔27〕冯职方家祯：冯家祯，字吉人，慈溪人。崇祯四年进士，授屯田主事。鲁监国擢职方郎中。江上破，结寨乡里，联络东山李长祥军。翻城谋泄，被逮入狱，获释。

〔28〕张都御史煌言：张煌言，字元著，号苍水，鄞县人。崇祯十五年举人。起兵奉鲁王监国。江上破，从鲁王入闽，授右佥都御史。永历加兵部左侍郎。康熙三年，解兵而隐。清廷急捕之，是年九月就刑杭州。平冈：在上虞县。时煌言集兵平冈，屯耕待机。

〔29〕曹江：曹娥江，在绍兴城东，以汉曹盱女死孝得名。章都督钦臣：章钦臣，会稽人。佐孙嘉绩起兵，鲁监国授都督，令治火器。江上师溃，与妻金氏入偁山结寨。营寨破，夫妻同被执，不屈死。

〔30〕小亹：中小亹，地名，在海宁。石仲芳寨：石仲芳结寨诸暨西紫阆山，后为清廷招抚。

〔31〕牛酒：椎牛酾酒，牛酒指犒劳物品。

〔32〕直指使者：指巡按御史秦世祯。监司：明布政使、按察使、各分巡道有监察官吏之职，通称监司。楼船：战船。楼船将军，泛指水军统帅。

〔33〕宁晷：安定时刻。

〔34〕刊揭；刊布揭帖。见天有日：即见天日，喻重见光明。徽功：求功。

〔35〕大兰帛书：华夏贻大兰寨主王翊帛书。谢三宾赚取之，得知翻城之谋，急告发。陈谟：辽东人，顺治三年任分守宁绍台道。秦世祯：字瑞寰，广宁人，隶正蓝旗汉军。顺治四年，巡按浙江。累迁浙江巡抚，改操江巡抚。

〔36〕慈水之兵：慈溪兵。定海之兵：定海兵。姚江之兵：余姚兵。三道之兵：谓大兰、管江、东山寨兵。

〔37〕翁州兵：黄斌卿舟山水师。三江口：在鄞县东，即鄞江、奉化江、慈溪江三江同会处。诸道兵：谓华夏所言大兰、东山诸寨兵义旅。

〔38〕孙枝秀：万全人，拔贡，顺治三年任巡海道。

〔39〕知府：宁波知府韦克振，字子寅，黄冈人。党与：同党。

〔40〕杨、王、屠、董：杨文琦、王家勤、屠献宸、董德钦。

〔41〕太祖高皇帝：指朱元璋，庙号太祖，谥高皇帝。烈皇帝：指崇祯帝朱由检，弘光上庙号思宗，上谥号烈皇帝。安皇帝：指福王朱由崧，立南都，顺治三年被杀，鲁监国上谥号安皇帝。甲申、乙酉殉节诸忠：崇祯十七年北都之变，顺治二年南都之变，殉明者众。《小腆纪传》《明季北略》《明季南略》均有记载。范公景文：范景文，字梦章，号质公，吴桥人。万历四十一年进士，授东昌推官。累迁南京兵部尚书。崇祯十五年召为刑部尚书，改工部。京师陷，投井死。弘光时谥文贞。史公可法：史可法，字宪之，号道邻，先世祥符人，后籍锦衣卫。崇祯元年进士，累官南京兵部尚书。北都陷，与马士英拥立福王，自请督师扬州。顺治二年四月，清兵陷扬州，可法战死。

〔42〕谢昌元：字叔敬，资州人。开庆元年，官太学博士。累迁提举广东常平茶盐，为沿海参议官，因家于鄞。元兵南下，与庆元制置大使赵孟传迎降。

155

此借指谢三宾。

〔43〕五君子:即华夏、杨文琦、王家勤、屠献宸、董德钦。华、杨、屠、董同日被杀,王家勤死于杭州。

〔44〕咄嗟:怒叱声。反面易行:反面,谓反面事仇。易行,谓逆行倒施。送款:降附。

〔45〕搏颡:叩头。长者:贤者。语本《孟子·公孙丑下》。

〔46〕周公:姬姓,名旦,武王发同母弟。佐武王灭商。武王病死,子成王年幼,周公摄政,东征平叛,营建洛邑,制作礼乐。

〔47〕戊子:顺治五年。

〔48〕置:赦罪。

〔49〕"有白光"句:以白虹贯日赞华夏豪侠忠义。

〔50〕监国:鲁王朱以海。南都亡,监国绍兴。江上破,入舟山,再入闽。顺治十四年,去监国号。

〔51〕《过宜言》:华夏诗文集,今传抄本二种。

〔52〕高武部隐学:高宇泰,字元发,号隐学,晚号蘗庵,鄞县人。从钱肃乐起兵,鲁监国授兵部武选员外郎。江上破,密与抗清,被逮。顺治五年,翻城事泄,再囚系,幸得免。

〔53〕陆氏:陆氏名玉辰。

〔54〕绝粒:绝食。

〔55〕有姑在:姑,谓婆母。

〔56〕"检讨正命"四句:张孔式《过宜先生华公传》:"夫人陆氏袖首以归,并殓其身,联之,色不为变。年五十有九,具礼葬于定海之雁宕乡。"正命,死之婉词。

〔57〕"已而有令"二句:按清初之例,"五君子"家人应没为旗人之奴。全祖望《明故大理寺评事林先生阡表》:"六人者既死,妻子皆应北徙为勋卫役。华夫人陆氏、小杨夫人张氏最先死,大杨夫人沈氏、屠夫人朱氏相继殉。"

〔58〕"检讨之友"三句:黄宗羲《高旦中墓志铭》:"五君子之祸,连其内子。旦中走各家告之,劝以自裁。华夫人曰:'喏!请得褒衣以见先夫子地下。'旦中即以其内子之服应之,殡殓如礼。"高文学斗魁,高斗魁,字旦中,鄞县人。高斗枢弟。明亡,弃举业,师从黄宗羲,一意讲学。过语,传话。褒衣,礼服。

〔59〕"而检讨"四句:张孔式《过宜先生华公传》:"长公名凛尺","绝粒数日而逝。次公名凛咫,取时凛天颜咫尺之意"。林评事时跃,林时跃,字霞举,号荔堂,鄞县人。鲁监国授大理评事,辞之。匿华夏次子凛咫,养育成人。密与抗清,郁郁而终。瘂儿,病儿。瘂(qín),病。

〔60〕予所作评事阡表:指全祖望《明故大理寺评事林先生阡表》。

〔61〕贪墨:贪污。

〔62〕皇朝:指清朝。应天顺人:顺应天命,合乎人心。同轨毕附:同轨,谓车同轨,比喻一统天下。毕附,谓四方归附。精卫:鸟名。《山海经·北山经》:"其鸣自詨,是炎帝之少女,名曰女娃。女娃游于东海,溺而不返,故为精卫,常衔西山之木石,以堙于东海。"填阏:填没。

〔63〕浙河:浙江。破竹:比喻不可阻遏。西崦:崦嵫,日所入之山。

〔64〕丧元:丧命。元,头颅。

〔65〕"又况重瞳"八句:华夏等人有项羽之勇,终也因疏于防范谢三宾这一类小人,计划不密,遂致事败,诸子并死,令仇者快,亲者痛。重瞳,谓项羽,与舜皆重瞳子。不密失身,语本《周易·系辞》:"君不密则失臣,臣不密则失身,几事不密则害成。"宵人,小人,指谢三宾。抵隙,乘隙。漏多鱼之师:用多鱼之漏故事,喻泄漏机密。骈首,骈首就死,一并被杀。

〔66〕小腆(tiǎn):小国。余孽:此指前朝顽民。筐筐壶浆之辈:此指迎降归附的人。

〔67〕"皇朝"二句:华夏诸子虽死,也是求仁得仁。用伯夷、叔齐故事,典出《论语·述而》。谅,体察。

157

博通第四

【导语】浙学向来以"博通"称著。博是广览博取,巨细兼收;通是心胸广阔,融通达识。具体地说,博通,不仅指在知识学习方面泛观博览,取人之长,也指尊重他人、愿和他人合作的意趣,更重要的是广泛地体察、理解他人,多看他人长处,并且予以明辨、吸取,来弥补自己的学识短缺,使学说更为完备、丰满。南宋时期,吕祖谦的"浙学",同朱熹的"闽学"、张栻的"湖湘之学"及陆九渊兄弟的"心学"并起,构成了此后传承儒学道统的基本格局。相对而言,在诸家学说中,浙学最为宏通,善于吸取诸家之长,哪怕是一句善言,一个善行,一件善事,都愿意充分肯定或吸取。这个传统,为后起的浙学贤达继承和发扬。所以,浙学是开放的,并无森严的"壁垒"。如金华的"北山四先生",传承朱熹的学问,但又吸收了浙学的史学功夫,甚至也讲事功,比较切近实际。明初的宋濂自称以"君子儒"为修身的终极目标,但在很多地方也融汇了道、释的思想。后来,当程、朱理学独尊天下的时候,有如胡应麟、黄宗羲等人,并不步趋当时的讲学家,而是以更开阔的胸怀,以自我开拓、中流砥柱的勇气,建构起学术堂庑。当清中叶乾嘉汉学牢笼一代之时,也有如章学诚、李慈铭等以清醒的头脑,兼容并蓄,孜孜不倦地探究学术规律,达到了很高的境界。延至近代,如章炳麟、鲁迅等在学术上所取得的巨大成就,都可以看作是浙学"博通"精神的延伸和发展。处在当下,各行各业谋求发展、创新,尤其需要浙学的这种"博通"精神,心胸开阔,眼界高远,取人之长,为我所用,才能真正地特立于世界之列。

与朱侍讲书

吕祖谦

【解题】选自《吕祖谦全集》第一册《东莱集》(浙江古籍出版社2008年版)。这是吕祖谦回复朱熹的书信。吕祖谦,已见《务实第一·太学策问》"解题"。朱熹(1130—1200),字元晦,号晦庵,徽州婺源(今江西省婺源县)人。绍兴十八年(1148)进士。朱熹是"闽学"的创建人,为理学的集大成者,和张栻、吕祖谦并称"东南三贤"。吕祖谦和朱熹是好朋友,为了探讨学问真谛,相互通信各达一百多封,均直抒己见,毫无保留地表达了自己的观点。在现存的朱、吕书信中,可以看出二人虽然承传的同是北宋周敦颐、程颢、程颐的学脉,阐扬孔、孟圣学,崇尚儒教,修身进德,但是精神气质、学术理念以及行事方式各不相同。总体上说,朱熹性格较为躁急,尤其在学术问题上,必定争个我胜你负而后止,一丝一毫也不谦让。相对而言,吕祖谦气质平和、安详,"内责己而外宽人",注重内在涵养而不苛求于人,能包容和自己意见相左的人,不主一家,不名一师,广览博收,融会诸家之长,较多地关注当时的政治和社会,学以致用,身体力行,在当时的学术威望比朱熹高得多。朱熹对于吕祖谦的学问态度似有些不满,写信批评吕祖谦等人"喜合恶离"、"和泥合水","多藏得许多病痛",纵容了异端邪说。于是吕祖谦写信答复,并规劝朱熹在"矫揉气质上做工夫",以颜回为榜样,与其对别人"禽纵低昂之用",还不如专注自己"持养敛藏之功",体现了大度包容的气象。其实,"喜合恶离"正是吕祖谦广览博收学术风格的表现。由此也可以看出朱、吕二人学术面貌的异同。

某前日复有校官之除,方俟告下乃行,而张丈亦有召命,旦夕遂联舟而西矣[1]。惟是以浅陋之学,骤当讲画之任,虽所闻不敢不尊,而恐闻未必的[2];所知不敢不行,而恐知未必真。此所以夙夜皇惧而未知所出者也[3]。开示涵养进学之要,俾知所以入德之门,敢不朝夕从事?庶几假以岁月,粗识指归,无负期待诱进之意。

《中庸》《太极》所疑,重蒙一一镌诲,不胜感激[4]。所谕"浑然无所不具之中,精粗本末,宾主内外,盖有不可以毫发差者",诚为至论[5]。"喜合恶离"之病,砭治尤切[6]。数日玩味来诲,有尚未谕者,复列于别纸。所以喋喋烦渎者,政欲明辨审问,惧有毫发之差,初非世俗立彼我、校胜负者也[7]。人回,切望详以见教,幸甚。

"孟子杨、墨禽兽之喻[8],乃其分内,非因激而增[9],禽纵低昂,自有准则[10]"。此语甚善,然区区窃有所献[11]。大凡人之为学,最当于矫揉气质上做工夫[12]。如懦者当强,急者当缓,视其偏而用力焉[13]。以吾丈英伟明峻之资,恐当以颜子工夫为样辙[14]。回禽纵低昂之用,为持养敛藏之功,斯文之幸也[15]。孟子深斥杨、墨,以其似仁义也。同时如唐勒、景差辈,浮词丽语,未尝一言与之辨[16],岂非与吾道判然不同,不必区区劳颊舌较胜负耶[17]?某氏之于吾道,非杨、墨也,乃唐、景也,似不必深与之辨[18]。

邵氏载"康节"一段意主于称康节[19],而濂溪之语无所见,恐不载亦无害。科举枉寻直尺,诚如来谕,自此当束之高

161

阁矣[20]。

　　《易传》差误处,旦夕便递往金华,诿谨厚士人釐正。《噬嗑》"和且治矣"一段,发明尤善,盖当时草草之过也[21]。更看得有误处,告径附置来临安。俟刊改断手,即摹印数本拜纳次[22]。

　　吕与叔《中庸序说》[23],前此每以示学者。伊川崇宁后出处[24],以无文书考正。西边弃地始末,以治行倥偬[25],俟到临安少定,当讨论求教也。谢先生语,其意似谓徒事威仪而不察所以然,则非礼之本[26]。若致其知,则所以正、所以谨者,乃礼之本也。

　　时事当略闻之。近时论议者,非颓惰即孟浪[27],名实先后具举不偏,殆难乎其人[28]。此有识者之所深忧也。所欲言者,非纸墨能究[29]。

【注释】

〔1〕"某前日"四句:某,吕祖谦自称。除,拜官,授职。复有校官之除:指南宋孝宗乾道五年(1169)八月二十五日,吕祖谦除严州州学教授。教授的职责是训导学生,掌管功课、考试等事。俟(sì),等待。告,告身。告身是古代官员的委任凭证。张丈,张栻(1133—1180),字敬夫,号南轩,广汉(今四川绵竹)人,南宋理学家。召命,张、吕二人同时召至朝廷,任张栻为严州太守,任吕祖谦为严州州学教授。二人从临安出发赴任,故说"联舟而西"。

〔2〕"惟是"四句:只是因为自己学问浅陋,忽然承担讲学传道的重任,虽说自己不敢不尊奉行事,但是很担心不一定能达到要求。讲画,讲学。

〔3〕"所知"三句:凡是自己明白的道理不敢不身体力行,只是担心自己明白的道理是否准确无误。这是我日夜忧愁而不知该如何是好的事情。

〔4〕"《中庸》"三句:《中庸》是儒家的典籍,但是这里指的是吕祖谦写过的讨论《中庸》和《太极》方面的文字。朱熹对吕祖谦所写的表达了不同意见,所以吕祖谦很谦虚地说,承蒙您教诲,非常感激。疑,质疑。镌诲,教诲,告诫。

〔5〕"所谕"五句:朱熹《晦庵先生朱文公文集》卷三三《答吕伯恭》:"其病

在乎略知道体之浑然无所不具,而不知浑然无所不具之中,精粗本末,宾主内外,盖不可以毫发差者……来教又谓吾道无对,不当与世俗较胜负,此说美则美矣,而亦非鄙意之所安也。夫道固无对者也,然其中却著不得许多异端邪说,直须一一剔拨出后,方晓然见得个精明纯粹底无对之道。"所以吕祖谦信中这句话的意思是说,您告诉我说"天理虽然是一个完整的整体且无所不包的,但是它也是有精粗、本末、主宾、内外的,它这些性质的差别,是界限分明的,没有一丝一毫的错位",这的确是至理名言。谕,告知。浑然,完整不可分割的样子。

〔6〕"喜合恶离"二句:喜合恶离,爱好综合、认同,讨厌排斥、摒弃。这是朱熹批评吕祖谦的原话。砭(biǎn),治病的石针。砭治,比喻通过批评从而使对方改正错误。切,深切,正确。

〔7〕"所以喋喋"四句:喋喋,唠叨不休的样子。烦渎,冒犯,烦扰。政,只是。明辨,辨别清楚。审问,仔细考究。立彼我、校胜负,分出我是你非,争个我死你活。

〔8〕孟子杨、墨禽兽之喻:指《孟子·滕文公下》里说的:"杨氏为我,是无君也;墨氏兼爱,是无父也。无父无君,是禽兽也。"杨、墨属于战国诸子百家的代表人物。杨指杨朱,主张"为我"。墨指墨翟,主张"兼爱"。孟子这句话的意思是,杨朱主张个人自私自利,就必然导致不会对君上尽忠;墨子主张没有差别地爱所有人,就必然造成体现不出对自己父亲的特别的爱。这就是目无君上,目无父亲,这就跟禽兽一样了。

〔9〕"乃其"二句:孟子把人说成是禽兽,不是因为对方把孟子激怒了所以孟子把话说得重,而是这是孟子根据对方的错误程度而采用的不同说话方式。

〔10〕"禽纵"二句:意思是孟子说话宽严缓急,自有一贯的合理的标准。禽,同"擒"。禽纵,本义是擒拿和释放,这里比喻宽严缓急。低昂,本指一高一低,这里是指批评尺度,时而严厉,时而宽缓。

〔11〕区区:诚恳的样子。所献:疑惑的问题,指吕祖谦提出商榷的问题。

〔12〕"大凡"二句:人们从事学习,最要紧的事情是应当在秉性气质方面做些工夫。矫揉,矫正,改变。气质,秉性,性格。

〔13〕"如懦者"三句:天性懦弱的人要通过学习使自己变得刚强一些,天性躁急的人要通过学习使自己变得宽缓一些。

〔14〕吾丈:我的长辈,是对朱熹的尊称。英伟:英俊奇伟。明峻:同"明

俊",聪慧俊异。颜子:颜回,学道不倦,是孔子最得意的学生。样辙:榜样。

〔15〕"回禽纵"三句:禽纵低昂,针对批评他人;持养敛藏,针对自己修德。把针对他人宽严缓急的那些闲心思收回来,一心一意做好自己的修身养性。回,改变。持养,保养。敛藏,收敛。

〔16〕"孟子深斥"四句:唐勒、景差:都是战国末期楚国人,据说师事屈原,善作辞赋。全句的意思是说,孟子当年严厉批判杨朱、墨翟,是因为杨、墨的学说混同于孔子的"仁义"学说;而对当时唐勒、景差的辞赋,不曾有一语与他们分辩。

〔17〕"岂非"二句:因为唐勒、景差的辞赋明摆着是"浮词丽语",和我们的思想本不是一路,不辩自明,没有必要费口舌争胜负。

〔18〕"某氏"四句:某氏,似指北宋的"三苏"(苏洵、苏轼、苏辙)。朱熹严斥"三苏"文章,视之如害道毁圣的异端,一概否定,不留余地。吕祖谦以为"三苏"类似战国的唐勒、景差,没有必要和他们争辩。事实上,吕祖谦对"三苏"以为有可取之处,所以吕祖谦《宋文鉴》《古文关键》都选了"三苏"许多篇目。这也是朱、吕学术不同的地方。

〔19〕邵氏:指邵溥(?—1148),字泽民,南宋初为户部侍郎,著《邵氏集》二十卷。邵溥是邵雍的孙子。康节:即邵雍(1011—1077),字尧夫,康节是他的谥号,北宋理学家,和周敦颐(号濂溪)、程颢、程颐、张载齐名,并称"北宋五子"。

〔20〕"科举"三句:想通过科举的路径来培植弟子学习圣学,结果是在这个过程中好的得到得很少,而坏习气得到得反而很多,失大得小。确如来信所教诲,自此以后应当放弃不用。枉寻直尺,是《孟子·滕文公下》里的说法。枉,屈。寻,八尺。直,伸。意思是屈大伸小,失大得小。

〔21〕草草:匆忙草率的样子。

〔22〕"俟刊改"二句:等到校改完了,就印刷数本,奉送给您。断手,了结,结束。

〔23〕吕与叔:名大临(1046—1092),与叔是他的字,北宋理学家,师程颐、张载,精《礼》学。

〔24〕伊川:指程颐(1033—1107),字正叔,世称伊川先生。崇宁:北宋徽宗年号(1102—1106)。出处:出和处,出仕和隐退,这里具体指他的行迹。

〔25〕倥偬(kǒng zǒng):困苦穷迫。

〔26〕谢先生:名良佐(1050—1103),字显道。南宋初理学家。威仪:指庄重的仪容。

〔27〕孟浪:冒失。

〔28〕"名实"二句:名实相副,前后一致,全面而不偏颇,大概这样的人很难找到。

〔29〕"所欲"二句:想要说的话,不是信里能说完的。究,穷尽。

说斋先生文粹序 节录

苏伯衡

【解题】选自苏伯衡《苏平仲集》卷五(《金华丛书》本)。苏伯衡,字平仲,生活于元末明初。眉山苏辙的九世孙。苏辙长子苏迟知婺州府,于是把家迁到金华,遂为金华人,其居址即在今金华市婺城区的苏孟乡。明太祖时,苏伯衡曾为国子监学录、学正等官,后被诬陷而惨遭极刑。苏伯衡所说的"说(yuè)斋先生",是指唐仲友。唐仲友(1136—1188),字与正(或写作"与政"),说斋(或写作"悦斋")是他的号,金华人,南宋儒学家。在当时,金华既有倡性理学说的吕祖谦,又有事功学说的陈亮、经制学说的唐仲友,都是浙学名家。但是,唐仲友和朱熹水火不容,势不两立,官司竟然打到南宋朝廷。有意思的是,苏伯衡的父亲苏友龙是许谦的弟子,许谦又为朱熹嫡传的金华"北山四先生"之一,苏伯衡并没有囿于这种私人关系及学派恩怨,而是站在客观的角度,对唐仲友的思想进行了评价,这行为本身表现出超越狭隘的胸襟和弘放的气度。在这篇序文中,苏伯衡认为,唐仲友思想的核心是经制,而周敦颐、二程、朱熹等人思想的核心是理道心性,二者路数不同,理道心性与经制是体与用、里与表的关系,而并非矛盾关系。特别需要指出的是,他称赞唐仲友对待其他知识思想,能够"不专主一说,不务为苟同,隐之于心,稽之于圣人,合者取之,疑者阙之","天文地理,王霸兵农,礼乐刑政,阴阳度数,郊庙学校,井野畿疆,莫不穷探力索于遗编之中而会通其故,不啻若身亲见之;上下古今,和齐斟酌之以综世变,精粗本末兼该并举",从而形成一个综合包举而又个性十分鲜明的有价值的思想学术体系。这是十分中肯的论断。这一点,也可以从当时周必大撰写的《帝王经世图谱题辞》里得到旁证:"金华唐仲友字与政,于书无不观,于理无不究。凡天文地理、礼乐刑政、阴阳度数、兵农王霸,皆本之经典,兼采传注,类聚群分,旁通午贯,使事时相参,形声相配,或推消长之象,或列休咎之证,而于郊庙学校、畿疆井野尤致详焉。各为总说附其后,始终条理,如指诸掌。"由此看来,在古人眼里,综合包举的学术风格是唐仲友非常明显的个性特征。

宋自濂溪周子、河南程子倡明性理,号为道学,递相传受;至乾道、淳熙间,紫阳朱子、广汉张子、东莱吕子鼎立于一时,而东南学者翕然宗之[1]。说斋唐公出乎其时,又与吕子同居于婺,而独尚经制之学[2],真可谓特起者矣。而岂立异哉?尚论道统[3],由周、程等而上之至孔、孟、由孔、孟等而上之至三王,又等而上之至于五帝[4]。经制者,二帝三王之治迹也[5]。闻之曰,治本于道,道本于心,得其心与道,而后其治可得而言[6],则经制、性理,固自相为表里者也。苟从事性理而经制弗讲焉,不几于有体而无用乎[7]?公之尚之也,有不能已者矣,立异云乎哉!

公与其父侍御史尧封、其兄饶州教授仲温、乐平主簿仲义皆绍兴名进士,家庭之间,自相师友。不惟史学绝精,而尤邃于诸经。自谓不专主一说,不务为苟同,隐之于心,稽之于圣人,合者取之,疑者阙之;又谓三代治法[8],悉载于经,灼可见诸行事,后世以空言视之,所以治不如古。此其志为何如哉?

天文地理,王霸兵农,礼乐刑政,阴阳度数,郊庙学校,井野畿疆〔9〕,莫不穷探力索于遗编之中而会通其故,不啻若身亲见之;上下古今,和齐斟酌之以综世变,精粗本末兼该并举。其所造又何如哉?使得志而大行焉,举帝王之大经大法于千载之后,辅成一王之治,俾天下之人复睹唐、虞、三代之盛,夫何难之有?然天性廉直,利不能回,势不能挠,忤物既多,谤讟攸归〔10〕,仕未通显,而遽自引退。其欲发而措之事业者,仅推而托之论述。此君子之所以追恨而深惜者也……

【注释】

〔1〕乾道、淳熙:都是南宋孝宗的年号,乾道指的是1165—1173年,淳熙指的是1174—1189年。濂溪周子指北宋的周敦颐,河南程子指程颢、程颐两兄弟,俗称二程,朱熹、吕祖谦曾编选周敦颐、二程、张载的著述为《近思录》。紫阳朱子指南宋朱熹,广汉张子指张栻,东莱吕子指吕祖谦,三人被称为"东南三贤"。他们思想的核心命题是理道心性。

〔2〕经制之学:圣贤治理国家社会的制度方法。

〔3〕道统:儒家思想的源流。

〔4〕三王:夏禹、商汤、周文王与武王。五帝:黄帝、颛顼(zhuān xū)、帝喾(kù)、唐尧、虞舜。这些都是儒家标榜的圣人。

〔5〕二帝:尧、舜。

〔6〕"治本"四句:这是南宋朱熹门人蔡沈在《书集传序》中的话。全句的意思是说,治理现实国家社会的具体方法源于儒家经典中所载的圣人之道(理念与方法等),而圣人之道源于他们内在大公无私、光明正大的仁心仁德。只有体会掌握了圣人们的道德、治国理念与方法,而后现实的社会才可能治理得好。

〔7〕体用:是宋儒运用的一对重要思想概念。体相当于实体,用相当于功能、作用。

〔8〕三代:夏、商、周。

〔9〕"天文"六句:天文,天象历法;地理,地域分野;王霸,王道与霸道,即

道德感化与武力征服的治国之法。兵农,兵役制度。礼乐刑政,礼制、音乐、刑法、政令,这些都是控制、治理民众的具体措施。阴阳度数,日月运行的度数。郊庙,祭祀天地祖先的礼仪。井野畿疆,国家的城乡及疆土管理制度。

〔10〕谤讟攸归:招致别人的怨恨和诽谤。谤讟(dú),怨恨诽谤。攸,所。

叶秀发传

宋　濂

【解题】选自《宋濂全集》(人民文学出版社2014年版)。这篇传记原属《杂传九首》之一。叶秀发既是吕祖谦的门生,又师从唐仲友,兼修了两家之学。在南宋前期的婺州(当时辖金华、义乌、永康、武义、浦江、兰溪、东阳七县,即今金华地区),儒学兴盛,号为"婺学",它由三个学派组成:吕祖谦、吕祖俭兄弟的性命之学,陈亮的事功之学,唐仲友的经制之学。虽然吕祖谦、唐仲友的学术各有侧重,存在明显差异,正是因为这个原因,吕、唐二人交往不多,但是叶秀发把吕、唐打通了,融会了两家的精华。不但如此,还和楼钥、史弥巩、娄昉、郑性之、杨简、袁燮等名儒相互交往、研讨。叶秀发的学问,不守一家,不名一师,博采诸家之长,所以在任职行事处理复杂具体的事务时能够举重若轻,左右逢源,得心应手,不乱方寸。本传所载其行迹、功业,也足以证明这一点。今推言之,要想有效地应对大大小小的实际事务,没有广泛的阅历、广博的学识是根本不可能的。

　　叶秀发,字茂叔,其先由栝徙金华[1],为金华人。秀发师事吕祖谦、唐仲友,极深性理之学。以余力为文,辄擢庆元丙辰进士第[2]。弟子慕之,从其学者岁至数百人。初授福州长溪簿[3],丁父忧而归[4]。服除[5],转庆元府学教授[6]。秀发尝著《论语讲义》，发越新意，以诲诸弟子，且曰："圣门授业之源，无过此书。然义理无穷，倘一切沿袭旧说，吾心终无所得。若欲见诸行事，是犹假他人之器以为用，用之于己且惴惴焉不以为便，况欲假人乎哉？"时巨儒楼钥、史弥巩、娄昉、郑性之、杨简、袁燮皆器秀发[7]，与之交。而于简问难尤切，每至日昃忘食，简自谓有所启发，得边、詹、顾、叶四子为喜[8]。叶盖指秀发也。

秩满关升循从政郎、建宁府政和令[9]。丁母忧。服阕[10]，调安庆府桐城丞[11]。金人犯蕲、黄二州[12]，桐城为邻壤，万目睽睽不相保。骑兵将迫，家人号泣求避，秀发叱之曰："此正臣子竭力致身之日，虽死何憾？苟先去之，如一邑生聚何？"[13]修城浚濠，日为备御计。会金人使谍者至，秀发擒之，亟斩于城门以徇[14]。金人计沮不得近，邑赖以完。事定，制阃忌其功不自己出[15]，上其擅斩非法，降迪功郎。未几，再叙[16]，改令入官，授宣教郎、知徽州休宁县[17]，俄以前事论夺[18]。秀发退居余十年，无一毫觖望意[19]，独愤李诚之之冤，上书讼于朝。初，诚之守蕲，蕲陷，一城士卒皆战死无降者，诚之亦望阙再拜，拔剑自刭。议者不录其忠，反咎其不能全人，故秀发不平而讼之。言辞朗烈，闻者降叹。

史弥远当国[20]，人有自桐城来者，弥远以秀发事为问，其人历言抚绥安定之详，且谓："某等得保首领至今，皆叶桐城之赐。不然，已无桐城久矣。"弥远额之，从容问参知政事宣缯[21]，其言同。弥远叹曰："几失贤矣！"即日起秀发擢知真州杨子县[22]，转奉议郎、差监都进奏院。越七日，命知高邮军[23]。高邮为淮东紧治[24]，时尚绎骚弗宁[25]。秀发上五策，一曰防海道，二曰审边城，三曰择武守，四曰练军实，五曰畜财用，而以正人心、作士气为之本，言多听。高沙三十六

171

湖[26],水高而田下,堤防不固,则千里一壑,民且无稼。秀发建石埭以疏水势[27],潴泄有恒[28],无干溢之病。其后马光祖来为守[29],行埭上,思秀发功,构堂乐梁之堤以祠焉。寻转承议郎。疾作,上书乞致事,特升朝奉郎。已而疾甚,力劾去贪墨吏。人劝其何自苦如此,秀发曰:"不可。吾死后,彼必残吾民以逞。"同列来问疾,整襟对坐,惓惓以究心边事为属,无他言。其忠义出于天性,至死不变如此。绍定庚寅九月卒[30],年七十。卒之日,唯遗书籍数箧、敝衣一袭,至无以为敛。当属纩时[31],民梦秀发拥高牙大纛入岳祠[32],民疑其为神,遂肖像而祠其中云。

秀发夷险一节,临事唯可以义动,不可以势利劫。泽物之念,则若饥渴然。居田里日,有犯私铸者,县令赵善琛欲重其刑而连坐之,秀发曰:"刑一成而不变,君子所尽心焉。纵奸固失,伤善亦岂为得哉?"善琛为之止。有悍戾者日嗜斗富,人嫉之,欲以啸聚之名置于法,秀发白于郡守郑如刚曰:"血气之争则有之,啸聚则未之闻也。"民因得不死。秀发卒后,累赠朝议大夫,学者尊之曰"南坡先生"。所著书有《易说》《周礼说》《论语讲义》及诗文行于世。子梦择,孙振祖,皆出仕,能以清白世其家云。

赞曰:濂尝读国学进士王若讷记秀发桐城斩谍事,未尝不流涕而叹也。当金人陷蕲,士大夫析圭儋爵者或纳款卖降之不暇[33],有若秀发者,官仅一丞耳,则不顾妻子,婴城固守,法宜在所褒嘉,顾以擅斩而罪之,果何道耶?譬有丈夫焉,居深山中,盗欲舞刀剑夺其财,先遣游侦以察虚实,其隶怒杀侦者,丈夫乃不责盗而责隶可乎?不可也。国之政如此,将何以致乎治耶?宋自是而微矣。呜呼!自古当季世变白为黑,倒上为下,若斯之类甚众,人所不能堪,而秀发安之,抑贤矣哉!

【注释】

〔1〕栝:隋因栝苍山设栝州栝苍县。后代写作"括"。括苍(今浙江省丽水市)。

〔2〕庆元丙辰:南宋宁宗庆元二年(1196)。

〔3〕福州长溪簿:宋福州长溪县(今福建省霞浦县)的主簿,为县令的辅佐。

〔4〕丁父忧而归:传统礼制规定,父母逝世后,官员一般都要离职回乡,持服守丧三年。

〔5〕服除:守丧期满,脱去孝服,表示守丧之事结束。

〔6〕转庆元府学教授:升任庆元府(今浙江省宁波市)府学的负责人。

〔7〕"时巨儒"句:当时的大儒楼钥、史弥巩、娄昉、郑性之、杨简、袁燮都敬重叶秀发。楼钥(1137—1213),字大防,自号攻媿主人,鄞县(今宁波市)人,隆兴元年(1163)进士。史弥巩(1170—1249),字南叔,号独善,鄞县人,杨简的弟子,嘉定十年(1217)进士。娄昉,即楼昉,字旸叔,号迂斋,鄞县人。少从吕祖谦学,绍熙四年(1193)进士。郑性之(1172—1255),初名自诚,字信之,号毅斋,侯官(今福建福州)人,师朱熹,嘉定元年(1208)进士第一。杨简(1141—1226),字敬仲,慈溪(今宁波慈溪)人,师陆九渊。袁燮(1144—1224),字和叔,号絜斋,鄞县人,淳熙八年(1181)进士。

〔8〕边:即边应时,袁燮的女婿,江西转运司进士。詹:即詹仪之,字体仁,遂安(今浙江省淳安县)人。绍兴二十一年(1151)进士,曾与张栻、吕祖谦、朱熹游,讨论学问。顾:即顾平甫,师詹阜氏,传陆九渊之学。

〔9〕"秩满"句:任职期满,按照规定的程序循资升迁为从政郎、建宁府政和县(今福建省政和县)的县令。县令是一个县的总负责人。

〔10〕服阕:即前文的"服除"。

〔11〕桐城丞:桐城县(今安徽省桐城市)县丞。县丞是县令的辅佐,佐理县事,监督群吏。

〔12〕蕲、黄二州:蕲州与黄州,宋属淮南西路,蕲州治在蕲春(今湖北省蕲春县),黄州治在黄冈(今湖北省黄冈市)。

〔13〕生聚:民众。

〔14〕徇:示众。

〔15〕制阃：制置使的别称，掌管该地区的军事长官。

〔16〕叙：即叙复，因罪责等被免官的人，按照规定的条件重新恢复原有的官职。

〔17〕知徽州休宁县：当休宁县的县令。徽州休宁县，宋属江南东路，治在休宁（今属安徽）。

〔18〕夺：即夺职，削去职名。

〔19〕觖（jué）望：怨望。

〔20〕史弥远当国：史弥远（1164—1233），字同叔，鄞县人。淳熙十四年（1187）进士。嘉定元年（1208）拜右相，此后总揽朝政大权达二十五年之久。

〔21〕参知政事宣缯：参知政事即副宰相。宣缯：庆元府人，嘉定十四年（1221）拜参知政事。

〔22〕擢知真州杨子县：提拔为真州杨子县的县令。真州杨子县，宋属淮南东路，治在白沙镇（今江苏省仪征市）。

〔23〕高邮军：宋属淮南东路，治在高邮县（今江苏省高邮市）。在当时，高邮军的地位同下州，其下有辖县，有很重要的军事功能，所以地位比较重要。

〔24〕紧治：军事地位十分重要的地区。宋代的州、县，依据其人口、地位等因素，分为紧、上、中、下等不同的等级。

〔25〕绎骚弗宁：骚动不平静。

〔26〕高沙：高邮别名，周遭多湖泊。

〔27〕石埭（dài）：石坝。

〔28〕潴（zhū）泄：蓄水和放水。

〔29〕马光祖：字华父，号裕斋，金华人。师真德秀。宝庆二年（1226）进士。

〔30〕绍定庚寅：南宋理宗绍定三年（1230）。

〔31〕属纩（kuàng）：人临终之时，用新丝绵置于其口鼻上，检验其是否断气。这是古代的一种礼仪。

〔32〕高牙大纛（dào）：高大的牙旗和大旗。

〔33〕析圭儋（dān）爵：任官受爵。儋，同"担"，承受。

四明文献集后序

童 稷

【解题】选自《深宁先生文钞摭余》(《四明丛书》本)。这是王应麟所撰的诗文集,乃叶熊所辑,张寿镛收在《四明丛书》里。深宁先生,即王应麟(1223—1296),字伯厚,学者称厚斋先生,鄞县人。淳祐元年(1241)进士,官至礼部尚书兼给事中。入元不仕,专心著述。王应麟著述宏富,有《深宁集》一百卷、《玉堂类稿》二十三卷、《诗考》五卷、《诗地理考》五卷、《汉艺文志考证》十卷、《通鉴地理考》一百卷、《通鉴地理通释》十六卷、《通鉴答问》四卷、《困学纪闻》二十卷、《蒙训》七十卷、《集解践阼篇》、《补注急就篇》六卷、《补注王会篇》、《小学绀珠》十卷、《玉海》二百卷、《词学指南》四卷、《词学题苑》四十卷、《笔海》四十卷、《姓氏急就篇》六卷、《汉制考》四卷、《六经天文编》六卷、《小学讽咏》四卷,可谓洋洋大观,清代《四库全书》的编纂者说:"应麟博洽多闻,宋代罕其伦比。"全祖望说:"四明之学多陆氏,深宁之父亦师史独善以接陆学。而深宁绍其家训,又从王子文以接朱氏,从楼迂斋以接吕氏。又尝与汤东涧游,东涧亦兼治朱、吕、陆之学者也。和齐斟酌,不名一师。"王应麟的父亲王㧑师从楼昉(迂斋)和史弥巩(独善),楼昉是吕祖谦的门人,史弥巩的老师杨简则是陆象山的门人。王子文即王埜,真德秀的门人,真德秀传朱熹的学说。汤东涧即汤汉。从这里可以看出,王应麟之所以能够取得特异的成就,是与他的师承学侣有密切的关系的。简言之,这主要在于他能够站在现实需要的基础上对诸家学说"和齐斟酌,不名一师",所以才能成就其如此大的学问。

深宁先生为有宋诸大儒之殿[1],所著书三十余种,今版行犹十四五,独传志所称《深宁集》百卷、《制稿》四十五卷举归散逸无传者[2],海内稽古之士为其学恨不获诵其文,况其乡之后进乎?恭阅《钦定四库全书总目》,著录《四明文献集》五卷,皆公文也[3]。《集》为前明初郑教授真所选各家诗文[4],凡六十卷,惟此巍然独存,其光岳精气,郁勃于撋蚀之余[5],藉手郑氏以升耀西昆璧府邪[6]?近乃有叶氏《摭余编》[7],自省、郡、邑各乘所载,泊天一阁、抱经楼诸藏书家所留遗,靡弗蒐缉,亦裒足三卷[8],而郑选底本适与并出,其前喆神明,惠睠桑梓,耿然历五百余载,将终启海东儒术邪[9]?小山太守爰合二种梨之[10]。

按郑选制诰居宗,或怪其杂文太尠[11]。夫南宋诏令大述作,浮溪声其始,先生振其终,咸所谓"黄麻似《六经》"者[12]。而先生时沦胥景象,去荒朝闰位不能以寸,尤赖润色扬厉,所以存德祐,与文山比烈[13]。其呻呼愤踊,感激万类,则兴元唐诏不啻焉[14]。贼臣卖降,觍然冒元史功,首揽除授诸敕[15]。宋恩赍如是,推诚倚畀如是,急而求、垂泣而道如是,令朽骨有知,且恶而思去其籍,以之参史传、惩梼杌于百世下,纲常伦理之所以亘宇宙,又岂为无预[16]?郑即汲汲于是而不暇其他,有说也。然吾闻先生家有元季析产旧籍,籍各著先生文集如干卷,彼此割裂若天吴紫凤[17]。噫!清门文采,至此安得不思藏名山,副诸京师邪[18]?教授生稍晚,已析者必或存或亡,不得已,姑录所存云尔。天下大观非可一隅囿,彼宜隐隐有竢矣[19]。今叶氏所拾,虽丛碎而体式较具,合两种虽于全集仅二十而一,而先生涯量已略可泝测[20]。

先生承明招学派,兼绍朱、陆,旁逮永嘉[21]。凡讲求心性,抽讨载籍,究明古今经制治法,可以佐庙谟、裨掌故者,罄生平著书之蕴一见诸文。故所列各首,经史理学隐现其中,大而法象舆地[22],小而名物数度[23],无不研极原本,昌黎所谓"侈之以《诗》《书》六艺之学,先圣贤之德音,以成其文,以辅其质"[24],非大儒孰能与于斯?

吾乡自先辈以来,或偏尚陆学[25],然亲炙先生得其传者有果斋、剡源、清容[26],其后郑以《荥阳外史集》称,迄时则诸万、谢山[27],并足当私淑艾[28],流风未沫[29],实事求是,存乎其人,小山与诸君得毋有意欤!昔西山真氏卜吕成公有千载之功、数世之泽,先生与成公代兴者[30],斯文功泽之远且广,则吾乡固不得而私之也。

【注释】

〔1〕殿:最后。

〔2〕"独传志"二句:意思是说,唯独传、志里所说的《深宁集》百卷、《制稿》四十五卷,全部都散佚失传了。传志,传大概是指《宋史·王应麟传》,志指《(乾隆)鄞县志》、《(雍正)浙江通志》等。举,全部。

〔3〕"海内"五句:为其学,继承他(指王应麟)的学问。恨,遗憾。《钦定四库全书总目》,清乾隆时朝廷所编纂的《四库全书》的总目录。《四明文献集》,表面上看是四明(今宁波市)文献的总集,但是实际上是王应麟的个人文集。

〔4〕郑真:字千之,号荥阳外史,鄞县人。洪武四年(1371)乡贡进士。官临淮府教谕,后升广信府教授。郑真尝辑录四明先贤诗文为《四明文献集》,录王应麟之文五卷,即后世所谓应麟《四明文献集》五卷。郑真原辑六十卷,未刻行。崇祯末,陈朝辅得残抄本,因作补辑。今存郑辑、陈补《四明文献集》

仅十五卷。

〔5〕巍然:又作岿然,高大特立的样子。郁勃:生气勃勃的样子。揜蚀:揜同"掩",掩没。蚀:侵蚀。

〔6〕藉手:借助。升耀:升起光华。西昆璧府:西方昆仑山藏宝玉的府库,相传也是古代帝王藏书之处。

〔7〕《摭余编》:清道光间,叶熊收拾王应麟《四明文献集》集外残佚,编刻《深宁先生文钞摭余》三卷。

〔8〕"自省"四句:蒐(sōu)缉,同"蒐辑",搜集。裒(póu),聚集。天一阁、抱经楼,都是宁波府的著名藏书楼。

〔9〕"惠睠"三句:上天特别照顾我们宁波老家,分明经历五百余年,使应麟故书保存下来,难道是为了最终重新开启家乡的儒学么?桑梓,指故乡。海东,指宁波府。

〔10〕爰:于是。梨:以梨木刻版。这里是指刻书、印书。

〔11〕"按郑选"二句:《四明文献集》总共收录了一百七十余篇文,制诰即骈体文居十之七,非骈体的古文很少。尠(xiǎn),同"鲜",少。

〔12〕"夫南宋"四句:意思是说,王应麟也享有汪藻这样的荣誉。浮溪,即汪藻,字彦章,号浮溪,饶州德兴(今江西德兴市)人。宋高宗时,为翰林学士,朝廷诏令多出其手。高宗赐以白团扇,亲书"紫诰仍兼绾,黄麻似《六经》"十字。

〔13〕"而先生"五句:王应麟当时沉沦于田野民间之中,不能在蒙元朝廷里就近去改变它(当时南宋奸臣留梦炎就投降了蒙元并在元廷做高官),所以只能通过文章写作来表彰宣传南宋政权,在力图保存南宋德祐王朝这一点上,王应麟的所作所为与文天祥一样崇高辉煌。沦胥,沦陷,沉沦。荒朝,荒远朝廷,指蒙元帝国。闰位,非正统王位,此指蒙元王朝。扬厉,发扬光大。德祐,南宋最后一个皇帝即恭帝赵㬎(xiǎn)的年号。文山,文天祥(1236—1283),字宋瑞,号文山。吉州庐陵(今江西吉安市)人。宋末,官至右丞相,被俘,羁大都,不屈而死。比烈,同光辉。

〔14〕"其呻呼"三句:兴元,唐德宗李适年号。兴元元年(784),在陆贽的劝谏下,唐德宗赦天下,改元,下诏,公开承认"天谴于上而朕不寤,人怨于下而朕不知。驯致乱阶,变兴都邑,万品失序,九庙震惊,上累于祖宗,下负于黎庶,痛心靦貌,罪实在予",承担了全部责任,而赦免了造反的士兵,并停止了不

178

当的苛捐杂税。在宣布这个诏书的时候,那些士兵都因为感动而哭泣,停止了跟随朱泚造反,暂时稳定了唐王朝的统治。据说这个诏书出自贤相陆贽之手。这句话意思是说,王应麟在制诰写作中大声疾呼,激发了形形色色的人,所起的作用超越了陆贽为德宗所写的诏书。

〔15〕"贼臣"三句:靦(tiǎn)然,不知羞耻的样子。这里指的是留梦炎。留梦炎当过南宋王朝的左丞相,投降了蒙元,后来当上了蒙元王朝的翰林学士承旨,而翰林学士承旨的主要任务就是替皇帝写诰敕,所以这里说卖国贼卖国投降,毫不羞耻地承担蒙元王朝的史官之责,作为诰敕写作的首要承担者。实际上,后来文天祥被杀,也与他有关。当时蒙元朝廷里有人请求不杀文天祥,放文天祥出狱去当道士,但是留梦炎阻止了。

〔16〕赉(lài):赏赐。倚畀:倚靠信任。梼杌:恶兽,楚国作为史书名,用于惩恶。纲常伦理之所以亘宇宙,又岂为无预:儒家的纲常伦理永远充斥于天地宇宙之间,对于恶人难道会没有预设惩罚措施?

〔17〕"然吾闻"三句:析产,兄弟分家而割分财产。旧籍,先人留下书籍。如干:若干。天吴,传说是兽身人面的水神。紫凤,传说中像凤的神鸟。古代把天吴、紫凤画成图案来妆饰衣服,衣服破残以后,天吴、紫凤图案也会颠倒错乱。这里用来比喻王应麟的书籍被拆分得像破衣裳上的天吴、紫凤的图案,颠倒错乱,不可收拾。

〔18〕清门文采:指王氏家族所收藏的王应麟的古书。副:指书籍的复本。

〔19〕"教授生"六句:意思是说,郑真稍稍晚生于王应麟,被析分的书或存或亡已不可知,不得753,姑且录下所见的书。天下名家著作不会只收藏于某个地方,在他处也会有收藏,某个时候会重见天日,等待这天的到来。教授,指郑真。大观,这里是指为人所崇拜的名家著作。隅、角。囥,蓄藏。隐隐,仿佛。竢(sì),等待。

〔20〕"今叶氏"四句:现今叶熊所整理的《摭余编》,虽然细碎错杂,但是各种体裁完整,合郑真《四明文献集》和《摭余编》二种书,对于《深宁集》来说,虽然仅存二十分之一,但是王应麟学问的规模已大略可以推测。体式,指文章体裁、样式。涯量,范围。泝,通"溯",推测。

〔21〕明招学派:指吕祖谦开创的东莱学派。朱:朱熹。陆:陆九渊。永嘉:指永嘉学派,代表人物有薛季宣、陈傅良、郑伯熊、叶适等。

〔22〕法象舆地:天象与地理。

〔23〕名物数度:也称名物度数,指事物及制度。

〔24〕"昌黎所谓"句:用《诗》《书》等六艺之学来扩展自己,尊崇圣贤的道德教诲,从而成就自己外在的行仪,辅成自己内在的道德本质。昌黎即唐代韩愈,这是他《送杨支使序》里的话。六艺,《诗》《书》《礼》《乐》《易》《春秋》。

〔25〕陆学:陆九渊的思想与学术。

〔26〕果斋:即史蒙卿,字景正,鄞县人,咸淳元年(1265)进士,宋亡不仕。剡源:即戴表元,字帅初,奉化人,宋元间学者。清容:即袁桷,字伯长,鄞县人,宋元间学者。

〔27〕诸万:清代鄞县人万泰及其八子万斯年、万斯程、万斯帧、万斯昌、万斯选、万斯大、万斯备、万斯同在学术上都有较高造诣。谢山:清代鄞县人全祖望(1705—1755),字绍衣,号谢山,著名经学家、史学家、文学家。

〔28〕私淑艾(ài):淑:拾取。艾:取。淑艾,借指得益。私淑艾即私淑,指虽然没有得到对方亲自授业,但是因尊敬对方而私自传其业。

〔29〕流风未沫(mò):美好的风韵流传未尽。沫,终止。

〔30〕西山真氏:宋儒真德秀。吕成公:吕祖谦。

书徐汝佩卷

王守仁

【解题】选自《王阳明全集》(上海古籍出版社1992年版)。一种新的学问兴起,往往受到排斥,不被人认可、接受,王阳明的"良知"之学也是如此。本文记述了阳明弟子徐汝佩前去科举考试时,阳明之学遭到了试官"阴诋",便愤然罢试而归。汝佩的行为,备受当时与试的举子赞扬,以为是很有骨气的表现。但是,阳明得知后却满腹忧虑,久久不能释怀。汝佩后来也终于明白,意识到自己"粗心浮气",卤莽失礼。试官没有亲受阳明教诲,对"良知"之学缺乏了解,所以才会有"阴诋"的事情。如果他们一旦了解"良知"真谛,或将口服心服,也不会发生"非笑"、"诋毁"之事了。作为深知阳明"良知"之学的弟子,遇见此类诋毁,应该把"良知"之学在日常工夫中体现出来,且完全取信于人,切不可"忘己之困而责人之速",所以汝佩深自"痛悔切责"。这告诉我们修行进身之道,在于虚心听取各种不同意见,善于从"非笑"、"诋毁"中领悟到自己的不足,志定气静,而致广大之心,当天下之任,不断地完善自己,真正成为具有君子风范的君子儒。

壬午之冬[1],汝佩别予北上[2],赴南宫试[3]。已而门下士有自京来者,告予以汝佩因南宫策问若阴诋夫子之学者[4],不对而出,遂浩然东归,行且至矣。予闻之,黯然不乐者久之。士曰:"汝佩斯举,有志之士莫不钦仰歆服[5],以为自尹彦明之后[6],至今而始再见者也。夫人离去其骨肉之爱,赍粮束装,走数千里,以赴三日之试,将竭精弊力,惟有司之好是投[7],以蕲一日之得,希终身之荣,斯人之同情也。而汝佩于此独能不为其所不为,不欲其所不欲,斯非其有见得思义、见危授命之勇,其孰能声音笑貌而为此乎?是心也,固'富贵不能淫,贫贱不能移,威武不能屈'者矣[8]。将夫子闻之,跃然而喜,显然而嘉与之也;而顾黯然而不乐也,何居乎?"予曰:"非是之谓也。"士曰:"然则汝佩之为是举也,尚亦有未至欤?岂以汝佩骨肉之养且旦暮所不给,无亦随时顺应以少苏其贫困也乎?若是,则汝佩之志荒矣。"[9]予曰:"非是之谓也。"士曰:"然则何居乎?"予默默不应,士不得问而退。

他日,汝佩既归,士往问于汝佩曰:"向吾以子之事问于夫子矣,夫子黯然而不乐,予云云而夫子云云也。子以为奚居?"汝佩曰:"始吾见发策者之阴诋吾夫子之学也,盖怫然而怒,愤然而不平。以为吾夫子之学,则若是其简易广大也;吾夫子之言,则若是其真切著明也;吾夫子之心,则若是其仁恕公普也。夫子悯人心之陷溺,若己之堕于渊壑也,冒天下之非笑诋詈而日惇惇焉,亦岂何求于世乎!而世之人曾不觉其为心,而相嫉媢诋毁之若是[10],若是而吾尚可与之并立乎?已矣!吾将从夫子而长往于深山穷谷,耳不与之相闻,而目不与之相见,斯已矣。故遂浩然而归。归途无所事事,始复专心致志,沉潜于吾夫子致知之训,心平气和,而良知自发[11]。然后黯然而不乐,曰:嘻吁乎!吾过矣。"士曰:"然则子之为是也,果尚有所不可欤?"汝佩曰:"非是之谓也。吾之为是也,亦未不可;而所以为是者,则有所不可也。吾语子。始吾未见夫子也,则闻夫子之学而亦尝非笑之矣,诋毁之矣。及见夫子,亲闻良知之诲,恍然而大寤醒,油然而生意融,始自痛悔切责。吾不及夫子之门,则几死矣。今虽知之甚深,而未能实诸己也;信之甚笃,而未能孚诸人也〔12〕。则犹未免于身谤者也,而遽尔责人若是之峻。且彼盖未尝亲承吾夫子之训也,使得亲承焉,又焉知今之非笑诋毁者,异日不如我之痛悔切责乎?不如我之深知而笃信乎?何忘己之困而责人之速也!夫子冒天下之非笑诋毁,而日谆谆然惟恐人之不入于善,而我则反之,其间不能以寸矣〔13〕。夫子之黯然而不乐也,盖所以爱珊之至而忧珊之深也。虽然,夫子之心,则又广矣大矣,微矣几矣〔14〕。不睹不闻之中,吾岂能尽以语子也?"

汝佩见,备以其所以告于士者为问,予颔之而弗答,默然者久之〔15〕。汝佩悚然若有省也。明日,以此卷入请曰:"昨承夫子不言之教,珊倾耳而听,若震惊百里;粗心浮气,一时俱丧矣。请遂书之。"

【注释】

〔1〕壬午:明世宗嘉靖元年(1522)。

〔2〕汝佩:徐珊,汝佩是其字,余姚人。明嘉靖元年(1522)举人,官至辰州同知。

〔3〕南宫试:礼部会试。

〔4〕策问:这里指考试时考官提出的问题。

〔5〕歆(xīn)服:佩服。

〔6〕尹彦明:北宋尹焞字彦明,一字德充,程颐的门人。史书记载,他前去应举,试题里提到诛杀元祐大臣。所谓元祐大臣,主要指司马光、文彦博为代表的反对当时新法的旧党人物,程颐是支持旧党的,所以尹焞考试时见到攻击旧党的试题,说:"噫,尚可以干禄乎哉!"于是不答而出;回到家,向母亲禀告,他的母亲说:"吾知汝以善养,不知汝以禄养。"意思是,你成就善德来赡养我,没有想过要你用当官取俸禄来赡养我。于是尹焞终身不就举。见《宋史·尹

煇传》。

〔7〕"惟有司"句:希望博得考官的偏好。

〔8〕"富贵"三句:这是《孟子·滕文公下》里的话。

〔9〕荒:迷乱。

〔10〕嫉媢(mào):嫉妒。

〔11〕"沉潜"三句:王阳明认为"致知"就是致良知,他说:"致吾心之良知者,致知也。"(《明史·罗钦顺传》)因为良知是人内心所固有的,所以"心平气和",排除杂念,"而良知自发",即内在的良知得到扩充显现。

〔12〕孚诸人:孚:大信。《左传·庄公十年》:"小信未孚。"这里意思是说被周围的人所信服。

〔13〕间(jiàn):相隔。

〔14〕微矣几矣:即几微,微妙。

〔15〕"予颔之"二句:为什么王阳明仍然不回答徐珊的反省,即表示一种肯定意见呢? 施邦曜说:"徐汝佩此举,不以荣禄之念易其所志,真豪杰士也。然圭角未融,未免有高自标榜之意,反为斯道之病。先生之默而不答,诚是不言之教。"(《阳明先生文章集》卷三)后来,据黄宗羲《淮安戴氏家谱序》记载,"徐汝佩者,阳明先生之弟子也。当时南宫发题以讥新学,汝佩不答而出,以此贤之。及为同知楚中,侵饷事觉,因而缢死。时人为之语曰'君子学道则害人,小人学道则缢死'也,见于弇州《笔记》。余修县志,其后人欲入之乡贤,余不可,遂尔相仇"(《黄宗羲全集》第十册)。徐汝佩后来当官贪污,事发自杀,可见,汝佩实际上并未真正理解致良知、知行合一的真谛。

大学私抄序

杨守陈

【解题】选自黄宗羲《明文海》卷二一三《序四》(浙江图书馆藏清抄本)。杨守陈,已见《立德·恤民亭记》"解题"。《大学》本是朱熹编纂《四书集注》里打头的一篇,自元明以后,成为士人必读的官定的"经典",其权威性不容质疑,具有不可撼动的地位。但是,杨守陈偏偏不认这全"理",在诵读《大学》过程中,反复体味、推敲,发现了不少疑虑之处,并记录在朱熹的"章句"之末,"诵且味之,怡然理顺",得其读书的乐趣。在当时看来,这是"离经叛道"的行为,会给自己带来不测。但守陈即使受到朋友责备,也"不忍毁",坚持自己的立场。这篇序文告诉后人,读书贵在深思熟虑,敢于质疑,而不做书本的奴隶。学问贵在创新,有自己的独立主见,而不是因循守旧,无所作为。同时也体现出浙学学人广览博求,唯理是依,刻意研求真谛的务实精神。

蒙少受《大学》,辄并其章句而味之,佐以《或问》,以参诸说,已自谓通矣。及诵之久,味之详,乃反有疑焉。其后诵益久,味益详,疑亦从而益繁。积数十载,虽与天下友反覆讲之,疑终不释也。今家居无事,日诵味之,而疑如故。乃取所疑经传,易而置之,各录章句于其下,而章句有与今易置之文义不同者,亦僭用己说,以"蒙谓"别之,而其所以易置之故,则详具于各章之末。既而诵且昧之,怡然理顺。乃净抄成帙,秘之箧中,不敢以示人。

一日,客或翻箧见之,阅未半,辄嘻且怒骂曰:"吾不意子之叛儒先而紊圣经至此也。夫《大学》者,孔圣之经,曾贤之传,而朱先生之《章句》《或问》[1],后学惟诵集之,莫敢违也。何物幺麽[2],乃敢僭易而妄解之?其叛儒先而紊圣经,一何甚哉!疾毁亟焚,毋贻是书累也。"愚应之曰:"非敢尔也。颇欲佐儒训,明圣经,而患于不能耳。王鲁斋曰:'天下所不易者理也。'[3]二程不以汉儒不疑而不敢更定[4],朱子不以二程已定而不敢复改,亦各求其义之至善,而全其心之所安,非强为异而苟为同也。今蒙所抄,纵未得乎义之至善,亦足全吾之所安。若其谬说只自谬耳,是书岂被其累?譬如蜀之八阵石,一时或乱之而千载如故也[5];虞之五瑞玉,一臣或失之而万国自如也[6]。子安庸怒哉?"客颡颡而去[7]。

余甚惭且悔,然业已抄之,不忍毁也。用识之篇末。

【注释】

[1]孔圣:孔子。曾贤:曾参。朱先生:朱熹,亦即下文的朱子。

[2]何物幺麽(yāo mó):什么小人,含有强烈的鄙视意味。幺麽,微小。

[3]王鲁斋:南宋时期儒学家王柏,金华人,"北山四先生"之一。

[4]二程:北宋的思想家程颢、程颐兄弟。

[5]八阵石:传说三国时蜀国的诸葛亮在夔州长江边借助江边的石头布置成八阵图。

[6]五瑞玉:这里是指桓圭、信圭、躬圭、谷璧、蒲璧五等圭璧,天子将之分别颁赐给公、侯、伯、子、男不同等级的诸侯国。

[7]颡(pǐng):因发怒而脸色变青。

二酉山房记

胡应麟

【解题】选自胡应麟《少室山房类稿》卷九十(《续金华丛书》本)。胡应麟(1551—1602),字元瑞,兰溪县(今浙江省兰溪市)人,万历四年(1576)举人,是著述宏富的学者。当代著名学者张舜徽评价说:"明人虽私门藏书之风甚盛,然而有书而能读者甚少,读之而能知其利弊得失者尤少,知其利弊得失而能从事于辨章学术、考镜源流、撰成专书以论列之者,则益少矣。能兼之者,其惟胡应麟乎!应麟为有明中叶之博通学者,与杨慎、陈耀文、焦竑齐名,而学之精核,在诸家上。"二酉山房就是他聚书、读书、著书之地。在这篇记里,胡应麟叙述了自己"于世事百无一解,亦百无一嗜,独偏嗜古书籍",而且所嗜之书涉及各个方面,"一生博极群书",表现出极其广博的特色。这一点,与他的家庭教育密切相关。他的父亲胡僖"雅好读书,诸子百家靡不究,业以扩见闻,不蕲为博;长吟短章,援笔立就,业以畅情素,不蕲为名"(胡应麟《家大人履历述》)。他的外公宋震"摄古衣冠,筑别墅曰'雪溪堂',聚书万轴卧其中,经史子集环向恣读之,间发为诗歌盈帙"。母亲宋氏,虽然不能写字作文,但是"诸史百家、稗官小说,下逮传奇词曲,属于耳终身不忘。诸姒娌杂坐,亹亹谈说不去口"(胡应麟《先宜人状》)。可见,他的读书求博是有渊源的。可贵的还有,胡应麟在学习、著述的过程中,对于他人的失误,能够

"曲谅前辈,不申苛责","心平气和,与人为善"(张舜徽《文献学家胡应麟》)。显然,这是把读书与做人在精神上完全打通了。

二酉山房,余所构藏书室也。书以经类者三千七百余卷,以史类者再倍之,子三倍,集四倍[1],凡三万六千卷有奇。友人黎惟敬过而乐之,题"二酉山房"云[2]。

始余受性颛蒙[3],于世事百无一解,亦百无一嗜,独偏嗜古书籍。七龄侍家大人侧,闻诸先生谈说坟典[4],则已心慕艳之,时时窃取翻阅。十一二从家大人宦游燕[5]。燕中四方都会,故鬻书薮也,而家大人亦雅负兹好,每退食,诸贾人以籍来,余辄从臾其旁,市得,辄乞取尽读。而是时肃皇帝末年[6],旱蝗迭见,大父母复就养京师[7],俸入不足,恒乞贷乡里,以故帙繁而价重者率不能致[8],间值异书,顾非力所办,则相对太息久之。已[9],家大人再丁内外艰,余再从还越。戊辰复上京师[10],时余年十七,始娶,亦会家大人官礼部,俸入稍优,于是极意购访,凡寓燕五载,而家大人出参楚[11],束装日,宦囊亡锱铢[12],而余妇簪珥亦罄尽,独载所得书数十箧,累累出长安。自是,余奉母宋宜人里居十载。中间以试事入杭者三,入燕者再。身所涉历金陵、吴会、钱塘[13],皆通都文献所聚,必停舟缓辙,搜猎其间。小则旬余,大或经月,视家所无有,务尽一方乃已。市中精绫巨轴[14],坐索高价,往往视其乙本收之[15]。世所由贵重宋椠[16],直至与古遗墨法帖并[17],吴中好事悬赏购访。余则以书之为用,枕籍揽观,今得宋椠而束之高阁,经岁而手弗敢触,其完好者不数卷,而中人一家产立尽,毋论余弗好,即好之,胡暇及也。至不经见异书,倒庋倾囊,必为己物。亲戚交游,上世之藏,帐中之秘[18]，假归手录[19]，卷轴繁多，以授侍书[20]，每耳目所值，有当于心，顾恋徘徊，寝食俱废，一旦持归，亟披亟阅，手足蹈舞，骤遇者率以为狂，而家人习见弗怪也。自余为童子至今，年日益壮，而嗜日益笃，书日益富，家日益贫。家大人成进士，扬历中外滋久，乃敝庐仅仅蔽风雨，而余所藏书，越中诸世家顾无能逾过者。盖节缩于朝晡，展转于称贷，反侧于癔寐，旁午于校雠者[21]，二十年于此矣。

山房三楹，中双辟为门，前施帘幕，自余四壁周列庋二十四[22]。庋尺度皆齐一，纵横辐辏，分寸联合，中遍实四部书，下委于础[23]，上属于橑，划然而条[24]，炭然而整。入余室者，梁柱榱桷墙壁皆无所见[25]。湘竹榻一，不设帷帐，一琴，一几，一博山[26]，一蒲团，日夕坐卧其中。性既畏客，客亦畏我，门屏之间，剥啄都绝[27]。亭午深夜，焚香鼓琴，明烛隐几，经史子集环绕相向。大而皇王帝霸之事功，显而贤哲圣神之谟训[28]，曲而稗官野史之纪录[29]，葩而墨卿文士之撰述[30]，奥而竺乾柱下之宗旨[31]，亡弗涉其波流[32]，咀其隽永，意所独得，神与天游，陶然羲皇[33]，万虑旷绝，即南面之荣、梵天之乐[34]，弗愿易也。昔人谓醯鸡处瓮中，蔑知六合之大[35]，而终日饱食，没世无闻，为天地间一蠹。余自束发受书，即妄意掇拾一家，追随百代，乃今甫壮而衰，亡能万一自见，而徒以七尺之躯，沉痼于遗编敝简，而弗能出，则当今为二物靡宜莫余过者。顾余父子累积之勤，嗜好之笃，与诸书之聚余室，皆非偶然。于是历叙梗概所由，志之山房，为一公案，非海内同好，不敢以出示也。

【注释】

〔1〕"书以"四句：晋代以来把典籍分为经、史、子、集四大类。

189

〔2〕黎惟敬：名民表，号瑶石山人，嘉靖举人，明代学者。二酉：大酉、小酉二山（在今湖南省沅陵县西北），相传二山洞中藏书千卷，秦人隐居读书于此。后以"二酉"美称藏书丰富。

〔3〕受性颛蒙：意思是说，我天生蠢笨。颛(zhuān)蒙，愚昧。

〔4〕坟典：三坟五典的简称，这里代指古书典籍。

〔5〕家大人：父亲。胡应麟父胡僖，字伯安。嘉靖三十八年(1559)进士。宦游燕：在京城里做官。

〔6〕肃皇帝：即明嘉靖皇帝朱厚熜。

〔7〕大父母：祖父母。

〔8〕帙繁：部头大的书籍。

〔9〕已：不久以后。

〔10〕戊辰：明穆宗隆庆二年(1568)。

〔11〕家大人出参楚：胡僖在隆庆六年(1572)年出为湖广右参议。

〔12〕宦橐亡锱铢：口袋里连一丁点儿俸钱也没有剩下。宦橐，做官时口袋里积累的钱财。亡，通"无"。锱铢，锱和铢都是古代极小的计量单位，所以常常用来形容数量极其微小。

〔13〕金陵：南京。吴会：此指苏州，旧会稽郡治在吴县，郡县连称吴会。钱塘：杭州。

〔14〕精绫巨轴：古书一般有布帛制成的封套，古字画一般为卷轴装，故这里用精绫巨轴来代指装帧好、售价高的书籍。

〔15〕乙本：这里指副本。

〔16〕宋梓：宋刻本。

〔17〕遗墨法帖：字画。

〔18〕帐中之秘：据说东汉时王充作《论衡》一书，蔡邕入吴，得到这本书，藏在床帐里，秘不示人，只是自己偷偷阅读，提高了言谈水平。

〔19〕假归手录：借回家抄写。

〔20〕侍书：书童。

〔21〕旁午：纷繁错杂。

〔22〕庋：木架子。

〔23〕础：地基。

〔24〕划然而条：界限分明，井井有条。

〔25〕榱桷(cuī jué):房屋的椽子。

〔26〕博山:香炉名。

〔27〕剥啄都绝:没有敲门的声音,指无人来访。剥啄,敲门声。

〔28〕"贤哲圣神"句:先圣先哲等儒学思想家们的教诫。

〔29〕"稗官野史"句:记载掌故遗闻的非官方的笔记史料。

〔30〕墨卿文士:舞文弄墨的文人。

〔31〕"竺乾柱下"句:佛教、道教学说。

〔32〕亡弗:没有不,都。

〔33〕羲皇:伏羲。陶潜《与子俨等疏》曾经形容自己无忧无虑的田园生活:"五六月中,北窗下卧,遇凉风暂至,自谓是羲皇上人。"

〔34〕南面之荣:指当皇帝。梵天之乐:指做天上神仙。

〔35〕"昔人谓"二句:《庄子·田子方》里说,孔子拜见老子,听到老子教诲后,告诉颜回:"我对于大道的了解,就像酒缸里的小飞虫。如果不是老子他启发我,我真不知道天地之大。"这里化用其意。醯鸡,酒缸里的一种小虫。六合:天地四方。

梨洲先生神道碑文 节录

全祖望

【解题】选自《全祖望集汇校集注》卷十一(上海古籍出版社2000年版)。全祖望生平,已见《担当第三·华氏忠烈合状》"解题"。全祖望所说的梨洲先生即黄宗羲,也已见《担当第三·原臣》"解题"。黄宗羲是明清之际最伟大的思想家之一。他一生的重要的政治事迹,有入京为父颂冤,上疏请诛曹钦程、李实,椎击许显纯,殴崔应元等奸臣;声讨阮大铖;纠合黄竹浦子弟数百人建"世忠营",带兵抵御清兵;多次拒绝清廷的征召,终保完节。在那样一个天崩地坼的时代里,他以自己的言行完美地诠释了一个真正知识分子的精神、品格与能力。晚年,在反清复明无望的情况下,黄宗羲转而从事学问研究,为了保存一代遗献,献出了自己全部精力。黄宗羲的理性之学,虽然传承于刘宗周,而更注重于践行,付之于行动。所以,后人说,梨洲先生的理性之学是有实践品格的学问。这也与他的学术视野密切相关。本文所节选的就是他在学术方面的思想和表现,从中可以清楚地看到梨洲之学视野广阔,博学多知,而又能够达到精微纯一,知行合一。

公讳宗羲,字太冲,海内称为梨洲先生,浙江绍兴府余姚县黄竹浦人也。忠端公尊素长子[1],太夫人姚氏[2],其王父以上世系[3],详见忠端公墓铭中。公垂髫读书[4],即不琐守章句[5]，年十四补诸生[6]，随学京邸[7]，忠端公课以举业[8]，公弗甚留意也。每夜分[9]，秉烛观书，不及经艺[10]。忠端公为杨、左同志[11]，逆奄势日张[12]，诸公昕夕过从[13]，屏左右论时事[14]，或密封急至[15]，独公侍侧，益得尽知朝局清流、浊流之分[16]。忠端公死诏狱[17]，门户觍尳[18]，而公奉养王父以孝闻。夜读书毕，呜呜然哭，顾不令太夫人知也。庄烈即位[19]，公年十九，袖长锥，草疏，入京颂冤，至则逆奄已磔。有诏死奄难者，赠官三品，予祭葬[20]，祖父如所赠官，荫子。公既谢恩，即疏请诛曹钦程、李实。忠端之削籍，由钦程奉奄旨论劾，李实则成丙寅之祸者也[21]。得旨，刑部作速究问。五月，会讯许显纯、崔应元，公对簿，出所袖锥锥显纯，流血蔽体。显纯自诉为孝定皇后外甥，律有议亲之条[22]。公谓显纯与奄构难，忠良尽死其手，当与谋逆同科；夫谋逆，则以亲王高煦尚不免诛[23]，况皇后之外亲。卒论二人斩，妻子流徙。公又殴应元胸，拔其须，归而祭之忠端公神主前。又与吴江周延祚、光山夏承共锥牢子叶咨、颜文仲，应时而毙。时钦程已入逆案。六月，李实辨原疏不自己出，忠贤取其印信空本，令李永贞填之，故墨在朱上[24]。又阴致三千金于公，求弗质，公即奏之，谓实当今日犹能贿赂公行，其所辨岂足信。复于对簿时，以锥锥之。然丙寅之祸，确由永贞填写空本，故永贞论死，而实未减。狱竟，偕同难诸子弟设祭于诏狱中门，哭声如雷，闻于禁中。庄烈知而叹曰："忠臣孤子，甚恻朕怀！"

既归，治忠端公葬事毕，肆力于学。忠端公之被逮也，谓公曰："学者不可不通知史事，可读《献征录》。"[25]公遂自明十三朝实录上溯二十一史[26]，靡不究心，而归宿于诸经[27]。既治经，则旁求之九流百家，于书无所不窥者。愤科举之学锢人生平[28]，思所以变之。既尽发家藏书读之，不足，则抄之同里世学楼钮氏、澹生堂祁氏，南中则千顷斋黄氏，吴中则绛云楼钱氏[29]，穷年搜讨。游屐所至，遍历通衢委巷，搜罥故书，薄暮，一童肩负而返，乘夜丹铅[30]，次日复出，率以为常。是时山阴刘忠介公倡道蕺山[31]，忠端公遗命，令公从之游。而越中承海门周氏之绪余[32]，援儒入释，石梁陶氏奭龄为之魁[33]，传其学者沈国模、管宗圣、史孝咸、王朝式辈，鼓动狂澜，翕然从之。姚江之绪[34]，至是大坏，忠介忧之，未有以为计也。公之及门，年尚少，奋然起曰："是何言与！"乃约吴越中高材生六十余人，共侍讲席，力摧其说，恶言不及于耳。故蕺山弟子，如祁、章诸公[35]，皆以名德重，而四友御侮之助，莫如公者。蕺山之学，专言心性[36]，而漳浦黄忠烈公兼及象数[37]，当是时，拟之程、邵两家[38]。公曰："是开物成务之学也。"[39]乃出其所穷律历诸家相疏证[40]，亦多不谋而合。一时老宿，闻公名者，竞延致之相折衷，经学则何太仆天玉，史学则钱侍郎谦益[41]，莫不倾筐倒庋而返。因建续抄堂于南雷[42]，思承东发之绪[43]。阁学文文肃公尝见公行卷[44]，曰："是当以大著作名世者。"都御史方公孩未亦曰："是真古文种子也。"[45]有弟宗炎字晦木，宗会字泽望，并负异才，公自教之，不数年，皆大有声，于是儒林有"东浙三黄"之目[46]……

其后海氛渐灭，公无复望[47]，乃奉太夫人返里门，于是始毕力于著述，而四方请业之士渐至矣。公尝自谓受业蕺山时，颇喜为气节斩斩一流[48]，又不免牵缠科举之习，所得尚浅，患难之余，始多深造，于是胸中窒碍为之尽释，而追恨为过时之学，盖公不以少年之功自足也。问学者既多，丁未[49]，复举证人书院之会于越中[50]，以申蕺山之绪。已而东之鄞，西之海宁，皆请主讲，大江南北，从者骈集，守令亦或与会。已而抚军张公以下，皆请公开讲，公不得已应之，而非其志也。公谓明人讲学，袭《语录》之糟粕[51]，不以《六经》为根柢，束书而从事于游谈，故受业者必先穷经。经术所以经世，方不为迂儒之学，故兼令读史。又谓读书不多，无以证斯理之变化；多而不求于心，则为俗学。故凡受公之教者，不堕讲学之流弊。公以濂、洛之统，综会诸家：横渠之礼教，康节之数学，东莱之文献，艮斋、止斋之经制，水心之文章[52]，莫不旁推交通，连珠合璧，自来儒林所未有也……

公于戊辰冬[53]，已自营生圹于忠端墓旁[54]，中置石床、不用棺椁。子弟疑之，公作《葬制或问》一篇，援赵邠卿、陈希夷例[55]，戒身后无得违命。公自以身遭国家之变，期于速朽，而不欲显言其故也。公虽年逾八十，著书不辍。乙亥之秋[56]，寝疾数日而殁[57]。遗命一被一褥，即以所服角巾、深衣殓[58]。得年八十有六，遂不棺而葬。

【注释】

[1] 忠端公尊素：黄宗羲的父亲黄尊素，忠端是他的谥号。

[2] 太夫人姚氏：黄宗羲的母亲姚氏。

[3] 王父：祖父。

[4] 垂髫(tiáo)：古时候儿童不用按照礼仪束发戴冠，头发下垂，故常用垂髫来代指儿童或童年时期。

[5] 琐守章句：亦步亦趋地全面遵守前人的解释，与通大义相对。

[6] 诸生：明清时期，经过官方的考试而录取进入县学、州学、府学的生员。

[7] 京邸：京师官邸。京指明朝的都城北京。

[8] 课以举业：给他上关于科举考试的课程。

[9] 夜分：半夜时候。

[10] 经艺：明清科举考试，主要考对于《四书》《五经》的理解，要求用八股

文进行写作,当时称"经义"、"制艺"等。

〔11〕杨、左同志:杨涟、左光斗的同道。他们都是当时东林党的领袖,与魏忠贤阉党一派斗争。

〔12〕逆奄:此指魏忠贤阉党。

〔13〕昕夕过从:早晚往来。

〔14〕屏左右:让身边侍候的人离开以便秘密商讨。

〔15〕密封:密信。

〔16〕清流浊流:清流指品质高尚、行为正直的人,浊流指品质卑劣、没有气节的人。在当时,清流指的是东林党及其拥护者,浊流指的是魏忠贤及其追随者。

〔17〕诏狱:监狱。

〔18〕臲卼(niè wù):不安稳的样子。

〔19〕庄烈即位:崇祯皇帝即位。庄烈是他的谥号。

〔20〕予祭葬:官方按照一定的礼仪对死者进行追悼安葬。

〔21〕丙寅之祸:明天启六年(1626),阉党矫诏逮黄遵素与高攀龙等七人,七人皆死,并称"天启七君子"。

〔22〕"显纯"二句:许显纯,魏党鹰犬五彪之一,是驸马都尉许从诚的孙子,许从诚的妻子是世宗之女嘉善公主。孝定皇后,明穆宗的皇后。律有议亲之条:《周礼》规定了八种人可以在犯罪论刑的时候减轻处罚,称之为"八辟",后来叫作"八议",即议亲、议故、议贤、议能、议功、议贵、议勤、议宾。许显纯这里属于议亲。

〔23〕"夫谋逆"二句:高煦是明成祖的第二子,封汉王,宣德元年(1426)八月起兵造反,明宣宗平叛,废其父子为庶人,并在西安门内筑室禁锢他们,后来高煦及其诸子相继被杀。

〔24〕"李实辨"四句:李实辩解说,劾周起元的那道疏不是自己写的,而是魏忠贤把盖了自己印章的空白本拿去,让李永贞写的。所以,墨字在上而朱印在字下。

〔25〕《献征录》:明人焦竑撰《国朝献征录》,主要记载明初至嘉靖朝的名人事迹。

〔26〕明十三朝实录:指明太祖、明太宗、明仁宗、明宣宗、明英宗、明宪宗、明孝宗、明武宗、明世宗、明穆宗、明神宗、明光宗、明熹宗实录。二十一史:指

《史记》《汉书》《后汉书》《三国志》《晋书》《宋书》《南齐书》《梁书》《陈书》《魏书》《北齐书》《周书》《隋书》《南史》《北史》《新唐书》《新五代史》《宋史》《辽史》《金史》《元史》二十一部纪传体史书。

〔27〕诸经：儒家的经典。

〔28〕生平：一生。

〔29〕世学楼钮氏：钮纬，号石溪，浙江会稽人，明嘉靖二十年（1541）进士，建有世学楼藏其书。澹生堂祁氏：祁承㸁，浙江山阴人，明万历间进士，在山阴梅里建有澹生堂藏其书。千顷斋黄氏：黄居中，明福建晋江人，后迁居南京，建千顷斋藏其书。死后，仲子黄虞稷继承父业，扩大了藏书规模，更名为千顷堂。绛云楼钱氏：钱谦益（1582—1664），常熟人，明万历三十八（1610）年进士，建有绛云楼藏其书。

〔30〕丹铅：古时点校书籍常用丹砂和铅粉，借指校订。

〔31〕"山阴"句：刘宗周在山阴蕺山讲学。刘宗周（1578—1645），字起东，山阴人，万历二十九年（1601）进士。正直敢言，多次遭到贬谪。后因明亡，绝食而死。忠介是他的谥号。

〔32〕海门周氏：即周汝登（1547—1629），海门是他的号，浙江绍兴府嵊县（今嵊州）人，明末儒家和佛教思想会通的思想家。

〔33〕陶氏奭（shì）龄：陶奭龄（1571—1640），字君奭，浙江会稽人。

〔34〕姚江之绪：王守仁的学术传统。王守仁是浙江余姚人，境内有姚江，故名。

〔35〕祁、章诸公：祁彪佳、章正宸等人。

〔36〕专言心性：刘宗周的思想"以慎独为宗"。"慎独"，谓诚于中，形于外，慎其独处。

〔37〕漳浦黄忠烈公兼及象数：黄道周对《周易》有深入研究，以数明理，著有《易象正》十二卷。黄道周（1585—1646）为福建漳浦人，明天启二年（1622）进士。忠烈是他的谥号。

〔38〕程、邵：北宋的理学家程颢和程颐兄弟、邵雍。二程思想主理，邵雍则倾向于《周易》象数。

〔39〕开物成务：通晓事物的规律，从而办成有关社会事务。

〔40〕律历：乐律与历法。

〔41〕何太仆天玉：何天玉，晚明《易》学家。钱侍郎谦益：钱谦益，曾官礼

部侍郎。

〔42〕南雷:黄宗羲所居余姚县南有山名大雷山、小雷山,因在邑南,所以叫作南雷,山下有南雷里。

〔43〕东发:黄震(1213—1280),字东发,南宋庆元府慈溪(今宁波市慈溪市)人,宝祐四年(1256)进士。著有《黄氏日钞》一百卷。

〔44〕阁学文文肃公:文震孟(1574—1636),苏州府长洲(今江苏省苏州市)人,明天启二年(1622)进士第一,仕至礼部侍郎、东阁大学士,文肃是他的谥号。

〔45〕都御史方公孩未:方震孺(1585—1645),字孩未,桐城(今安徽省桐城市)人,后迁寿州(今安徽省寿县)。万历四十一年(1613)进士,曾官右佥都御史。

〔46〕目:名称。

〔47〕"海氛"二句:海上兵事溃败,黄宗羲恢复明朝的希望没了着落。清顺治三年(1646),明鲁王朱以海监国绍兴,后逃亡海上,清顺治十年(1653)在金门岛取消监国号,标志其政权彻底失败。

〔48〕斩斩:清高峻切貌。

〔49〕丁未:清康熙六年(1667)。

〔50〕证人书院:明崇祯四年(1631)刘宗周立,在浙江山阴(今绍兴市)。

〔51〕语录:宋代以来,产生了大量的理学家语录,大多载记讲学时言行。

〔52〕"横渠"五句:横渠指北宋学者张载,他有《订顽》(即《西铭》)一文教学生为学之道,在当时影响广泛,而这篇文章所讲的内容,主要是仁孝之理,所以当时二程弟子谢良佐说"横渠以礼教人"。康节指北宋学者邵雍,康节是他的谥号。他研习《周易》,根据"象数"建立了自己独特的思想体系。东莱指南宋吕祖谦,东莱既是他的郡望,也是其号。当时学者认为,吕祖谦最独特而为其他大儒所不及的地方在于得中原文献之传,有本有源。艮斋指薛季宣,止斋指陈傅良,二人都是南宋永嘉学派的代表人物。水心指叶适,也是永嘉学派的代表人物。

〔53〕戊辰:清康熙二十七年(1688)。

〔54〕生圹:墓主活着的时候为自己修建的墓圹。

〔55〕赵邠卿:即赵岐,邠卿是他的字。注《孟子》。原名赵嘉,字台卿,后避难改名字。东汉人。三十岁时,生了大病,卧床七年,于是遗命叫侄儿在自

己死后要立一块圆石碑,上面刻"汉有逸人,姓赵名嘉,有志无时,命也奈何",其后病愈。陈希夷:即陈抟,字图南,五代北宋间人,隐士。北宋太宗端拱元年,忽对弟子贾德升说:你可到张超谷去凿石为室,我将要在那里"休息"。第二年七月,石室凿成,陈抟手写数百言记载生平事迹,说:"臣抟大数有终,圣朝难恋,已于今月二十二日化形于莲花峰下张超谷中。"如期而卒。古人自己写墓志铭,作墓圹,表现的是一种视死如归的精神。

〔56〕乙亥:清康熙三十四年(1695)。

〔57〕寝疾:卧病。

〔58〕角巾:一种有棱角的头巾,多为隐士所戴。深衣:上古汉族礼仪所规定的士大夫常服,《礼记》有《深衣》篇,黄宗羲作有《深衣考》。黄宗羲遗命以角巾、深衣殓,以志不忘故国。

答龚菊田刺史书

朱一新

【解题】选自朱一新《佩弦斋文存》卷下(《拙盦丛稿》,葆真堂刻本)。朱一新(1846—1894),字蓉生,号鼎甫,义乌人。清光绪二年(1876)进士。曾在朝廷及地方为官,因上书言事,弹劾李莲英,贬官。后辞官,讲学广东肇庆端溪书院和广州广雅书院。在经学、史学、文学上造诣颇深,著述甚丰。宗程、朱理学,但又反对一般理学家的空谈义理。调和宋学与汉学,指出:"迨及近世,则汉与宋分,文与学分,道与艺分,岂知圣门设教,但有本末先后之殊,初无文行与学术治术之别。"(金武祥《陕西道监察御史朱君传》)他力图把这些学问贯通起来。这样做的根据在于有用:"大旨学必期其有用,功必归诸实践。"所以,他在书院的时候,把教学分成经、史、理、文四科。从反映当时在书院师生问答的《无邪堂问答》内容来看,其时师生讨论的问题,除了传统的经、史、理、文之外,还广泛涉及到西方政治、经济、宗教等,生动地反映出朱一新包容的思想与博学的学术特色。这也是这篇书信的主旨。

前接惠书,辱承存问,秉性疏懒,久稽裁答,相知有素,谅不我訾也。

近将两三年来与诸生问答之语抄录成帙[1],其中有订经史疑义者,有商古今学术者,有论边疆形势者,有谈国朝掌故者[2]。门类甚多而不别分门类，似语录非语录，似札记非札记。汉、宋学术务持其平，而于汉学家之说，自天算地舆、六书音韵、制度名物及校勘之学是其专长外[3]，其有谬托汉儒之义以诋宋儒而实失汉儒之真者，诐淫害道[4]，则必严辨之；九流百家之书[5]，释迦、摩西之教[6]，以及近时洋务、西学[7]，自有裨实用外，其或谬诩新奇以大害人心者，亦必严斥之。大旨学必期其有用，功必归诸实践。由训诂进求义理[8]，而如汉学家溺于训诂以害义理者则不取；由义理探源性道[9]，而如讲学家空衍性天以汨义理者则不从[10]。言治术务求可行而不敢为高远之论，言时务必明大势而深鄙夫揣摩之徒。虽不敢谓百世不惑，要有异乎近时名下士之所为。诸生幸多就我绳墨，以此为教，庶鲜流弊。第使今之名士见之，必有骂我不通者。通不通何足论，期无误诸生来学之意而已。此书与乾、嘉以前儒者之言可相印证，与乾、嘉以后儒者之言则多不合，与吾江浙学者之言尤多不合；合不合何足计，期不背圣门教人之旨而已。

汪生获与乡举之选[11]，虽可喜而尚嫌太早。此生才气识解皆不凡，如能养成大器，则可为国家之用。所藉以报国者惟此，差足自信耳。而汪生年齿太轻，志趣未定，学成则国家收其用，不成则己身且受其害。天下最坏人志趣者，莫过仕途。院例[12]，乡举后即须出院，深为汪生惜之。区区一第，何足重轻，惟志趣或歧，将不得好学之益，而反恃以文过饰非，则大可虑耳。

来书谓滇修志乘，将欲推毂鄙人，深谢厚意。高堂健在，岂能远离。粤犹嫌远，况滇乎？至谓鄙人之学经深于史，尚未为知我者。平生经学甚浅，谬窃时名，岂敢自信。若史学，则亦不敢自诬。近儒中惟钱竹汀若并世而生[13]，谨当退避三舍。他如王西庄之徒[14]，当与并驱中原。余子碌碌，则事我者也。君乃扬彼而抑此,未免颠倒矣。近为粤中修《德庆州志》,事冗未成,将来成书后,窃自谓可以推倒一时豪杰。恃爱妄言,不足为外人道也。

【注释】

〔1〕"近将"句:与诸生问答之语,指《无邪堂答问》一书。

〔2〕国朝:今朝。此指清朝。

〔3〕天算地舆:天文历算学、地理学。六书音韵:主要分析汉字形体的文字学、分析汉字声韵调及其历史变化的语音学。制度名物:对典章制度、事物称名与实物的考订。校勘之学:对于书籍文章的整理,包括比较文字的异同并订正错误、辨别书籍文章的真伪、编排目录等。

〔4〕诐淫害道:化用《孟子·公孙丑上》:"诐辞知其所蔽,淫辞知其所陷,邪辞知其所离,遁辞知其所穷。生于其心,害于其政;发于其政,害于其事。"

〔5〕九流百家:汉代学者把春秋战国的学术分为儒(《论语》属于六艺之文,不归于儒家)、道、阴阳、法、名、墨、纵横、杂、农、小说十家,在这十家中又有分别,共有"诸子百八十九家",故称百家;又认为有价值的只有前九家,即九流。这里指各种学术流派。

〔6〕释迦、摩西之教:佛教和犹太教。

〔7〕洋务、西学:清末有关西方资本主义的物质及其技术、制度、思想文化等。

〔8〕训诂:解释古文字义。

〔9〕性道:人的本质与天理。

〔10〕"讲学家"句:不学理学家那样空谈人性天理而导致义理埋没。

〔11〕乡举:乡试。明清科举一般有乡试、会试、殿试三级,乡试中式则为举人。

〔12〕院例:书院的规章。

〔13〕钱竹汀:钱大昕(1728—1804),竹汀是其号,清代著名史学家,著有《廿二史考异》。

〔14〕王西庄:王鸣盛(1722—1797),西庄是其号,清代著名史学家,著有《十七史商榷》。

自 述

章炳麟

【解题】选自章炳麟《菿汉微言》(《章氏丛书》本),题目乃选者所加。章炳麟(1869—1936),号太炎,浙江余杭人。近代著名的民主革命家、思想家、学者。他用自己的学问、思想、行动哺育了一代学者,钱玄同、许寿裳、朱希祖、黄侃、周作人、鲁迅、曹聚仁等都是他的学生。他之所以能够在学术思想上继往开来,开拓出新局面,主要原因在于读书极博,目光极广,思索极深,以成思想体系与学术格局。因为反对袁世凯,在 1914—1916 年初被袁世凯囚禁在北京钱粮胡同,当时弟子吴承仕时时前往探问,章太炎为其论学,吴承仕笔录成册。这篇自述就是当时所讲的内容之一。从中可以看出,章太炎学习所涉,遍及当时古今中外的典籍,不可谓不广博。但是,博而不杂乱,能为其所用,左右逢源。关键一点还在于章太炎有一贯之旨,用他自己的话说就是"余则操齐物以解纷,明天倪以为量,割制大理,莫不孙顺"。总之,他主张学问要博,也要精,博与精是相辅相成的。《自述治学功夫及志向》明确说:"余常谓学问之道,当以愚自处,不可自以为智。偶有所得,似为智矣,犹须自视若愚。古人谓既学矣,患其不习也;既习矣,患其不博也;既博矣,患其不精也。此古人进学之方也。大氐治学之士,当如蒙童,务于所习,熟读背诵。愚三次,智三次,学乃有成。弟辈尽有智于余者,功夫正须尔也。"这对于今天我们这些人来说,当时时置之座右。既使不能学有成,亦应体会宇宙间有此奇人,有此奇事,有此奇识。

余自志学讫今,更事既多,观其会通,时有新意。思想迁变之迹,约略可言。

少时治经,谨守朴学[1],所疏通证明者,在文字器数之间。虽尝博观诸子,略识微言,亦随顺旧义耳。

遭世衰微,不忘经国,寻求政术,历览前史,独于荀卿、韩非所说[2],谓不可易。自余闳眇之旨[3],未暇深察。继阅佛藏[4],涉猎《华严》《法华》《涅槃》诸经,义解渐深,卒未窥其究竟。

及囚系上海,三岁不觌,专修慈氏、世亲之书[5]。此一术也,以分析名相始[6],以排遣名相终,从入之涂,与平生朴学相似,易于契机[7],解此以还,乃达大乘深趣[8]。私谓释迦玄言,出过晚周诸子不可计数;程、朱以下,尤不足论[9]。

既出狱,东走日本,尽瘁光复之业。鞅掌余闲[10],旁览彼土所译希腊、德意志哲人之书,时有概述邬波尼沙陀及吠檀多哲学者[11],言不能详,因从印度学士咨问。梵土大乘已亡,胜论、数论传习亦少[12];唯吠檀多哲学今所盛行,其所称述,多在常闻之外。以是数者,格以大乘,霍然察其利病,识其流变。而时诸生适请讲说许书,余于段、桂、严、王未能满志,因繙阅大徐本十数过[13],一旦解寤,昈然见语言文字本原,于是初为《文始》。而经典专崇古文记传,删定大义,往往可知。由是所见与笺疏琐碎者殊矣!

却后为诸生说《庄子》,间以郭义敷释[14],多不惬心,旦夕比度,遂有所得。端居深观,而释《齐物》[15],乃与《瑜伽》《华严》相会[16]。所谓摩尼见光,随见异色,因陀帝网,摄入无碍[17],独有庄生明之,而今始探其妙,千载之秘,睹于一曙。次及荀卿、墨翟,莫不抽其微言。以为仲尼之功,贤于尧、舜,其玄远终不敢望老、庄矣。

癸甲之际[18],厄于龙泉[19],始玩爻象[20],重籀《论语》[21]。明作《易》之忧患,在于生生,生道济生,而生终不可济[22],饮食兴讼,旋复无穷。故唯文王为知忧患,唯孔子为知文王[23]。《论语》所说,理关盛衰,赵普称半部治天下[24],非尽唐大无谂之谈[25];又以庄证孔,而"耳顺"、"绝四"之指[26],居然可明。知其阶位卓绝,诚非功济生民而已。至于程、朱、陆、王诸儒[27],终未足以厌望。

顷来重绎庄书,眇览《齐物》[28],芒刃不顿,而节族有间[29]。凡古近政俗之消息,社会都野之情状,华梵圣哲之义谛[30],东西学人之所说,拘者执著而鲜通,短者执中而居间,卒之鲁莽灭裂[31],而调和之效终未可睹。譬彼侏儒,解遘于两大之间,无术甚矣。余则操齐物以解纷,明天倪以为量[32],割制大理,莫不孙顺[33]。程、朱、陆、王之俦,盖与王弼、蔡谟、孙绰、李充伯仲[34]。今若窥其内心,通其名相,虽不见全象[35],而谓其所见之非象,则过矣。世故有疏通知远、好为玄谈者[36],亦有文理密察、实事求是者,及夫主静主敬[37],皆足澄心,欲当为理[38],宜于宰世,苟外能利物,内以遣忧,亦各从其志尔。汉宋争执[39],焉用调人?喻以四民[40],各勤其业,瑕衅何为而不息乎[41]!下至天教,执邪和华为造物主[42],可谓迷妄,然格以天倪,所误特在体相,其由果寻因之念,固未误也。诸如此类,不可尽说。执著之见,不离天倪,和以天倪,则妄自破而纷亦解。所谓无物不然,无物不可,岂专为圆滑、无所裁量者乎?

自揣平生学术,始则转俗成真,终乃回真向俗。世固有见谛转胜者邪[43]？后生可畏，安敢质言！秦、汉以来，依违于彼是之间，局促于一曲之内，盖未尝睹是也。乃若昔人所诮"专志精微，反致陆沉[44]，穷研训诂，遂成无用"者，余虽无腆[45]，固足以雪斯耻。

【注释】

〔1〕朴学：汉代和清代乾嘉学者研究儒经，多从文字、语音入手，重字句解释和名物考证，即下句说的"在文字器数之间"。宋人研究儒经，则重视发挥其思想，即下句说的"微言"。朴学意即朴实之学，主要指前者。

〔2〕荀卿、韩非：战国时儒家的荀子和法家的韩非子。

〔3〕闳眇：深远微妙。

〔4〕佛藏：佛教的典籍，下句的《华严》《法华》《涅槃》分别指《华严经》《法华经》《涅槃经》，都是其中比较重要的典籍。

〔5〕"及囚"三句：觌（dí），相见。慈氏，弥勒，三至四世之间印度佛学思想家。世亲，又作天亲，与其兄无著同为四至五世纪印度著名佛学思想家。1903年，章太炎因反对清廷，在上海著书驳斥康有为君主立宪之论，遭到清政府逮捕，监禁三年，在狱中阅读《因明入正理论》《瑜伽师地论》《成唯识论》等。

〔6〕名相：事物的名称与相状，这里相当于今日所说的"概念术语"。

〔7〕契机：契合自己的兴趣、水平、思维习惯等。

〔8〕大乘：佛教有部派和大乘的不同，大乘认为部派的思想有局限，不能让更多的人受益，所以称之为小乘，而认为自己这派的思想与方法能够让广大的人得到拯救，所以把自己视为大乘。

〔9〕释迦：释迦牟尼，佛教的创始人。晚周诸子：先秦春秋战国时期有所谓九流十家，百家争鸣，晚周诸子即指这些思想家。程：程颢、程颐，北宋思想家。朱：朱熹，南宋思想家。

〔10〕鞅掌余闲：忙碌之余。鞅掌，烦忙。

〔11〕邬波尼沙陀及吠檀多：邬波尼沙陀今译作奥义书，是印度《吠陀》文献的组成部分，但是哲学意味较浓，其后发展成为吠檀多学派。

〔12〕胜论、数论：古印度的正统哲学有六派，即胜论派、数论派、正理派、瑜伽派、弥漫差派、吠檀多派。

〔13〕许书:指东汉许慎的《说文解字》。段、桂、严、王:分别指清代段玉裁、桂馥、严可均、王筠,他们都是研治《说文解字》的著名学者。大徐本:南唐到北宋初,有徐铉、徐锴两兄弟研究东汉许慎的《说文解字》,兄长徐铉曾校订《说文解字》,世称大徐本;弟弟所撰《说文解字系传》,世称小徐本。缮阅:翻阅。过:遍。

〔14〕郭义:西晋哲学家郭象曾注《庄子》。郭义即指郭象注解《庄子》之义。

〔15〕而释《齐物》:《庄子》有《齐物论》,阐述"齐物"之旨。章太炎作有《齐物论释》,认为"齐物"的意思是"毕竟平等"。

〔16〕相会:相合。

〔17〕"摩尼"二句:摩尼是梵语的音译,意译即宝珠。这是佛经中常用的一个比喻,是说因为摩尼宝珠至为清净(纯洁无暇),所以能映照出任何颜色。面对青色,它就显现出青色;面对红色,它就显现出红色。因陀帝网,摄入无碍:因陀是梵语音译"因陀罗"的简称,印度宗教中的天神之一。这是佛经中常用的一个比喻,是说因陀罗的宫殿上张着一张网,这张网是用宝珠作成的,宝珠互相交织辉映,影像互相包摄,重重无尽。

〔18〕癸甲之际:指1913—1914年。

〔19〕厄于龙泉:被袁世凯囚禁在北京龙泉寺。

〔20〕始玩爻象:《周易》的卦是由爻组成的,爻有爻象。意思是说,开始研究《周易》设卦布爻的原理。

〔21〕籀(zhòu):读解。

〔22〕"明作《易》"四句:这是《周易·系辞》里的话。意思是阴阳变化,万物恒生,前后相续不断。生必有死,但是为了劝戒,奖人为善,《易》说生不说死。

〔23〕"故唯文王"二句:《周易·系辞》里说:"创造出《周易》的人,应该是心有所忧才创造出来的吧。"古人认为伏羲制卦,文王系辞,孔子作《十翼》。

〔24〕"《论语》所说"三句:南宋人罗大经《鹤林玉露》记载,北宋赵普是宋太祖朝的宰相,到了宋太宗朝,他再次成为宰相。于是有人攻击他,说他是山东人,只读过《论语》,意思是读书太少。宋太宗询问,赵普机智地回答说:"我平生所知,确实没有超过《论语》。从前用一半来辅佐太祖,平定了天下;现在我希望能够用另一半来辅佐您,使天下成为太平之世。"

〔25〕唐大无谂(xiǎn):夸张无稽。

〔26〕耳顺、绝四:《论语·为政》记载孔子说自己"六十而耳顺",《子罕篇》说"子绝四:毋意,毋必,毋固,毋我"。

〔27〕程、朱、陆、王:北宋的程颢与程颐两兄弟、南宋的朱熹、陆九渊、明朝的王阳明。

〔28〕"顷来"二句:我最近重新研究《庄子》,对《庄子·齐物论》的思想进行了深入思索。

〔29〕"芒刃"二句:《庄子·养生主》记载,庖丁为文惠君解牛,刀锋划过牛的身体,流畅得像有节奏的音乐一样。文惠君很惊奇,庖丁解释说:"我已经超越技艺的层次而进入道的境界了。在我看来,牛的关节之间是有空隙的,而刀刃仿佛已经没有厚度了,用这样的刀刃游走在有空隙的关节里,恢恢有余啊。"

〔30〕"华梵"句:中国和印度思想家们的真知灼见。

〔31〕"拘者"三句:鲁莽灭裂,语出《庄子·则阳》。全句的意思是说,拘泥的人拘于一种见解而不能兼通其他,短视者在多种见解中采取了骑墙的态度,最终都流于粗疏和粗暴。

〔32〕天倪:语出《庄子·寓言》,意谓天然的分限。

〔33〕孙顺:逊顺,畅通无碍。

〔34〕"盖与"句:大约与魏国的王弼、西晋的蔡谟、东晋的孙绰和李充差不多。

〔35〕全象:这里是一个比喻,与《庄子》的全牛一样,义为"大理"的全体。

〔36〕疏通知远、好为玄谈:提出对未来或超越现实境况的认识,喜欢探讨形而上学。

〔37〕主静:以直指本体为大要,主要是指陆九渊、王阳明一派思想。主敬:恪守诚敬,在存诚上下工夫,主要指程颐、朱熹一派的思想。

〔38〕欲当为理:宋代王安石、清代戴震等人有这样的思想。

〔39〕汉宋:即汉学、宋学,参见前面"朴学"条注释。

〔40〕四民:古代把普通民众分为士、农、工、商四类。

〔41〕瑕衅:罅隙,嫌隙。

〔42〕天教:指天主教。邪和华:今多译作耶和华,是天主教信仰的上帝。

〔43〕见谛:这里指一般的正确认识。胜:胜义谛,指真正的真理性认识。

〔44〕陆沉:迂腐蒙昧。

〔45〕无腆(tiǎn):学问不厚重。

绩学第五

【导语】所谓"绩学",是指通过勤勉向学从而达到道德高尚、知识渊博的境界。浙学先贤多是学问精深、知识渊博的大学问家,多有勤学苦读的感人经历。如吕祖谦,虽然出身于世代缙绅之家,衣食无虞,本来可以依靠先辈的"荫德"而选择一种优游闲适的官宦生活;但是他偏偏选择了一条勤学苦读之路,多方问师请益,靠着自己的天赋和勤奋,"一日不曾去书",直至去世前的数天,仍孜孜不倦地修改《大事记》和《读诗记》,终于成为南宋浙学的大宗师。如元末明初的宋濂,出身于贫寒农家,家中无书可读,条件虽然比吕祖谦差远了,但是通过自己不懈努力,多方借书、抄书,问师求学,也终于成为明代"开国文臣之首"。吕祖谦、宋濂的勤学故事都很感人,他们只是浙学先贤们"绩学"的缩影。浙学先贤的勤学,并不局限于读书、做学问,又涵盖了勤事、勤政。政事也是学,是内容更为丰富的"无字之书",更离不开勤奋、力行。幸福生活不是天上掉下来的,是靠着自己努力奋斗取得的,浙学先贤们的"绩学"经历无不昭示后人这条真理。无论干何等行业,或者做怎样事情,都需要弘扬浙学先贤们不怕艰难、勇于探索、勤奋不怠、吃苦耐劳的精神,这正是浙学精神之所以历久弥新的魅力所在。

答石应之书

薛季宣

【解题】选自《薛季宣集》(上海社会科学院出版社2003年版)。薛季宣(1134—1173),字士龙,一作士隆,号艮斋,温州永嘉县人。师事程颐弟子袁溉。不治科举之业,以恩荫入官,历武昌令、婺州司理参军、知常熟县、知湖州。后改知常州,未赴任,病卒。薛季宣博学精约,为学重实用,讲事功,对于井田、兵法等实学深有研究。永嘉之学由周行己开其端绪,至薛季宣遂蔚然大兴,经后学陈傅良、叶适光大,终于形成了名驰儒林的永嘉学派。本文是薛季宣写给石应之的一封信。石应之,名宗昭,号诚斋,绍兴新昌县人。师事杨时,和一时诸名贤如薛季宣、朱熹、陈傅良等交接,故其学问邃而博。登宋孝宗乾道间进士,历官无为军教授、长洲县丞、秘书正字、福建提刑等职。这封信讨论问学的先后次序,以为先从"小学"入门,打下基础,若基础不实,"大学"就沦为"空寂"、"异教"。学问之道,更重要的是出于诚心,心诚则生敬,敬生则一切杂念无由得生,正身、教人也就归于正道,最终达到问学的效果。这封短信不体现了永嘉学派注重实效、肯下苦功的精神气质。

古人以小学训习童蒙[1],皆大学之具也[2]。大学之道,但神而明之尔[3]。小学之废久矣,为大学者失其养心之地,流于异教,不过空寂之归[4]。开物成务之功[5],宜无望于贤者,但令良心不泯,天理岂外于人耶?反而求之,莫若存其大者,积小以成其大,是又不可忽也。惟能平其忿懥恐惧、好乐忧患[6],复六情之未发[7],心不失正,良知良能,其何远之有[8]乎?向用之读书,用之正身,用之事物与人,皆是物也[9]。非能洗濯心源,荡除旧习,涤去小智之穿凿,全吾天之聪明,尘扫随生,犹未艾也[10]。孝悌忠恕,无非发吾诚意之中,况小者乎?况庶物乎?《帝典》以"钦明文思"称尧[11],《洪范》"思睿作圣"[12],《书》不他道,曰"钦"曰"敬"而已。无小无大,是为得之。第能用志不分,则精义入神矣。某学虽不足以知此,尝闻诸君子矣。素丝何告[13],愿无以人废言也。

【注释】

〔1〕小学:是指文字音韵训诂之学,是专门从事字义解释的基础学问。训:解释。习:学习。童蒙,年幼无知的儿童。

〔2〕大学:正己修身的学问,类似现在的"思想品德"课目。具:工具,也可理解为基础。

〔3〕"大学"二句:大学的道理,只在于精神思想得到了升华罢了。

〔4〕"小学"四句:养心之地,修养心性的根基。异教,指佛教、道教。空寂,虚妄不实。意思是说,学问的基础工夫被废弃很长久了,丧失了修身产问的基础,最终流为异教之学、空虚不实之学。

〔5〕开物成务:通晓万物的道理并按这道理行事而得到成功。

〔6〕"惟能"句:忿懥(zhì),愤怒。在儒家看来,忿懥恐惧、好乐忧患,都是需要平正、修整的不良情绪。

〔7〕复六情之未发:六情,指喜、怒、哀、乐、好、恶六种情感。理学家以为喜、怒、哀、乐之未发,不偏不倚,是谓"中"。

〔8〕良知:先天本有道德意识。良能:天赋之能。

〔9〕"向用"四句:是物,指"中道"。先前读书、正身、行事、教人,都是靠"中道"这个东西。

〔10〕艾：尽，停止。

〔11〕《帝典》：即《舜典》，《尚书》的篇名。唐孔颖达疏引汉马融注说："威仪表备谓之钦（敬），照临四方谓之明，经纬天地谓之文，道德纯备谓之思。"

〔12〕《洪范》"思睿作圣"：《洪范》，《尚书·周书》的篇名。《洪范》说："五事：一曰貌，二曰言，三曰视，四曰听，五曰思。貌曰恭，言曰从，视曰明，听曰聪，思曰睿，恭作肃，从作乂，明作晢，聪作谋，睿作圣。"孔颖达以为《洪范》是讲修身次第，说："此章所演亦为三重，第一言其所名，第二言其所用，第三言其所致。貌是容仪举身之大名也，言是口之所出，视是目之所见，听是耳之所闻，思是心之所虑。一人之上，有此五事也。貌必须恭，言乃可从，视必当明，听必当聪，思必当通于微密也。此一重，即是敬用之事。貌能恭则心肃敬也，言可从则政乃治也，视能明则所见照晢也，听能聪则所谋必当也，思通微则事无不通，乃成圣也。此一重言其所致之事。《洪范》本体，与人主作法，皆据人主为说。貌总身也，口言之，目视之，耳听之，心虑之，人主始于敬身，终通万事，此五事为天下之本也。"

〔13〕素丝：即素笺、素书，指书信。

与门人论学

吕祖谦

【解题】选自《吕祖谦全集》第二册《少仪外传》(浙江古籍出版社2008年版)。《少仪外传》是吕祖谦从七十多种书中摘录先贤嘉言嘉行编辑而成,作为门人修身、问学的教本,其中大多数章节,都涉及修身进道、问学次第的内容。儒家的伦理道统,本无精粗本末之区别,但是学问的阶次,则有从小学至大学的次序。平时日常课目中的洒扫、应对、进退等,看似细末小事,实际上所有学问,都是从洒扫、应对、进退等小事中"入神"而得其"精义"。如果轻视此类日常工夫,不可能入门,达不到修身的目标。所以前人认为,吕氏《少仪外传》所标出的条目,都是为学的阶梯,必须"终身行之",而且"宜早",即自小开始养成习惯,培养气质。本文节选书中条目,专论读书做人,提出为谁勤学、学什么、怎样学等问题。题目是新拟补的。

读书不辍,甚书不读了[1]?万一都废,且须自今重新勤苦,下十分工夫。不可因循隐忍[2],甘心作庸人过一生。最是行义一事,不可放过,正心修身,念念须学前辈,久久自然相应。

大凡为学,须以见贤为主。《孟子》曰:"一乡之善士斯友一乡之善士,一国之善士斯友一国之善士,天下之善士斯友天下之善士。"[3]然则见贤广者其德大,见贤寡者其德小。子贡问为仁[4],而孔子答以"工欲善其事,必先利其器。居是邦也,事其大夫之贤者,友其士之仁者"。然则事大夫之贤,友士之仁,所以利为仁之器也,然则见贤不可以已也。只是所谓贤者,大须取舍分明,不可二三[5],《易》所谓"定其交而后求"者是也[6]。

既能见贤,又须要尊贤。若但见而不能尊,则与兽畜之无异。今人于有势者则能屈,而于贤不能尊,是未之熟思。若无志于善,则何所不可。若必有志焉,则于此不可苟也[7]。韩退之作《师说》,曲中今世人之病[8]。大抵古人以为荣者,今人以为耻,如不能尊贤之类是也。

为学之要,先要实头[9],不说大话。须是自粗至细,自微至显,但不可分粗细、微显为两事。"言忠信,行笃敬";"言必信,行必果"[10]。最是初学要下工夫处。作事第一不可苟且,不可因循。要作便作,直是了当,方可放下。

立身以力学为先,力学以读书为本。今取《六经》及《论语》《孟子》《孝经》以字计之,《毛诗》三万九千二百二十四字,《尚书》二万五千七百字,《周礼》四万五千八百六字,《礼记》九万九千二十字,《周易》二万四千二百七字,《春秋左氏传》一十九万六千八百四十五字,《论语》一万一千七百字,《孟子》三万四千六百八十五字,《孝经》一千九百三字,大小九经,合四十八万四千九十五字。且以中才为率,若日诵三百字,不过四年半可毕。或以天资稍钝,减中才之半,日诵一百五十字,亦止九年可毕。苟能熟读而温习之,使人耳著心,久不忘失,全在日积之功耳。里谚曰:"积丝成寸,积寸成尺,寸尺不已,遂成丈匹。"此语虽小,可以喻大,后生勉之。

龟山杨先生见陈齐之作《许少伊哀词》[11],云:"文字间甚能形容少伊,但全篇大体似平交哀词。"前辈于前后辈之际甚严。又云:"'有美一人兮,丰下而多髯',此语固可见其仪形。然黄鲁直诗'玉堂若要真学士,须用儋州秃鬓翁',[12],此近乎不敬,不可学也。"闻之使人心服。

凡为学之道,必先至诚,不诚未有能至焉者也。何以见其诚?居处齐庄,志意凝定[13],不妄言,不苟笑。开卷伏读,必起恭敬,如对圣贤。掩卷沉思,必根义理,以闲邪僻[14]。行之悠久,习与性成,便有圣贤前辈气象。

凡勤学,须是出于本心,不待父母、先生督责,造次不忘,寝食在念,然后见功。苟有人则作,无人则辍,此之谓为父母、先生勤学,非为己修,终无所得。

凡读书,必务精熟。若或记性迟钝,则多诵遍数,自然精熟,记得坚固。若是遍数不多,只务强记,今日成诵,来日便忘,其与不曾诵读何异?

凡见人有一行之善,则当学之,勿以其同时同处,贵耳贱目焉。

【注释】

[1]"读书"二句:读书不休止,什么书都读完了。辍(chuò),停止。甚书,怎样的书。了,结束,了结。

[2]"不可"句:说读书既不可草率,又可以违背意志,隐忍勉强,意思说读书是愉快的事情,心不愉快而克制隐忍,自然也读不进书。因循,草率、马虎。隐忍,克制、忍耐。

[3]"一乡"三句:出自《孟子·万章下》,意思是说,自以范围大小广交朋友。斯,则。

[4]子贡问为仁:见《论语·卫灵公》,意思是说,用利器比作仁,而交友贤士大夫作为自己的贤助。

[5]"大须"二句:交接怎样的朋友,取舍须分明,不可三心二意。

〔6〕定其交而后求:见《易·系辞下》:"子曰:君子安其身而后动,易其心而后语,定其交而后求。君子修此三者,故全也。"

〔7〕苟:苟且,只管目前,得过且过。

〔8〕曲中:完全击中。

〔9〕实头:真实的一面。

〔10〕"言忠信"二句:见《论语·卫灵公》:"子张问行,子曰:'言忠信,行笃敬,虽蛮貊之邦行矣。言不忠信,行不笃敬,虽州里行乎哉?'""言必信"二句:见《论语·子路》:"敢问其次,曰:'言必信,行必果。硁硁然小人哉,抑亦可以为次矣。'"郑玄注:"行必果,所欲行必果敢为之。硁硁者,小人之貌也。抑亦其次,言可以为次。"

〔11〕"龟山"句:龟山杨先生,名时,字中立,号龟山,北宋哲学家,师承二程之学。陈齐之,名长方,字齐之,和杨时同时,是同乡之友,作《许少伊哀词》。许少伊,名景衡,字少伊,浙江瑞安人,师从二程,和陈齐之是同门友。

〔12〕"然黄鲁直"句:黄鲁直,名庭坚,江西分宁人,北宋文学家,是苏门六君子之一。"玉堂若要真学士"二句,见黄庭坚《病起荆江亭即事十首》第六首。儋州,在今海南。秃鬓翁,指其师苏轼。据说苏轼自岭南归,鬓发秃尽。

〔13〕齐庄:严肃诚敬。凝定:坚定不改变。

〔14〕闲:防止。

湖南提举荐士状

陈傅良

【解题】选自《陈傅良先生文集》(浙江大学出版社1999年版)。陈傅良(1137—1203),字君举,号止斋,浙江温州瑞安人。宋孝宗乾道八年(1172)进士,官至中书舍人。师从薛季宣,和陈亮、吕祖谦为学友。博洽多闻,兼备心性与治道,尤注重事功,强调经世,是永嘉学派的中坚人物。在事功学派看来,既读有字之书,又读无字之书。所以勤学往往又体现于勤事、力政上,学以致用,否则视如虚妄,不屑一提。这篇《荐士状》正是表达了这一思想。陈傅良荐举了四位远离朝廷的湖、广籍人才,都是从实效实绩中考察的。说宋文仲"有通务之才而发于谦和,有及物之志而安于静退";吴猎"学问本于纯实,器识期于远大";杨炤"赋受沉审,济以通练","随宜知变,见谓善谋,而其操履自不可夺";蒋砺"素禀端亮,耻为苟简"。四人以勤政力行著称,都有具体政绩,是不可多见的国士,最终朝廷也采纳了陈傅良的推举,"有旨吴猎、蒋砺、杨炤、宋文仲并赴都堂审察"。这不但是陈傅良的用人标准,也体现了其勤学和勤政并存兼得的绩学精神。

臣恭观明诏[1],搜罗湖、广遗材。窃见通直郎、知潭州长沙县宋文仲有通务之才而发于谦和,有及物之志而安于静退。盖文仲虽生长南土,其家学则中原文献也[2]。顷丞萍乡,蔼有民誉[3]。方臣假守桂阳[4]，得其为人就访之，而文仲尝为桂阳录事参军，授臣《本军会计录》一卷，臣遵行之，所以能蠲除宿负，罢弛斜科[5]，不得罪于其民者，文仲之助也。寻领使事，访以九郡利病，无不周知。前者仓司籴补诸郡米仅十万斛，今者漕司蠲残，亦数万缗[6]，皆文仲发之。臣以为文仲虽衡阳人，实国士也。

奉议郎知常州无锡县吴猎学问本于纯实，器识期于远大，所居阖郡，宗为师友，凡与之游，类多自爱。而猎于其交，有善称之不容口，有过戒之不遗力。有急难，虽不利于其身，赴之不恤也[7]。顷从事桂林幕府，与平李接之乱[8]，未尝言功。已而帅臣刘惇不理于口，而猎谊不避罪，屡讼其冤[9]。人臣如此，其不负国必矣。臣守桂阳，猎适为赡军酒官，助讲荒政，甚于饥渴。桂阳故事，遇皇帝登极，奉表进银三千两，属方救荒之际，力不办此，臣惧无以塞责，猎实教臣申请减额，迄蒙睿旨损三之一，为惠一方，猎与有力。臣以为猎虽长沙人，亦国士也。

文林郎知潭州攸县蒋砺，素禀端亮，耻为苟简。往岁江陵，今兹攸县[10]，廉惠之誉，两邑同辞。观其为吏，苟不便于民，虽上官令之不听。苟便于民，虽匹夫不获申，则身任其责也。臣尝见其诣阙所上书，论广右利害有四救弊之说[11]，及与提点刑狱司，论经总制钱，其言恻怛，可以施用。则迹臣所谓"远方因革可备咨访"者[12]，在静江，则砺其人也。

奉议郎、知全州清湘县杨焰赋受沉审，济以通练[13]，亦佐桂幕，与平李接之乱，随宜知变，见谓善谋，而其操履自不可夺。及今为县，益著吏绩，郡实赖之。臣得其岭外《盐策本末》一书，自开宝迄于淳熙[14]，上下二百余年，灿然明白。其论以蔡京变法实为咎根，驯致二广连年多盗，官般客贩[15]，

219

迭为民扰。盖利东路则西人被其害,利西路则东人被其害[16],宜为损益,兼惠两路,斯可以便,公私息纷。更以臣所见,广盐之说十数家,未有如炤之平者。则迩臣所谓"远方因革可备咨访"者,在临贺,则炤其人也。

如臣不肖,非有知人之明,能得此数子于众人未识之先,正以久居于此,或闻之公论之熟,或见之同事之详。如宋文仲、吴猎之在湖南,蒋砺、杨炤之在广右,朋侪乡党,咸所推先。牧守宾僚,无不器重。臣如隐默,不惟负蔽贤之罪,是不奉明诏也已。于今年某月某日具状奏闻,臣愚欲望圣慈特赐甄录,以昭示公朝不遐遗之美,谨录奏闻,伏候敕旨。

【注释】

〔1〕臣恭观明诏:光宗绍熙元年(1190)十月丙午,"诏内外军帅,各荐所部有将才者。"

〔2〕文仲:宋文仲,字伯华,湖北安陆人。宋景文公的后代,迁居湖南衡阳。

〔3〕萍乡:宋时县名,属于江南西道,隶属袁州。

〔4〕桂阳:南宋置桂阳军,治所在临武县,在今湖南省南部的桂阳县。

〔5〕蠲(juān):除去,减免。宿负:旧时欠下的债务。斜科:指额外不正当的科目。

〔6〕籴(dí):买进谷物。缗(mǐn):成串的铜钱,每串一千文。

〔7〕恤:忧虑。

〔8〕李接:南宋容州陆川弓手,淳熙六年(1179)五月,聚众数千人起事,杀九州巡检,连克广西路六州八县,所至宣布免纳十年赋税。广西经略安抚使刘悼兴兵攻讨,十一月李接被俘,于静江被杀。

〔9〕"已而"三句:不理于口,说刘悼受冤而不能申辩清楚,而吴猎不避罪,替他申诉冤屈。

〔10〕江陵:宋南置府,在今荆州市江陵县。攸县:南宋属荆湖南路潭州府,在今湖南省株洲市。

〔11〕广右:在今广西省。

〔12〕迩臣:朝廷亲近皇帝的大臣。

〔13〕沉审:深沉明察,沉稳谨慎。通练:谓阅历丰富而通晓人情世故。

〔14〕开宝:宋太祖赵匡胤年号,凡九年。淳熙:宋孝宗赵昚年号,凡十六年。

〔15〕般:搬运。贩:贩卖。

〔16〕东路:指湖广东路。西路:指湖广西路。

赠武川陈童子序

陈 亮

【解题】选自《陈亮集》(河北教育出版社2003年版)。陈亮(1143—1194)字同甫,号龙川,婺州永康(今浙江省永康市)人。为人超迈,喜好谈兵,主张北伐抗金,以布衣身份多次上书,纵谈国事,不遇。又先后两次蒙难下狱,忧患困顿。宋光宗绍熙四年(1193),举进士第一,授佥书建康府判官厅公事,未至官卒。陈亮论学主事功,曾与朱熹往复论辩而不相下,反对架空谈论性理。其学自成一派,被称为永康之学的开山。本选文是一篇赠序。一般来说,赠序写作于饯行之际,适宜表达祝愿与期待。陈亮此作非泛泛而谈,从人生求学的三个阶段出发,以记诵、学识、德业为分阶,勉励童子不断努力,日新其功。同时又指出,童子而求功名,多是人生德业尚未成就之际,往往易于躁进,引述孔子教育童子的两个有名例证,提出治学应有长远追求,不可追逐暂时功利。道理明易,引人深思。陈亮的事功之学,并非否定道学家的天理性命之说,只是更注重践行,重视成效。将事功等同于功利,并不准确。

童子以记诵为能[1],少壮以学识为本,老成以德业为重。年运而往,则所该愈广[2],所求愈众,穷天地之运,极古今之变,无非吾身不可阙之事也。故君子之道,不以其所已能者为足,而尝以其未能者为歉。一日课一日之功[3],月异而岁不同,孜孜矻矻[4],死而后已。自吾圣人及若后世之贤智君子,骚人墨客,凡所以告语童子者,辞虽各出其所长,而大概不过此矣。若余少而昏蒙,长不知勉,未老而颓惰如七八十岁人者,此天地之弃物,而何以语童子哉?

童子之资禀特异,而犹记畴昔之所闻所见其略之可言者,盖阙党童子[5],圣人既与之周旋矣,以其求速自见者,而有疑于异时之远到,故孺悲则辞而不见[6],将以警策之也。后世诸贤,其于童子,岂能有此财成辅相之道哉[7]?而况若余者乎?童子行矣,奇妙英发,不极其所到未可止也。落华收实[8],异时相与诵之。

【注释】

〔1〕"童子"句:童子,本指未成年的人,这里指参加童子科考试的儿童。宋代科举制度规定,凡年纪在十五岁以下,能通经作诗赋,都可以由州郡直接推荐至朝廷,天子亲试。根据考试的结果,可以获得任官或免除文解等优待。陈童子应该就是这样一个应童子科的儿童,本文是陈亮为他赴举送行时所作的赠序。

〔2〕该:包容,包括。

〔3〕课:试,根据一定的标准来考核。

〔4〕孜(zī)孜矻(kū)矻,勤奋努力而不懈怠的样子。

〔5〕盖阙党童子:典出《论语·宪问》:"阙党童子将命。或问之曰:'益者与'?子曰:'吾其居于位也,见其与先生并行也。非求益者也,欲速成者也。'"阙党,孔子居住的地方,即阙里。这段话的大意是,阙里有个孩子来向孔子传话,有人问:"这孩子是个追求上进的人吧?"孔子说:"我看到他坐在大人的位置上,走路与长辈并肩而行。这不是追求长进的人,而是一个急于求成的人。"这里陈亮借用阙里童子的故事,警戒陈童子要追求长远的进步。

〔6〕"故孺悲"句:孺悲,鲁国人,曾经向孔子学习丧礼。《论语·阳货》:"孺悲欲见孔子,孔子辞以疾。将命者出户,取瑟而歌,使之闻之。"孺悲想拜见孔子,但孔子推辞有病,不肯接见。但传话的人一出房门,孔子就取瑟而歌,

故意让孺悲知道其实并没有生病。孔子冷遇孺悲,是想让他反省自己的行为。

〔7〕"岂能"句:财成辅相,裁节辅佐。财,通"裁"。语出《易·泰卦·象》:"天地交泰,后以财成天地之道,辅相天地之宜,以左右民。"

〔8〕落华收实:花朵落尽,收获果实。比喻刊落浮华,培养根本,遵循发展规律,从而取得更大收获。

困学斋记

戴表元

【解题】选自《戴表元集》(浙江古籍出版社2014年版)。戴表元,字帅初,宁波奉化人。宋咸淳中,入太学,既而试礼部第十人,登进士乙科。教授建宁府,稍迁临安教授,授行户部掌故,皆不就。元大德八年,表元年已六十余,以荐起家,官信州教授,调婺州,以疾辞。史称其学博而肆,《宋元学案》将戴表元归入"深宁学案",承传吕祖谦、朱熹的道统。这篇文章称鲜于伯几"不困于嗜欲,不困于荣辱得丧之故",而惟独困于"学",饶有深味。鲜于伯几(1256—1301),即鲜于枢,伯几,是其字,又写作伯机。自号困学山民,又号寄直老人。祖籍金代德兴府(今河北省张家口市涿鹿县),生于开封,实为大都(即今北京)人。好诗歌与古董,文名显于当时,书法成就最著。大德六年(1302)官太常典簿。至元年间以才选为浙东宣慰司经历,后改江浙行省都事,晚年任太常典簿,构室于杭州,名曰"困学之斋",《新元史》有传。戴表元所称之"学",从文中推断,是自己的"才学",但是和处世之道不相融合。鲜于伯几有才学如诸葛亮、嵇康,而不为世用,不得申张其建功立业的大志。有才不但不尽用,甚至成为招祸之累,使才士抑郁终身,淹没无名,确是浙学先贤们所关怀的问题。虽说鲜于伯几如此落寞、屈折,戴表元犹期待以"学之愈成",希望他能进一步超脱泛应酬酢之困,用志于学。困而学之,学问之道,"穷而愈工",在千锤百炼的磨砺中得到了升华,也不见得是坏事。

丁亥之春,余识鲜于伯几于杭[1]。方是时,伯几以才选为三司史掾[2],意气雄豪,每晨出,则载笔椟[3],与其长廷争是非,一语不合,辄飘飘然,欲置章绶去[4],渔猎山泽间而后为快。轩骑所过[5],父老环聚,指目曰:"此我鲜于公也。"及日晏归,焚香弄翰,取数十百年古鼎彝器,陈诸阶除,搜抉断文废款[6],若明日急有所须而为之者。门无亵宾[7],至则相对吟讽松竹之间,或命觞径醉,醉极作放歌怪字,亦有足悦。余虽齷齪[8],骤见伯几如此,真以为世外奇崛不凡人也。

别去五年复来,名字黯然无闻,问之,云:"伯几比来懒不耐事,闭门谢客,方营一室,名曰困学之斋,将收放心而求寡过焉。"[9]余闻之,叹曰:嘻乎!世有如伯几之才而待困学者乎?然如其言,自不失为奇士。诸葛孔明高节不仕诸侯,一出成鼎足之业,其终身本志,乃云抱耒躬耕,作南阳田舍翁耳[10]。嵇康,人中龙,不以三公易冶锻之乐,彼其雍容揖让,进退儵然,岂无学人所为哉[11]?今吾伯几推而进诸嵇、葛之俦,固所未逊[12],其屈折就此,殆似为世故所困耳。夫困道尚多,伯几不困于嗜欲,不困于荣辱得丧之故,逾于常人何止万万?就其所好,虽贤而未免于累者,而愈轻之,使如纪渻子之木鸡[13]、亢桑畏垒之说[14],岂不为学之愈成哉?于是知伯几者,皆曰:"子之言于伯几为宜,盍以为困学之记。"是为记。

【注释】

〔1〕丁亥:至元二十四年(1287)。

〔2〕三司:唐宋以下,三司多指御史大夫、中书、门下,主理刑狱。史掾:即

掾史、掾曹,佐助三司长官治事。

〔3〕笔楮:犹纸笔,指书写文具。

〔4〕章绶:官印和系印的丝带,泛指官印。

〔5〕轩骑:车驾。

〔6〕阶除:台阶。款:款识,指青铜器的铭文。

〔7〕亵宾:指行为轻佻的宾客。

〔8〕龌龊:气量狭小。

〔9〕放心:纵放的心。

〔10〕"诸葛孔明"五句:耒(lěi),翻耕的农具。田舍翁,老农。诸葛亮《出师表》:"臣本布衣,躬耕于南阳,苟全性命于乱世,不求闻达于诸侯。先帝不以臣卑鄙,猥自枉屈,三顾臣于草庐之中,谘臣以当世之事。由是感激,遂许先帝以驱驰。后值倾覆,受任于败军之际,奉命于危难之间,尔来二十有一年矣。"

〔11〕"嵇康"六句:嵇康,魏晋名士。《晋书》本传称他"有奇才,远迈不群,身长七尺八寸,美词气,有风仪,而土木形骸,不自藻饰,人以为龙章凤姿,天质自然"。所以称之为"人中龙"。嵇康和阮籍、山涛、向秀、刘伶、阮咸、王戎为"竹林七贤"。权贵钟会来拜访,嵇康正在树下锻铁,向秀为他拉风箱,康只顾自己举铁锤锻打,旁若无人,"移时不交一言",钟会感到没趣,就要离开。康问:"何所闻而来?何所见而去?"钟说:"闻所闻而来,见所见而去。"(《世说新语·简傲》)所谓"三公易冶锻之乐,彼其雍容揖让,进退翛然",说的即是此事。翛(xiāo)然,超脱无拘束的样子。

〔12〕俦(chóu):同类。逊,逊色:比不上。

〔13〕"使如"句:典出《庄子·达生》。意思是说纪渻(shěng)子这个人替齐王伺养斗鸡,过十天就问:"鸡能斗了吗?"答:"不行,鸡正处在骄矜恃气的阶段。"过十天又问,答:"不行,看到他鸡,还能相互应和。"过十天又问,曰:"不行,还能迅速顾视,意气强盛,内心未定。"过十天又问,说:"差不多了。这鸡虽然也会鸣叫,但是内神已无变化,看上去象个呆鸡,其德完整,别的鸡看到它,都不敢应战,回头就逃走了。"

〔14〕亢桑畏垒之说:典出《庄子·庚桑楚》。亢桑,同"庚桑",是姓;楚,是名。说,通"悦",喜悦。是说庚桑楚是老子的门生,独得老子之道。去北边,住在畏垒山上,他的仆人中炫耀聪明者被辞去,他的侍女中矜持仁义者被疏

227

远,纯朴的和他一起,勤劳的留下供役使,住了三年,畏垒大丰收。畏垒的民众相互说:"庚桑子刚来时,我们对他感到奇怪。今天我们据时日来看收入,还觉得不足;据岁月来看,却感到有余。他差不多是圣人啊!为什么不一起拥戴他为社主而当作社主一样来敬奉他呢?"这里是希望鲜于枢澄心静虑,知困向学。

学斋记

黄 溍

【解题】选自黄溍《金华黄先生文集》卷十四(《四部丛刊》本)。黄溍(1277—1357)字晋卿,婺州义乌人。延祐二年(1315)进士,授台州路宁海丞。历官石堰西场监运、诸暨判官,入为翰林应奉,转国子博士,出知江浙儒学提举,官终翰林侍讲学士。早年从方凤等宋末遗老游,入仕后交游益广,名列元代"儒林四杰"。曾主持修纂《后妃功臣列传》,是元代中后期文坛领袖式人物。特出弟子如宋濂、王袆,开明初一代文风。黄溍治学博而能约,剖释经史,信而有据,文辞法度谨严。本文是黄溍应学生沙剌班约请而作,勉励弟子仕宦之余,随时刻励自省,提高学识。元代是多民族大一统王朝,沙剌班虽然属于色目人,已经高度汉化,不仅精通诗文,还以才学被选《金史》纂修官。黄溍不忘教诲弟子学问并不需要刻意追求,勉励他无事而非学,无时而不学,体现出一个"勤"字。以这样的态度去为学,自然可以与古为期。

伯温甫以学斋扁其居室[1],而来谂于溍曰[2]:"予幸以国子获执经于馆下,忝释褐而备官使于西陲者二十载[3],异时同舍生类能以文学论议自见,已独无称焉。大惧去师友日远,坠失旧闻,不得附于英俊之列。爰以'学'名吾斋,庶几退息于斯,有所自儆,以为进修之地[4]。匪但求无愧乎今人,苟未至乎古人,不敢不勉也。子其为我记之。"

潜闻《鲁论》所记,子夏氏有仕优则学、学优则仕之言,说者谓斯言非为学而弗仕者劝,乃为仕而弗学者戒也[5]。然则学之优或不必于仕,仕之优曷可以无学乎?盖古者由家而乡,以达于国,固无地而无学。其贤能之兴于乡者,必还以长而治之。岁时属民射饮读法,使之习容闲礼,考德问业,莫不有教学相长之道焉[6],则亦无事而非学,无时而不学也。今之为学既不皆与古合,其仕者又率以钩擿趋办为大务,而无暇从容出入、升降酬酢于儒服俎豆之间[7]。若夫随牒远方,邈焉海隅,徼塞万里之外,则弦诵之声益以希阔[8]。年未至而不亲学者,皆是也。有能不为事物之所夺,风气之所移,而卓然以古人自任如伯温甫者,不亦有志之士欤!

历观书传所载,能终始于学者无如卫之武公。年九十有五,犹作诗以自儆曰:"相在尔室,尚不愧于屋漏。"[9]先儒以为此诚意正心之极功,则其所学可知也。伯温甫敭历之久,誉望甚著,年逾强仕,以选擢外[10]。宰相之元僚[11],而居是室也,忘其齿之长、身之贵,不怠于自儆如此,其亦武公之徒矣。由是而登于武公之年,所造讵易量哉?[12]且老之为言考也[13],庸谨记之,以俟他日考其成焉。

【注释】

〔1〕伯温:即沙剌班,畏兀氏,河西张掖人,汉名刘伯温。由国子生入官监察御史,仕至西台侍御史。刘伯温是黄潜任职国子监时的门生,后曾任《金史》纂修官。甫:古代在男子名字下所加的美称。

〔2〕而来谂于潜曰:谂(shěn),告诉。

〔3〕执经:手拿经书,从师受业。忝(tiǎn):辱,有愧于,谦辞。释褐:脱去布衣换上官服,指当官。

〔4〕庶几:也许可以,表示揣测。自儆(jǐng):自我警醒。

〔5〕"潜闻"四句：《论语》在汉代有三个传本，即《鲁论》《古论》《齐论》。《鲁论》据称为鲁人所传，共二十篇，是今本《论语》来源之一。《论语·子张》："子夏曰：'仕而优则学，学而优则仕。'"

〔6〕属(zhǔ)民：聚集民众。习容闲礼：练习举止，整饬仪表，熟习礼节。闲，古同"娴"。考德问业：考察道德，查问知识。

〔7〕钩摭(zhí)趣(cù)办：钩取探求，催促督办。趣，同促。升降酬酢(zuò)：上升下降，宾主敬酒。俎豆：指祭祀。俎与豆都是古代祭祀时盛食物的礼器。

〔8〕随牒远方：根据授官委任状出仕远方。希阔：稀少罕见。

〔9〕"相在尔室"二句：出自《诗·大雅·抑》，据传是卫武公用来自警的诗句，大意为看你在室内独处，做事不要有愧于神明。

〔10〕"伯温"四句：敭(yáng)历，仕宦经历。强仕，《礼记》称："四十曰强，而仕。"故用来指男子四十岁。

〔11〕元僚：贤佐，重臣。

〔12〕讵(jù)：表示反问，意同"岂"。

〔13〕且老之为言考也：考、老二字，《说文》同义互训，所以说"老"即是"考"。

王冕传

宋 濂

【解题】选自《宋濂全集》(人民文学出版社2014年版)。在这篇传记中,王冕是一位勤学苦读而获得成功的典型。他出身贫寒,家庭无力支持他外出拜师求学,靠着自己坚韧不拔的毅力,借着佛庙里的长明灯,琅琅诵读达旦,最后成为一代"通儒"。浙学先贤多见如王冕这样通过自学而名列儒林的典范,和王冕同乡又同时的杨维祯,也是其一,藏身铁崖山,苦读了五年,最终成为一代名儒。读书在于明理,在于践行。事父母孝顺,交友讲信义,一一体现于日常生活之中,至于该不该出山任职,心中自有准绳。在出处的选择上,王冕往往不被世俗理解、接受,一再被误解为"狂怪"。难能可贵的是,王冕凭着他的渊博知识,审时度世,借古鉴今,能准确预测元末即将发生天翻地覆的变故,预先为家庭做好躲避战乱的安置。从这一点看,王冕绝非是腐迂而不通世故的书呆子,他真正把书读活了,这正是浙学精神的一个侧面。

王冕者,诸暨人。七八岁时,父命牧牛陇上,窃入学舍听诸生诵书,听已,辄默记。暮归忘其牛。或牵牛来责蹊田,父怒挞之。已而复如初。母曰:"儿痴如此,曷不听其所为?"冕因去依僧寺以居,夜潜出坐佛膝上,执策映长明灯读之[1],琅琅达旦。佛像多土偶,狞恶可怖,冕小儿恬若不见。安阳韩性闻而异之[2]，录为弟子，学遂为通儒。性卒，门人事冕如事性。

时冕父已卒，即迎母入越城就养。久之，母思还故里，冕买白牛驾母车，自被古冠服随车后，乡里小儿竟遮道讪笑，冕亦笑。著作郎李孝光欲荐之为府史[3]，冕骂曰："吾有田可耕，有书可读，肯朝夕抱案立庭下，备奴使哉！"每居小楼上，客至，僮入报，命之登乃登。部使者行郡，坐马上求见，拒之去，去不百武[4]，冕倚楼长啸，使者闻之惭。

冕屡应进士举不中，叹曰："此童子羞为者，吾可溺是哉！"竟弃去。买舟下东吴，渡大江，入淮楚，历览名山川，或遇奇才侠客，谈古豪杰事，即呼酒共饮，慷慨悲吟，人斥为狂奴。北游燕都，馆秘书卿泰不花家[5]。泰不花荐以馆职，冕曰："公诚愚人哉。不满十年，此中狐兔游矣，何以禄仕为？"即日将南辕，会其友武林卢生死泺阳[6]，唯两幼女、一童留燕，伥伥无所依[7]。冕知之，不远千里走泺阳，取生遗骨，且挈二女还生家。

冕既归越，复大言天下将乱。时海内无事，或斥冕为妄，冕曰："妄人非我，谁当为妄哉？"乃携妻孥隐于九里山[8]，种豆三亩，粟倍之，树梅花千，桃、杏居其半，芋一区，薤、韭各百本。引水为池，种鱼千余头。结茅庐三间，自题为梅花屋。尝仿《周礼》著书一卷，坐卧自随，秘不使人观，更深人寂，辄挑灯朗讽。既而抚卷曰："吾未即死，持此以遇明主，伊、吕事业不难致也。"当风日佳时，操觚赋诗，千百言不休，皆鹏骞海怒，读者毛发为耸。人至不为宾主礼，清谈竟日不倦，食至辄食，都不必辞谢。善画梅，不减杨补之[9]。求者肩背相望，以缯幅短长为得米之差，人讥之，冕曰："吾藉是以养口体，岂好为人家作画师哉！"未几，汝颖兵起，一一如冕言。

皇帝取婺州，将攻越，物色得冕，置幕府，授以谘议参军，一夕以病死。冕状貌魁伟，美须髯，磊落有大志，不得少试以死，君子惜之。

　　史官曰：予受学城南时，见孟寀言越有狂生[10]，当天大雪，赤足上潜岳峰[11]，四顾大呼曰："遍天地间皆白玉合成，使人心胆澄澈，便欲仙去。"及入城，戴大帽如蓗[12]，穿曳地袍翩翩行，两袂轩翥，哗笑溢市中。予甚疑其人，访识者问之，即冕也。冕，真怪民哉！马不蒉驾[13]，不足以见其奇才，冕亦类是夫！

【注释】

〔1〕策：或作"筴"、"册"，书简，簿册。长明灯：昼夜不息的油灯，用于供佛或敬神。

〔2〕安阳：元代县名，在今河南省安阳市。韩性：字明善，原籍安阳，南宋后迁居绍兴，其八世祖是宋名相韩琦。异之：谓觉得王冕是奇人。

〔3〕李孝光：字季和，乐清人，工诗文，有《五峰集》。至正年间为秘书监著作郎。

〔4〕武：脚步。

〔5〕泰不花：即达兼善，蒙古人，伯牙吾台氏。父为台州录事，因家于台。年十七，江浙乡试第一，廷试赐进士及第。自号白野，世称白野状元。

〔6〕泺(luò)：水名。在今山东省济南市西南，北流入济水。泺阳：在泺水的北面。

〔7〕伥伥：无所适从貌。

〔8〕九里山：侯山，在诸暨县东九里。

〔9〕杨补之：字无咎，洪州人。宋代著名画家，擅长水墨人物。

〔10〕孟寀(cǎi)：宋濂同门友，元至正末，同受业于金华闻人梦吉。

〔11〕潜岳峰：在今金华城北，即芙蓉峰，俗称尖峰山。

〔12〕蓗(zǒng)：草纤细茂密的样子。

〔13〕马不蒉驾：是说马不是难以控御，就没法表现出它的奇异才能。蒉(fěng)驾，车子翻倒，比喻难以控御。

读书说

刘宗周

【解题】选自《刘宗周全集》第三册(浙江古籍出版社2012年版)。这是刘宗周专门为其子刘汋写的说体文。明代自嘉靖以后,由于王阳明心学风行天下,"致良知"已成为修行心性的门径,风头一度盖过了程、朱理学。于是阳明后学进而搬出南宋心学宗师陆九渊的说教,直入心源,不必读那么多的书。良知人人皆有,可以不学而能,自我发致,何必读书?"充其说,必束书不观而后可",勤学苦读的传统,似可省略。"读书无用"论,又尘嚣甚上,产生了消极影响。在这种情况下,刘宗周挽狂澜之既倒,大力提倡门生重读儒家经典,以为读书是儒者的"本业",儒者不读书,是失其本业,等于自废"武功",迷失了方向。读了书,明白了事理,而修行继于明事理之后。这些步骤是无法省略或者绕过去的。"于是乎博学以先之,审问以合之,慎思以入之,明辨以析之,笃行以体之,审之性情隐微之地,致之家国天下之远,通之天地万物之大,而读书之能事毕矣"。这篇《读书说》,对于制止蔓延当下的浮躁习气,也有值得借鉴之处。

子路曰[1]:"何必读书,然后为学?"信斯言也。孔门明以读书为学,而子路反言之云,特其所谓读书者,盖将因此以得吾之心耳[2]。故曰:"博学而详说之,将以反说约也。"

粤自天地既判，万物芸生时，则有三纲五常，万事万化以为之错[3]，而约之不外于吾心。圣人因而谱之以教天下万世，后之人占毕而守之[4]，始有以儒学名者。故读书，儒者之业也。

曾子曰："所游必有方，所习必有业。"[5]又曰："其少不讽诵，其壮不议论，其老不教诲，亦可谓无业之人矣。"夫儒甚无乐乎文胜也。而太史公列九家[6]，谓儒者博而寡要，当年不能究其蕴，累世不能殚其功，何也？尧、舜、禹、汤、文、武而既没矣，其间暴君污吏，更相蹂躏，横政之所出，横民之所止[7]，至春秋而极。《典》《谟》微言，不绝如线。

于是仲尼起而修明之，删《诗》《书》，定《礼》《乐》，修《春秋》，赞《周易》，以宪万世[8]，而尊之曰"经"，使天下后世，复知有唐、虞、三代之道。故语圣而儒以博鸣者，莫仲尼若也，而非仲尼之得已也[9]。乃时有老聃出而讥之曰[10]："《六经》，圣人之陈迹也，而岂其所以迹哉？"审如其言，以之独为学可矣[11]，以之为天下万世，则吾不知也。孔、孟而既没矣，其间异端曲学，更相簧鼓[12]，邪说之所淫，暴行之所坏，至五季而极，洙、泗微言不绝如线[13]。

于是朱子起而修明之，著《集注》《或问》，补《小学》，修《纲目》，纂濂、洛之说，以教万世，而定之曰"传"[14]，使天下后世，复知有《六经》之道。故语贤而儒以博鸣者，莫朱子若也，而非朱子之得已也。乃象山出而讥之曰"支离"[15]。又曰："《六经》注我，我注《六经》。"[16]审如其言，以之独为学可矣，以之为天下万世，则吾不知也。然则生于孔、孟、程、朱之后者，舍孔、孟、程、朱之书不读，又何以自达于道哉？

夫人生蠢蠢耳，此心荧然，喜而笑，怒而啼，惟有此甘食悦色之性耳[17]。迨夫习于言而言，习于服息居处而服息居处，而后俨然命之人,则其习于学而学,亦犹是也。人生而有不识父母者,邂逅于逆旅[18],亦逆旅而过之。一旦有人指之曰:"此尔父母也,尔即子也。"则过而相持[19],悲喜交集,恨相见之晚也。吾有吾心也,而不自知也。有人指之曰:"若何而为心,又若何而为心之所以为心。"而吾心恍然[20],吾心以为是矣,人复从而指之曰:"此若何而是。"则为善也,不亦勇乎? 吾心恍以为非矣,人复从而指之曰:"此若何而非。"则去恶也,不益决乎? 吾心习以为是非矣,人又指之曰:"此是而非,此非而是。"则迁善而改过也,不益辨乎? 由是而及于天下,其是是而非非也,不亦随所指而划然乎[21]?

夫书者,指点之最真者也[22]。前言可闻也,往行可见也。多闻,择其善者而从之;多见而识之,所以牖吾心也[23]。先之《小学》以立其基,进之《大学》以提其纲,次之《中庸》以究其蕴,继之《论语》以践其实,终之《孟子》以约其旨,而所谓恍然于心者,乃随在而有得矣。于是乎读《易》而得吾心之阴阳焉,读《诗》而得吾心之性情焉,读《书》而得吾心之政事焉,读《礼》而得吾心之节文焉[24],读《春秋》而得吾心之名分焉[25],又读四子以沿其流[26],读《纲目》以尽其变[27],而吾之心无不自得焉。其余诸子百家泛涉焉,异端曲学诛斥之可也。于是乎博学以先之,审问以合之,慎思以入之,明辨以析之,笃行以体之,审之性情隐微之地,致之家国天下之远,通之天地万物之大,而读书之能事毕矣。儒者之学,尽于此矣。故曰:"读书,儒者之业也。"

自后世有不善读书者,专以记诵辞章为学,而失之以口耳,且以为济恶之具有之,于是有志之士始去而超然即心证圣,以闻见为第二义[28]。而佛、老之徒,益从而昌炽其说,其究至于猖狂自恣,以乱天下。呜呼! 溺者挟一瓢而济[29],一瓢千金也,盖亦有不善挟者矣,乃登岸,人或遂因而靳与后溺者以瓢,惧其重之溺[30],不知其率天下而溺也。

【注释】

〔1〕子路:名仲由,字子路,鲁国人。有勇力,性伉直,孔子门生,列为十圣之一。

〔2〕"而子路"三句:子路所说的读书,大概是指通过读书而直接获得我所需要的道理。

〔3〕错:错综,交织。

〔4〕占毕:经师不解经义,只按照书上的文字诵读以教人。后也泛称作吟诵、朗读。

〔5〕"所游"二句:见《礼记·曲礼上》:"所游必有常,所习必有业。"方,即常,二字同义。

〔6〕"而太史公"句:九家,指行于战国之世九家学派:法、道、儒、阴阳、名、墨、纵横、杂、农,见《史记·太史公自序》。

〔7〕横政:暴政。横民:暴民。横:残暴。

〔8〕赞:佐助,这里指阐述、注释。宪:作为典范。

〔9〕"故语圣"三句:所以说到作为圣明之儒、以广博著称者,无人能比得上仲尼,但孔子的广博也是出于不得已。

〔10〕老聃:老子,姓李,名聃。

〔11〕"审如其言"二句:确如其说,作为独自一家之说是可以的。

〔12〕"其间"二句:称儒学以外的学说为异端。曲学,邪说。簧鼓,花言巧语以迷惑人。

〔13〕五季:指后梁、后唐、后晋、后汉、后周五代。洙、泗:二水名,在今山东省南部,是孔子当年游历讲学过的地方。后来以洙泗作为孔孟儒学的代名词。

〔14〕"于是"七句:《集注》,指《四书集注》;《或问》,指《四书或问》。补《小学》,修《纲目》,朱子有《小学补》《资治通鉴纲目》。纂濂、洛之说,是指《八朝名臣言行录》《伊洛渊源录》等。传,指传述孔孟之意。

〔15〕"乃象山"句:象山,指陆九渊,字子静,号存斋,讲学于象山书院,因

称"陆象山"。陆九渊曾斥朱子之学为"支离"。

〔16〕"《六经》注我"二句:出《象山语录上》,意思是说,《六经》既是我说的注脚,又以我说去注解《六经》。

〔17〕"夫人生"五句:人在世间,蠢蠢不安,而此心(良心)微弱不明,高兴了就笑,发怒了就哭叫,只有吃好的、喜欢美色的天性罢了。蠢蠢,骚动不安的样子。荧然,亮光微弱的样子。

〔18〕邂逅:不期相遇。逆旅:旅馆。下文"逆旅",是旅客,指人。

〔19〕相持:相互握抱。

〔20〕恍然:猛然领悟的样子。

〔21〕划然:犹豁然,开朗醒悟的样子。

〔22〕指点:指示,点拨。

〔23〕牖:窗户,借指启发。

〔24〕节文:制定礼仪,使行之有度。此处指节度。

〔25〕名分:名位和身分。

〔26〕四子:是指北宋的程颢、程颐、张载、邵雍。

〔27〕《纲目》:即朱熹编纂的《资治通鉴纲目》。

〔28〕"于是"二句:不善读书的人把读书当作文章之学,于是修道之士恶其辞章,直接以心证圣,而把读书所获得知识看作是"第二义"了。

〔29〕"溺者"句:溺水的人携带一个葫芦而得以渡河。瓢,葫芦。

〔30〕"人或"二句:有人因此而不肯把葫芦送给后来渡水的人,害怕他又溺水而死。靳(jìn),吝惜,舍不得。

恽仲昇文集序

黄宗羲

【解题】选自《黄宗羲全集》(浙江古籍出版社2012年版)。黄宗羲(1610—1695),字太冲,号南雷,余姚人。在天崩地解的时代巨变中,黄宗羲一生经历了复社士子、反清义士与学术大家的身份转换。黄宗羲早年受学于刘宗周,传蕺山之学。后交游益广,阅历日深,博通融会,在经学、史学、文学及天文历算、律学地理等方面皆取得突出成就,与顾炎武、王夫之并称大家。黄宗羲秉持民本立场,抨击家天下,主张"天下之法",有重要思想启蒙意义。其《明儒学案》及发凡起例《宋元学案》对宋元明时期儒学思想进行了通贯研究,是重要的哲学史著作。《明文海》则对有明一代文章进行了包罗搜举,具有综观一代历史、人物、文章之用。黄宗羲本人亦以诗文鸣世,为清初大家。此文是黄宗羲为同门友人恽日初所作文集序。恽日初饱经患难,在大势已去的情况下放弃反清举动,逃于禅,丛林声誉日隆。为其文集作序,首先就要处理儒、释的对立关系与恽日初的思想归属问题。黄宗羲提出读书治学重在自得,而世人多习于科举,以举业片段割裂之得为准绳,衡论学术,遇到深入独得之见自然会将之视作异端。陆王心学强调直寻本心,往往被攻击为流入释教。黄宗羲以恽日初为例,指出正是这些微疑似之处,难以为俗学所理解。这一剖解,也体现了浙学在意识形态混杂之际,推尊儒学的努力。

举业盛而圣学亡[1]。举业之士，亦知其非圣学也，第以仕宦之途寄迹焉尔[2]，而世之庸妄者，遂执其成说，以裁量古今之学术，有一语不与之相合者，愕眙而视曰[3]："此离经也，此背训也。"[4]于是《六经》之传注，历代之治乱，人物之臧否[5]，莫不各有一定之说。此一定之说者，皆肤论瞽言[6]，未尝深求其故，取证于心，其书数卷可尽也，其学终朝可毕也。虽然，其所假托者朱子也，盍将朱子之书一一读之乎？夫朱子之教，欲人深思而自得之也。故曰："若能读书，就中却有商量。"[7]又曰："且教学者看文字撞来撞去，将来自有撞着处。"[8]亦思其所谓商量者何物也？撞着者何物也？要知非肤论瞽言可以当之矣。数百年来，儒者各以所长，暴于当世，奈何假托朱子者，取其得朱子之商量撞着者，概指之为异学而抹杀之乎？

余学于子刘子，其时志在举业，不能有得，聊备蕺山门人之一数耳[9]。天移地转，殭饿深山[10]，尽发藏书而读之，近二十年，胸中窒碍解剥，始知曩日之孤负为不可赎也[11]。方欲求同门之友，呈露血脉，环顾宇下，存者无几，突如而发一言，离经背训之讥，蹄尾纷然[12]。然吾心之所是，证之朱子而合也，证之数百年来之儒者而亦合也。嗟乎！但不合于此世之庸妄者耳。

武进恽仲昇，同门友也[13]。壬午见之于京师，甲申见之于武林[14]，通朗静默，固知蕺山之学者未之或先也。而年来方袍圆顶，丛林急欲得之以张皇其教[15]，人皆目之为禅学。余不见二十年，未尝不以仲昇去吾门墙而为斯人之归也。今年渡江吊刘伯绳，余与之剧谈昼夜[16]，尽出其著撰，格物之解多先儒所未发。盖仲昇之学，务得于己，不求合于人，故其言与先儒或同或异,不以庸妄者之是非为是非也。余谓之曰:"子之学非禅学也,此世之中而有吾两人相合,可无自伤其孤另矣[17]。"或者曰:"仲昇既非禅学,彼禅者何急之也。"余曰:"今之禅者,其庸妄亦犹夫今之举业之士也,恶能为毫厘之辨哉,其貌是,则是之而已。"然则仲昇之貌,其貌何也?余弗答,因书以为仲昇文集序。

【注释】

〔1〕举业:科举应试文字。圣学:指孔、孟的儒学。

〔2〕寄迹:寄托行迹,暂且依托。

〔3〕愕眙(è chì):惊视的样子。

〔4〕离经:脱离经典规范。背训:违背经典训释。

〔5〕臧否(zāng pǐ):褒贬,善恶。

〔6〕肤论瞽(gǔ)言:肤浅无见识的言论。

〔7〕"若能"二句:见《朱子语类》卷一百一十五。朱熹主张先须存心,若能如此,即使不读书也可以有长进。否则一放下书本,就毫无学问气象。不过如能读书,毕竟还有讨论余地。要是连书也不读,那就毫无进处了。

〔8〕"且教学者"二句:见《朱子语类》卷一百一十五。朱熹认为先应存养体认,对道理有深彻了解后,再取书本来印证,这样理解更深,遇事无碍。但朱熹又不想公开这样宣讲,怕学生因此而放弃看书,走上蹈虚一路。于是主张让学生自己参阅书本,随处体悟,不管所得浅深,总会有所收获。

〔9〕子刘子:指刘宗周(1578—1645),为学重"慎独",是明代重要思想家,也是黄宗羲的老师。他讲学于绍兴蕺山,世称蕺山先生。

〔10〕殭(jiāng)饿:僵冻饥饿。殭,同"僵"。

〔11〕解剥:解脱剥析。曩(nǎng)日:从前。

〔12〕蹄尾:禽兽有蹄和尾。蹄尾纷然,喻指纷嚣杂乱。

〔13〕恽日升(1601—1678):字仲昇,号逊庵,刘宗周弟子。崇祯六年(1633)中乡试副榜。以知兵称,上备边五策,不报。明亡后,祝发为僧,释子多宗之。

〔14〕壬午:崇祯十五年(1642)。甲申:崇祯十七年(1644)。此年北都亡。

武林:杭州旧称。

〔15〕丛林:寺院道场。张皇:扩大显耀。

〔16〕刘伯绳:刘汋(1613—1664),字伯绳,刘宗周子。剧谈:畅所欲言。

〔17〕孤另:孤零,孤单。

与某书 光绪四年十月

李慈铭

【解题】选自李慈铭《越缦堂文集》(上海古籍出版社2008年版)。李慈铭,字爱伯,室名越缦,绍兴人。清光绪六年(1880)进士,官至监察御史,集学者、文学家与名士于一身。治学承乾嘉汉学遗风,博览群书,长于经史考据,著述宏富。其《越缦堂日记》详细地记录了对近千种书籍的评议,议论精湛,从中可见其学问根柢。这部《日记》是李慈铭每日课记的读书心得,触类旁通,剖析入微,知识广博,见解非凡,从中可以看到一些前人所未及的创见,体现了其一生治学的积累和成就。其书又是一部务于求实求真的著作,对于前辈或时贤的学问,能比较客观看待,实事求是,往往能在寥寥数语中击中要害,轻肆直言,无所忌讳,道出学问的真谛。李慈铭际逢清末,无论官场还是学界,风气极坏,学人依附权要、权威,时常不敢说真话、实话。也正由于此,李慈铭在其时被讥斥为"妄人"、"狂徒"。从这篇选文可以看出,李慈铭宁可"神怒人怨",闭门读书,独立思考问题,也不和流俗"和光同尘"。所谓"处世万无中立之涂,亦决无两可之术",坚持独立人格,这恰恰是浙学传统精神的坚持和弘扬。

足下《日记》中有拟简鄙人书[1],读之不胜骇异。弟闭门谢客,举国皆知,往往数月不出户,兼旬不见一人[2]。而足下乃劝其息交绝游，戒其与裙屐少年为伍[3]，岂谰语耶[4]？抑本非简鄙人而误书姓字耶？弟之一生困陑，神怒人怨者，政坐避俗若浼[5]，不特热客贵游无从狎之[6]，即高流名士亦罕能识面。足下以今年入京，弟通计今年所见者，自足下外，不过五六人，皆同乡旧识。其中惟牧庄过从最数[7]，亦只彼来而我不往，褆盦次之[8]。如足下及竹筼诸君[9]，则不过两三月一见矣。足下所谓裙屐少年，果何所指耶？

弟之日记，远不如足下之博雅，然皆据事直书，绝无文饰，贩夫庸竖，悉记姓名，不似足下之概以"道俗"二字括之，其书具在，可覆按也[10]，岂拾某某等忌嫉之余唾，以游为狎游耶？蓝洲尝劝弟和光同尘[11]，彼固未识此四字之旨。弟之以仕为隐，浮沉此间，实深味柱下之言，养性养身[12]，悉由于此，特非蓝洲意中所有之四字也。足下所言，不益谬耶？弟老矣，于世情实洞见症结[13]，尝县揣一事，逆料一人[14]，虽极诡诈矫饰之才胥，终不能出其所忆[15]。益深知世人之不能为善，亦不能为恶[16]。

足下乃云"不肯为悠悠之目所重，亦不肯为谍谍之口所轻"[17]。此又非也。处世万无中立之涂，亦决无两可之术。既不为其目所重，安得不为其口所轻？虽大圣如孔子，亦恐不能两全也。且使我固无可轻，则谍谍者而出于小人，固为浮游之撼[18]。即出于君子，亦不过如虫鸟之鸣，何足为意哉？

足下《日记》字字用心，必传无疑。惟此书不特厚诬弟，且恐世间尚有一二知者，将以此并疑足下所言之无一实，亦为足下累不小[19]。谨涂去鄙人姓字，希改致他人之好交游、骛声气者[20]，否则此亦似非足下上乘文字[21]，不如竟削去之。恃爱妄言，伏惟鉴宥[22]。

245

【注释】

〔1〕"足下"句：您的《日记》有拟作给我的书信。足下，敬词，用称对方，沿作习语。拟，摹拟；简，书籍，这里用指写作。鄙人，作者谦称。

〔2〕旬：十日。兼旬，二十日。

〔3〕息交绝游：断绝交游。裙：下裳。屐：木底鞋。裙屐，是富家子弟的衣着，指纨绔弟子。

〔4〕寱(yì)：梦中说话。

〔5〕政坐避俗若浼：正因为担心被沾污而逃避世俗。政，恰好，正是；坐，由于、因为。浼(měi)，污染。

〔6〕热客：常来往的客友。狎(xiá)：亲近。

〔7〕牧庄：姓张，绍兴人，慈铭好友。

〔8〕绨(tí)盦(ān)：即羊复礼，海宁人，慈铭好友。

〔9〕竹篔(yún)：姓许，名景澂，嘉兴桐乡县人，同治十一进士，官编修，慈铭好友。

〔10〕覆按：审查、考究。

〔11〕陈豪：号蓝洲，秀才，仁和人。和光同尘：随俗而处，不露锋芒。

〔12〕柱下：指老子。老子曾任周朝柱下史，故称。养性：修养自心，涵养天性。养身：保养身体，不受伤害。

〔13〕洞见：清楚看到。病根：比喻疑难问题的关键。

〔14〕县：通悬。县揣：猜想。逆料：预料，推知。

〔15〕"虽极"二句：即便是非常狡猾、善于伪装、具有才智的小吏，最终还是逃脱不了我的揣测。才胥，才吏。亿，猜测。

〔16〕"益深知"二句：更深刻体会到，世人不能与我为善，也不能对我作恶。

〔17〕"足下"二句：既不肯为众人眼光所看重，也不肯为纷纷议论所轻视。悠悠，众人、大众。谍谍，议论纷多。

〔18〕"固为"句：大意即蚍蜉撼大树，可笑不自量。浮游，通蜉蝣，小虫名。

〔19〕累：牵连。

〔20〕"希改致"句：希望您改换送给喜欢结交争虚名的人。

〔21〕上乘：最高等级。

〔22〕鉴宥：体察和宽恕。